读懂投资　先知未来

www.duoshou108.com

大咖智慧
THE GREAT WISDOM IN TRADING

成长陪跑
THE PERMANENT SUPPORTS FROM US

复合增长
COMPOUND GROWTH IN WEALTH

一站式视频学习训练平台

彩票 Excel 全攻略

——用 EXCEL 宏命令巧解各类彩票问题

山西出版传媒集团
山西人民出版社

图书在版编目(CIP)数据

彩票 Excel 全攻略 / 蒋加林著. -- 太原：山西人民出版社，2014.10（2023.11 加印）

ISBN 978-7-203-08669-7

Ⅰ.①彩… Ⅱ.①蒋… Ⅲ.①表处理软件-应用-彩票 Ⅳ.①F830.9-39

中国版本图书馆 CIP 数据核字（2014）第 188618 号

彩票 Excel 全攻略

著　　者：	蒋加林
责任编辑：	贺　权
装帧设计：	孙少伟
出版者：	山西出版传媒集团·山西人民出版社
地　　址：	太原市建设南路 21 号
邮　　编：	030012
发行营销：	0351-4922220　4955996　4956039
	0351-4922127（传真）　　4956038（邮购）
E-mail　：	sxskcb@163.com　发行室
	sxskcb@126.com　总编室
网　　址：	www.sxskcb.com
经销者：	山西出版传媒集团·山西人民出版社
承印者：	廊坊市祥丰印刷有限公司
开　　本：	710mm×1000mm　1/16
印　　张：	19.5
字　　数：	300 千字
版　　次：	2014 年 10 月　第 1 版
印　　次：	2023 年 11 月　第 3 次印刷
书　　号：	ISBN 978-7-203-08669-7
定　　价：	38.00

如果印装质量问题请与本社联系调换

前言：聊聊彩票中的那些事

当我终于写完我的第六本彩票类书籍时，掐指一算，距离我出版的第一本彩票书《抓住500万》，时间已过去了12年，12这个数字，从中国传统文化寻找，好象有很多事务都和12有关，比如一年有12个月，一天由2个12小时组成，十二星座、十二经络、十二地支等。与此同时，我国的电脑彩票也走过了14年的历史，那么，我们就回顾一下十几年来彩票中的那些事吧。

十几年来，中国的电脑彩票游戏品种已经增加了很多，从乐透型彩票到数字型彩票，以及乐透-数字混合型彩票、足彩蓝彩等竞技型彩票、和北京等少数省市发行的基诺型彩票等；发行规模上，从各省独自为政的地方游戏，到全国联销的游戏；奖组规模上，从头奖500万的大盘玩法，到头奖百万的中盘玩法，再到头奖只有千元、数千、数万的小盘玩法；开奖周期上，从一周3开的彩票，到天天开奖的彩票、再到10分钟左右开奖一次的快速游戏，这种种的彩票游戏，仿佛一桌珍馐大餐，让喜欢彩票的彩民们有了丰富的选择空间。

十几年来，有些彩票游戏已经积累了很多期的开奖号码，如双色球已经开奖了1500多期、体彩大乐透已经开奖了近1000期、福彩3D已经开奖了4500期左右……，这些游戏的开奖号码对于喜欢研究彩票号码的彩民来说，就是一座彩票号码的富矿，善于发现善于研究的人，也许可以从中收获很多粗加工、细加工的"金石玉器"。

十几年来，彩票中奖已经由神奇变为普通。尽管现在获中彩票大奖的幸运儿，领奖时依然要头戴孙悟空、猪八戒之类的面具才愿意在媒体

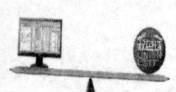

中露脸,但随着开奖期数的不断积累,获中彩票大奖的幸运儿也不断增多,中大奖的故事也逐渐让人们视若无睹。与此同时,彩票大奖的奖金也由过去的眩目耀眼变得平平常常,曾经可以"改变人生"的500万奖金在现在的不少城市买房买车后已经所剩无几,于是,人们通过多倍投注增加奖金数量,一次性中出数亿元的故事开始在中国诞生、复制、延续。

十几年来,买彩票的技术、技巧也有许多改变、许多进步。记得本地刚开始发行电脑彩票时,还没有"复式投注"这种玩法,本人购买彩票时发现单式投注中奖概率很低,于是总结出一种"撒网捕奖"的方法投稿到当地报纸,发表后引来无数读者电话咨询,以致三天后本人因接电话太多咽喉充血说不出话。本人在第一本书《抓住500万》中介绍的"小复式投注"的思路与结论与后来美国彩票专家盖尔·霍华德所著的彩票书籍中介绍的、中国彩票学者程阳先生发扬光大并大力推广的"旋转矩阵"的思路与结论不谋而合,从而引来全国彩票界的"旋转风暴",相关的资料、书籍、软件铺天盖地,成了当时彩票媒体和彩民中街谈巷议的热门话题。本人的《抓住500万》也在短短的2年时间内加印6次。随后,彩票过滤技术粉墨登场,很多流派、很多理论在各种文化层次的彩民中广为流传、畅行无阻。再随后,合资买彩的方法从投注站开始萌芽,在彩票网站发展壮大,于是乎,以合资买彩的名义号召却以网络售彩为核心的彩票网站如雨后春笋,但网络是否合法的争议一直在学术界、在管理层展开拉锯战,一直没有形成定论,所以,网络售彩的网站开开停停、停停开开。但现在,很多门户网站,中央级媒体的官方网站均已出现网络售彩的内容,个别网站已挟"网络售彩"的业务在美国上市。

十几年来,买彩票的渠道也有了很大发展,从最初的投注站销售彩票这种单一的彩票购买渠道,发展到在网站购买彩票、电话购买彩票、发短信购买彩票、用手机客户端购买彩票等,还有个别地方开展了无人值守的柜机终端购买彩票,去超市结帐时可以选择将零钱投入到超市的

"零钱自动合买彩票系统"中,让自己的零钱变成单注彩票的一部分。据说,还有个别地方正在策划"电视购买彩票",将双向机顶盒的遥控器当作购买彩票的操作工具,坐在电脑机前就可轻松地购买到彩票。

　　十几年来,无论您是否购买过彩票、是否关注过彩票,您的年龄、您的经历已和大家一起,整齐地跨过了十几年。十几年中本人陆续出版了5本彩票书籍,也因此和全国各地很多读者有过多种形式的交流,在交流的过程中,发现很多读者都有自己独特的统计方法和选号方法,他们都希望有人能帮助他们实现用自己的方法研究彩票购买彩票的愿望,然而,求人不如求已。其实,不论是开奖号码的各种统计、分析,还是对号码的"过滤、旋转"等技术,都是非常简单的数学统计和数学处理过程,其知识深度仅相当于初中生的数学水平,如果您懂一些EXCEL的宏知识,完全可以使用EXCEL的宏命令这一强大的软件工具,按自己的思维随心所欲地达到"用自己的方法研究彩票购买彩票"的目的。同时,考虑到EXCE在生活和工作中的广泛应用,因此,本人编写出了这本书,希望通过这本书向大家介绍用EXCEL宏命令研究彩票的方法。

　　本书主要是以EXCEL的各种宏命令为基础,对目前正在销售的电脑彩票的开奖数据,从彩民需求出发,介绍各种彩票号码研究的实现过程。在介绍过程中,力求图文并茂,通俗易懂,让对EXCEL没有任何了解的读者也能跟着书上的介绍,一步一步地去操作,很快达到可以对EXCEL的宏命令有深入了解,并且可以借助于EXCEL软件,方便地分析彩票号码的目的,因此,读者可以实现提高EXCEL知识和开发彩票号码研究新方法的双丰收。

　　现在,电脑办公自动化的运用已在各行各业得到了普及,EXCEL软件不仅在办公管理时可以非常方便地做各种数据统计、做各种统计图表,而且在销售分析、市场研究、决策参考等方面,都能发挥重要作用。但是,很多职场人员和销售经理,由于各种原因,对EXCEL的运用还停留在制表、作图、公式应用的初级阶段。考虑到彩票号码的研究

可以将许多 EXCEL 宏命令的知识体现出来，因此，本书也站在普及 EXCEL 宏命令的角度，由浅入深地介绍了 EXCEL 的宏命令，读者可以通过学习、理解书中各种宏命令的例子，轻松地学会使用 EXCEL 宏命令。因此，本书也可以作为 EXCEL 宏命令的学习材料。

在彩票知识方面，本书也有很多"亮点"，比如说：

我们经常用复式投注购买双色球、大乐透、七乐彩等彩票，但很多人并不知道，也许你多包一个号码投注额增加近 10 倍，但"盈利"的胜算不仅没有增加反倒会减少。我们在第一章中介绍各种彩票的特点时会介绍每种彩票复式投注的"平衡点"，了解这种平衡点后才会不犯以上错误。

怎样计算返奖率？怎样计算中奖面？怎样评价一个彩票游戏的设奖是否科学？怎样从众多的彩票游戏中挑选出最"合算"最适合自己的彩票游戏？这些知识以前也许你会认为是"彩票专家"才能知道的内容，但看完本书后，相信你就可以迅速变身为"彩票专家"了。

竞赛彩票是近年新兴的彩票品种，网上有很多人想了解竞彩返奖率应该怎样计算，但好象都没有得到准确的答案，本书在第一章不仅详细介绍了竞彩彩票返奖率的计算方法，而且介绍了不同数量的场次串场返奖率的较大差别，因此从数据分析的角度，提出了购买多少个串场最"合算"的建议，可供爱买竞彩彩票的读者参考。

大乐透和 3D 彩票是大家经常购买的彩票品种，但也许很多人并不知道，从历年的开奖号码中可以发现惊人的奥秘，这个奥秘是什么？第六章内容将会告诉您。如果您知道了这些奥秘，也许中大奖依然很难，但中小奖的成功率一定会大大提高。

开奖号码的各种数理统计图，以及各种指标的过滤方法，是很多技术性彩民最熟悉也用得最多的，但以前也许只能在别人的软件中运用，看完这本书的第二章第三章，您就可以在自己开发的宏命令中应用了，而且，还可根据自己的爱好兴趣随意更改扩展统计和过滤的方法。对彩票接触较少的读者也可从中了解到"资深彩民"们都在怎样研究彩票。

曾经风靡一时的旋转矩阵也是技术性彩民用得很多的一种购买彩票的方法，但很多人只能用别人的旋转矩阵公式，自己却不明白怎样推断这些公式，看完本书的第四章之后你不仅可以明白而且还能自己推断这些公式，当然也可以借用任何你认为好的公式。

胆拖投注、旋转投注、分组投注、先旋转再胆拖的投注、先胆拖再旋转的投注……这些生冷的名词在技术彩民心中也许已经非常熟悉，但很多人却是"知其然不知其所以然"，本书的第五章则介绍了这些投注方法的实质，并可将这些投注方法一一划成单注列出来，投注时可将这些单注做进一步的处理以降低投注额。当然，最终处理后的投注中奖结果如何，本书也给出了简单的检测方法。

数独游戏是一个非常有趣的数字游戏，本地某报曾经持续一年每天刊出一道数独游戏题并设"有奖征答"，如果有了本书所附的数独游戏的宏代码，则鼠标一点答案就出现了。由于数独游戏的思维稍显复杂且较有趣，同时还能发挥 EXCEL 宏命令的优势，因此，尽管它与彩票无关但本书仍作为赠送内容，读者可以从中了解更多的 EXCEL 宏命令知识，也可以在买彩玩彩之余，来一点轻松愉快的游戏。

再次感谢一直以来关注我支持我帮助我的各位读者和朋友。

目 录

第1章 电脑彩票和EXCEL的基础知识 ... 1
第1节 电脑彩票的基础知识 ... 1
第2节 双色球彩票的特点 ... 6
第3节 体彩大乐透彩票的特点 ... 11
第4节 福彩七乐彩彩票的特点 ... 14
第5节 体彩七星彩彩票的特点 ... 16
第6节 福彩3D和体彩排列三彩票的特点 ... 18
第7节 EXCEL的基础知识 ... 20
第8节 怎样计算电脑彩票的中奖概率 ... 26
第9节 双色球各奖等中奖概率的计算 ... 32
第10节 计算电脑彩票的返奖率和中奖面 ... 36
第11节 计算竞彩足球、竞彩篮球的返奖率 ... 39
第12节 一个简单的宏例子：九九乘法表 ... 42

第2章 开奖号码的数理统计 ... 47
第13节 怎样制作开奖号码走势图 ... 47
第14节 怎样统计各号码的开出次数 ... 55
第15节 怎样统计开奖号码的冷热码 ... 65

| 第16节 | 怎样计算开奖号码的号码间隔 | 69 |

第17节　统计开奖号码的和值、大小、单双 …………… 92

第18节　计算开奖号码的除3余数、除4余数、除5余数
　　　　………………………………………………………… 95

第19节　怎样对开奖号码进行分组统计 …………………… 98

第20节　怎样对开奖号码进行连码统计 …………………… 102

第21节　最小间距和最大跨度 ……………………………… 106

第3章　号码组合的筛选过滤 ………………………… 113

第22节　怎样将复式投注化为单注 ………………………… 113

第23节　用和值、大小、单双、过滤 ……………………… 117

第24节　除3、除4、除5余数过滤 ………………………… 120

第25节　怎样进行分组过滤 ………………………………… 123

第26节　怎样进行连码过滤 ………………………………… 126

第27节　最小间距和最大跨度过滤 ………………………… 128

第28节　重码、隔码、断码过滤 …………………………… 130

第29节　利用开奖号码进行对比过滤 ……………………… 137

第4章　选择号码的旋转矩阵投注 …………………… 143

第30节　选7型中7保6旋转矩阵 …………………………… 143

第31节　选7型中7保5旋转矩阵 …………………………… 147

第32节　选5型中5保4旋转矩阵 …………………………… 148

第33节　用公式法投注旋转矩阵 …………………………… 150

第34节　投注数据的中奖验证 ……………………………… 153

第35节　各种旋转矩阵公式 ………………………………… 161

第36节　足球彩票的旋转矩阵 ……………………………… 222

第5章　胆拖投注和分段式投注 ·················· 227

    第37节　怎样实现胆拖投注 ·················· 227

    第38节　怎样实现先定胆后旋转的投注 ·················· 230

    第39节　怎样实现先旋转后定胆的投注 ·················· 233

    第40节　怎样实现分组式投注 ·················· 235

    第41节　双色球、大乐透等双区选号投注 ·················· 238

    第42节　检验投注号码的中奖情况 ·················· 241

第6章　统计得出彩票游戏的惊天奥秘 ·················· 245

    第43节　大乐透研究得出的惊天奥秘 ·················· 245

    第44节　3D号码的遍历让人惊诧 ·················· 253

赠送：怎样用EXCEL宏解数独游戏 ·················· 291

附：本书附资料目录 ·················· 297

第 1 章 电脑彩票和 EXCEL 的基础知识

第 1 节 电脑彩票的基础知识

根据数学上的排列组合原理，可将电脑彩票粗步分为排列型彩票和组合型彩票，以及既有排列又有组合的杂合型彩票。

排列型彩票：如七星彩、福彩 3D、体彩排列三、排列五、足彩胜平负、足彩进球彩等等；

组合型彩票：如双色球、大乐透、36 选 7、21 选 5 等等；

杂合型彩票：时时彩、山东十一运夺金、广西快乐十分等等；

排列型彩票的特点：兑奖时需要考虑号码的位置，不同位置的号码可以相同。

如福彩 3D 彩票，购买时只需从 000~999 这 1000 组号码中任意选出 1 组或多组号码，到销售彩票的投注站购买即可，因此，福彩 3D 彩票也可看作共选择 3 位数字，每位从 0~9 中选出 1 个数字的彩票。而七星彩，则是从 0000000~9999999 这 1000 万组号码中任意选择 1 组或多组号码，到销售彩票的投注站购买即可，因此，七星彩彩票也可看作共选择 7 位数字，每位从 0~9 中选出 1 个数字的彩票。

因此，福彩 3D 和七星彩的区别，只是选择号码的范围不同而已，或者说，是选择号码的位数不同而已。3D 彩票的每一组号码为 3 位，选择范围共 1000 注，七星彩号码则为 7 位，选择范围共 1000 万注。由于选择的范围不同，因此而设置的兑奖规则和奖金也不同：3D 彩票需要 3 位数字均与开奖号码相同才能中单选奖，奖金为 1000 元，而七星彩则设有几个不同等级的奖，最高等级（即一等奖）需 7 个位置全部与开奖号码相同才能中奖，奖金为浮动奖，一般为 500 万元左右，如果

少一个位置的号码相同，则中奖等级降一个等级，最低等级的奖为 2 个位置相同且必须连续（当然也可设置为不连续，这样的话，中奖将会更容易，但同时，各奖级的中奖奖金则需要重新调整，因此，不同的中奖条件设置，需要有不同的奖金对应，才能保证返奖率保持在 50%）。

因此，对于 3D 彩票，如果某一期的开奖号码为 123，那么我们可以购买 121、333、123、132 这样的号码，但购买的 121、333、132 这 3 组号码都不能中奖（仅指单选奖），只有对位对号的 123 才算中奖。如七星彩的开奖号码为 5300146，则 5314600、0014653 等号码都不能中一等奖（可以中低等级的奖），只有 5300146 这一组号码才能中一等奖。

与 3D 彩票和七星彩彩票相类似的，还有体彩排列三（游戏规则与福彩 3D 完全相同，只是彩票的发行机构不同，因此，每一期的摇奖由不同的摇奖设备摇出，摇出的开奖号码不同而已）、体彩排列五（使用体彩排列三的摇奖设备再摇出 2 位号码而已，因此体彩排列五的开奖号码为 5 位数，排列三则为排列五号码的前 3 位）、足球彩票的胜负彩、进球彩等（足球彩票的胜负彩和进球彩均用选出的足球比赛的结果作为开奖号码，胜负彩选用胜、平、负结果，进球彩选用进球数结果，根据选用场次和球队的多少，又可细分为竞猜 14 场比赛的 14 场胜平负、竞猜 6 场比赛半全场比赛的胜平负、竞猜任意九场胜平负的任选九场，以及竞猜 4 场比赛 8 支球队的进球彩等等）。

不同的彩票品种，中奖设置略有差异。

排列型彩票最高奖的中奖规则都是一样：必须所有位置的号码都相同而且位置也要相同，但低等奖的中奖规则则不相同，如七星彩的低等奖需要连续位置最少 2 位才算中奖，而足彩胜负彩则不论是否连续，只要 13 个位置的号码相同就可中二等奖，因此，若七星彩开奖号码为 1111111，则号码 1111110 可中二等奖但 1110111 不能中二等奖；若足彩胜平负开奖号码为 11111111111111，则号码 11111111111110 和 11111101111111 均可中二等奖。

组合型彩票又称为乐透型彩票，其特点是：兑奖时不需要考虑号码的位置，不同位置的号码不能相同。

由于组合型彩票兑奖时不考虑号码的位置，因此，彩票每一位置可选择的号码通常多于10个，因此需要用2位数描述。也由于组合型彩票兑奖时不考虑号码的位置，因此每一个号码在同一组彩票中只能出现1次。

如21选5，就是从21个号码中选出5个号码的一种彩票游戏，如开奖号码为01，02，03，04，05，我们在购买彩票时，01、02、03、04、05这一组号码与01、03、05、02、04是完全一样的，而且，由于在同一个组合里不能2次或者多次选择同一个号码，因此我们购买彩票时，不能选择01、01、03、04、05这一组号码进行投注（因为出现了2个01）。

与排列型彩票相类似的，组合型彩票也是所有的号码全部相同即中最高等级的奖，每多出一个不中奖的号码，即降低一个中奖等级，如21选5的开奖号码为01，02，03，04，05时，01，02，03，04，05可中一等奖，而01，02，03，04，06和01，02，04，05，07则只能中二等奖。

对于可选择号码更广的彩票游戏，如36选7，彩票机构可以设置中7个号码为中一等奖，中6个号码为中2等奖，中5个号码为中3等奖，中4个号码为中4等奖，中3个号码为中5等奖，中2个号码为中6等奖。但如果这样设置我们会发现中2个号码、3个号码太容易，容易到不论你将对应的奖金设置为多少（最低当然不能低于购买的本金2元），此种彩票的返奖率都会大大高于50%，而如果只设置前面4个等级的奖，则中奖面又太窄，每一个等级的中奖难度和奖金设置跨度太大。

为了解决这一问题，彩票机构设奖时通常会引用"特别号码"这一概念。

比如，福彩的七乐彩，这是从30个号码中每期先摇出7个中奖号码（游戏规则中称之为"基本号码"），再摇出1个特别号码。设奖时，中7个基本号码为一等奖，中6个基本号码加1个特别号码则为二等奖。如某期的开奖号码为01，02，03，04，05，06，07+08，则其中

的01、02、03、04、05、06、07为基本号码，08为特别号码，基本号码加特别号码共8个号，但我们在购买彩票时只需要从01~30共30个号码中任意选出7个号码即可，购买01、02、03、04、05、06、07时可中一等奖，购买01、02、03、04、05、06、08时则只能中二等奖，由于我们给"特别号码"赋予了特别的涵意，因此，有了"特别号码"后，奖级丰富了很多，同时，每一个奖级的奖金分配也科学合理了许多。

关于为什么需要设置"特别号码"？设置"特别号码"后，奖级设置会有什么不同的问题，我们将在后述章节中讨论到。

除排列型彩票和组合型彩票这两种基本的彩票类型外，也有一些彩票为双区组合型彩票，如双色球就分为红区和蓝区，一组号码需要从红区的01~33共33个号码任意选出6个号码，再从01~16共16个号码中任意选出1个号码组成，红区中的6个号码不能有相同，但红区和蓝区的号码可以相同。

体彩大乐透也是典型的双区组合型彩票，投注方法是先从01~35这35个号码中选出5个号码（游戏规则中称之为前区号码），再从01~12这12个号码中选出2个号码（游戏规则中称之为后区号码），前区和后区共同组合成1组投注号码。

杂合型彩票：一种游戏中部分玩法为排列型玩法、部分玩法为组合型玩法。

如时时彩的直选玩法都是排列型玩法、通选玩法都是组合型玩法。实际上，福彩3D和体彩排列三的组选玩法也可以划归到组合型玩法之中。

也有一些彩票游戏分为2个区，其中一个区为排列型，另外一个区为组合型。如广西福彩的快乐双彩。

总之，目前的电脑彩票，不论游戏规则如何变化，其基本思路都离不开排列和组合这两类，因此，我们在本书中没有将彩票游戏分为乐透型、数字型、基诺型等彩票机构公认的分类，而是从号码研究的方便出发，仅将彩票游戏分为排列型和组合型两大类，有了这两大类的研究基础，任何彩票研究都可随其规则方便地作出相应的调整。

为查找和对比的方便，以下列出各种类型的彩票游戏示例：

组合	彩票游戏	玩法	开奖号码	最高奖	最低奖
			举例	中奖条件	中奖条件
组合型	双色球	从 01～33 中选 6 个红球	红球:01,02,03,04,05,06	红球 6 个号全中	中 1 个蓝球
		再从 01～16 中选 1 个蓝球	蓝球:01	且蓝球也中	中 0~2 个红球
	大乐透	从 01～35 中选 5 个号码	前区:01,02,03,04,05	前区 5 个号全中	后区中 2 个号全中
		再从 01～12 中选 2 个号码	后区:06,07	且后区 2 个号全中	或前后区共中 3 个号
	北京体彩 36 选 7	从 01～36 中选 7 个号码	01,02,03,04,05,06,07+08	7 个基本号码全中	基本号和特别号共中 4 个
			(7 个基本号 +1 个特别号)		
	广东体彩 36 选 7	从 01～36 中选 7 个号码	01，02，03，04,05,06+07	中 6 个基本号和 1 个特别号	基本号和特别号共中 4 个
			(6 个基本号 +1 个特别号)		
	浙江福彩 15 选 5	从 01～15 中选 5 个号码	01，02，03，04,05	中 5 个号码	中 4 个号码

组合	彩票游戏	玩法	开奖号码	最高奖	最低奖
			举例	中奖条件	中奖条件
排列型	七星彩	每位从 0~9 中选 1 个号共选 7 位	1234567	定位中 7 码	定位中连续 2 码
	排列五	每位从 0~9 中选 1 个号共选 5 位	12345	定位中 5 码	无
	3D、排列三	每位从 0~9 中选 1 个号共选 3 位	123	单选：定位中 3 码	无
	足彩胜负彩	从 14 场足球对阵中选 0、1、3	3.1031E+13	14 场全中	中任意 13 场
	4 场进球足彩	从 4 场足球对阵中猜 8 支球队进球数	1230123	8 支球队进球数全中	无

第 2 节　双色球彩票的特点

福彩双色球彩票，是目前中国发行量最大的电脑彩票游戏品种，它是典型的双区选号的组合型彩票，其设奖规则是：

奖级	中奖条件	奖金分配
一等奖	中 6+1	浮动奖的 70%+奖池金
二等奖	中 6+0	浮动奖的 30%
三等奖	中 5+1	3000 元
四等奖	中 5+0 或者 4+1	200 元
五等奖	中 4+0 或者 3+1	10 元
六等奖	中 2+1 或者 1+1 或者 0+1	5 元

如果我们想了解一种彩票游戏的难易程度,需要根据彩票设奖情况计算出在全包该种彩票游戏所有组合的情况下,每一个奖级的中奖注数、中奖概率、奖金分配情况,以便对自己购买的彩票品种有一个粗步的了解。以下则为双色球彩票的分析结果:

一、双色球彩票的奖级特点分析

双色球中奖情况分析表

奖级	中奖条件	中奖注数	中奖概率	单注奖金	奖级总奖金
一等奖	中6+1	1	1/17721088	A	1A
二等奖	中6+0	15	1/1181406	B	15B
三等奖	中5+1	162	1/109389	3000	486000
四等奖	中5+0 或者4+1	7695	1/2303	200	1539000
五等奖	中4+0 或者3+1	137475	1/129	10	1374750
六等奖	中2+1 或者1+1 或者0+1	1043640	1/17	5	5218200
双色球彩票全部组合注数			17721088		

以上表格中的中奖注数的计算方法比较关键,有关计算方法我们将在后面章节中作专门介绍。

从以上分析表中我们可以看出:双色球彩票中六等奖的中奖概率为1/17、五等奖的中奖概率为1/129、四等奖的中奖概率为1/2303,也就是说,我们平均购买17注双色球彩票,可以中出1注六等奖;平均购买129注双色球彩票,可以中出1注五等奖;平均购买2303注双色球彩票,可以中出1注四等奖。看到这些数据以后,我们也许就不会埋怨我们买了几百注彩票却发现没有1注中四等奖的情况了,在千分之一或者万分之一以下的小概率事件面前,中与不中都是非常正常的事情了。

我们还可以通过以上的数据预测出每期一等奖和二等奖的单注奖金情况:

1. 双色球的全部组合共 17721088 注,每注彩票购买资金为 2 元,因此,全部购买资金为 17721088×2＝35442176 元;

2. 所有固定奖金总额即三等奖～六等奖奖金总额为 486000＋1539000＋1374750＋5218200＝8617950 元;

3. 根据双色球游戏规则的规定,双色球彩票的返奖率按 50% 计算,即:全部投注总额中的 50% 作为返奖奖金,因此,返奖奖金总额＝35442176 元×50%＝17721088 元;

4. 根据双色球游戏规则的规定,返奖奖金分为浮动奖和固定奖两部分,浮动奖＝返奖奖金－所有固定奖奖金总额＝17721088－8617950＝9103138 元;

5. 根据双色球游戏规则的规定,二等奖奖金总额占浮动奖奖金总额的 30%,即 9103138×30%＝2730941 元;

6. 由于二等奖中奖注数为 15 注,因此,二等奖单注奖金＝2730941/15＝182062 元。也就是说,二等奖的理论单注奖金在 18 万元左右,我们可以对照双色球彩票每一期的开奖公告,看看二等奖实际派奖奖金与理论单注奖金有多大差距;

7. 一等奖的理论奖金＝浮动奖奖金总额的 70%,即 9103138×70%＝6372197 元,但由于单注奖金最高封顶 500 万元,因此,中奖者只能领取 500 万元的奖金,高出部分 1372197 元就会留到奖池作为奖池积累奖金,所以,理论上每产生 35442176 元的投注额就会产生 137 万元奖池积累奖金,这也是双色球奖池经常出现几亿元积累奖金的原因。

双色球设奖的问题研究完以后,我们需要再研究研究投注方式的问题。

目前,彩票投注设备可支持的双色球投注方法有:单式投注、复式投注、胆拖投注共三种。

单式投注就是从 33 个红球号码中选出 6 个号码,再从 16 个蓝球号码中选出 1 个号码,组合成的一组号码。比如我们选择 01、05、11、14、25、32＋08,即为一注单式投注号码。当然,我们可以一次选择多注单式投注号码。

复式投注即一次性从 33 个红球号码中选出多于 6 个的号码，或者从 16 个蓝球号码中一次性选出多于 1 个的号码。如 01、05、11、14、25、32、33+08；01、05、11、14、25、32+08、09；01、05、11、14、25、32、33+08、09；这 3 组号码均为复式投注号码。

胆拖投注就是在 33 个红球号码中选择 1~5 个号码作为每注都有的胆码，再补充其他不同的红球号码作为拖码进行投注，蓝球无胆码和拖码之分。如红球：胆码 01、02+拖码 03、04、05、06、07、08、09。

我们在本节分析双色球彩票的特点时，讨论的实际上都是单式投注。下面我们重点讨论复式投注。

很多人用复式投注购买彩票时，只知道复式投注选择的号码越多投注额就越高，相应地中奖机会就越多，但他们不知道在"投入"与"机会"之中，还有一个"平衡点"的问题，在平衡点以下，减少一个号码，"盈利"的机会会减少许多，而在"平衡点"以上，增加一个或者多个号码，不仅不会增加"盈利"的机会，反倒会减少"盈利"的机会，直到下一个"平衡点"出现，下面我们就介绍怎样寻找"平衡点"。

二、双色球彩票复式投注的"平衡点"

要想寻找双色球彩票"平衡点"，必须先了解复式投注的投注资金和中奖情况：

由于双色球彩票为双区投注，且蓝球号码只有 1 个，因此，我们以下复式投注分析只考虑红球号码的复式投注，并假设蓝球号码只选 1 个，且不是开奖号码中的蓝球号码。

双色球彩票复式投注投注资金和中奖情况

复式种类	投注资金	中 4+0	中 5+0	中一等奖概率
7	14	30	450	1/2531584
8	56	60	750	1/632896
9	168	100	1100	1/210965
10	420	150	1500	1/84386
11	924	210	1950	1/38357
12	1848	280	2450	1/19178
13	3432	360	3000	1/10326
14	6006	450	3600	1/5901
15	10010	550	4250	1/3540
16	16016	660	4950	1/2212
17	24752	780	5700	1/1431

　　从以上表格我们可以看出：购买 8 码复式时，投注资金需要 56 元，中出 4+0 时可得到 60 元的奖金，扣除成本，还可"盈利"4 元，但如果再增加 1 个号码，变成 9 码复式，则同样中奖 4+0 后，投注资金需 168 元，中奖奖金有 100 元，扣除成本，不仅不能盈利，还要"亏损"68 元，因此，在这个点上，在没有"保证"增加的号码一定是中奖号码的前提条件下，增加一个号码就会"扭盈为亏"，所以，8 码复式就是一个平衡点，在选择 8 码复式和 9 码复式的情况下，本人建议选择 8 码复式投注。

　　同样的分析，12 码复式在中 5+0 可以"盈利"，但 13 码的复式则在中 5+0 的情况下还会"亏本"，只有在中 6 的情况下才能"盈利"，所以，12 码复式也是一个平衡点。

　　有了上面的分析，我们不仅可以了解中多少号码才能"盈利"，而且可以找到最合适的复式投注方式，因此，我们对喜欢购买双色球彩票复式投注的彩民建议如下：多选择 8 码复式和 12 码复式，如果习惯性投注资金较多，可考虑购买多组 8 码复式和 12 码复式的投注。

　　8 码复式和 12 码复式对应的投注额分别为：8 码复式的投注额为

56元，一等奖中奖概率为1/632896；12码复式的投注额为1848元，一等奖中奖概率为1/19178。

我们还可计算出每一种复式投注中4+0的中奖概率和中5+0的中奖概率，比较不同复式投注的各种概率数据。

第3节 体彩大乐透彩票的特点

体彩大乐透彩票，是继福彩双色球彩票之后，中国体育彩票发行管理中心推出的又一大盘双区选号组合型彩票，其设奖规则是：

奖级	中奖说明	单注奖金
一等奖	中5+2	高等奖奖金的75%+奖池金
二等奖	中5+1	高等奖奖金的20%。
三等奖	中5+0	高等奖奖金的5%。
四等奖	中4+2	3000元
五等奖	中4+1	600元
六等奖	中4+0	100元
	中3+2	
七等奖	中3+1	10元
	中2+2	
八等奖	中3+0	5元
	中1+2	
	中2+1	
	中0+2	

为此，我们也可对体彩大乐透各奖级特点分析如下：

一、体彩大乐透彩票的奖级特点分析

根据以上设奖数据，我们计算出大乐透彩票各奖级特点如下：

奖 级	中奖条件	中奖注数	中奖概率	单注奖金	奖级总奖金
一等奖	中 5+2	1	1/21425712	A	1A
二等奖	中 5+1	20	1/1071286	B	20B
三等奖	中 5+0	45	1/476127	C	45C
四等奖	中 4+2	150	1/142838	3000	450000
五等奖	中 4+1	3000	1/7142	600	1800000
六等奖	中 4+0	6750	1/1930	100	675000
	中 3+2	4350			
七等奖	中 3+1	87000	1/168	10	870000
	中 2+2	40600			
八等奖	中 3+0	195750	1/17	5	978750
	中 1+2	137025			
	中 2+1	812000			
	中 0+2	142506			
体彩大乐透彩票全部组合注数				21425712	

同样地，我们也可计算出大乐透彩票各高等奖（与双色球的浮动奖字面不同但意义相同）奖金情况如下：

1. 大乐透彩票的全部组合共 21425712 注，每注彩票购买资金为 2 元，因此，全部购买资金为 21425712×2＝42851424 元；

2. 所有固定奖金总额即四等奖～八等奖奖金总额为 450000＋1800000＋675000＋870000＋978750＝4773750 元；

3. 根据大乐透彩票游戏规则的规定，大乐透彩票的返奖率按 50%计算，即：全部投注总额中的 50%作为返奖奖金，因此，返奖奖金总额＝42851424 元×50%＝21425712 元；

4. 根据大乐透游戏规则的规定，返奖奖金分为浮动奖和固定奖两部分，浮动奖＝返奖奖金－所有固定奖奖金总额＝21425712－4773750＝16651962 元；

5. 根据大乐透游戏规则的规定，三等奖奖金总额占浮动奖奖金总额的 5%，即 16651962×5%＝832598 元；

6. 由于三等奖中奖注数为 45 注，因此，三等奖单注奖金 = 832598/45 = 18502 元。也就是说，三等奖的理论单注奖金在 18000 元左右；

7. 根据同样的原理，我们可以计算出二等奖奖金总和为 3330392 元，理论的单注奖金为 166519 元；

8. 一等奖的理论奖金 = 浮动奖奖金总额的 75%，即 16651962×75% = 12488972 元，但由于单注奖金最高封顶 500 万元，因此，中奖者只能领取 500 万元的奖金，高出部分 7488972 元就会留到奖池作为奖池积累奖金，所以，理论上每产生 42851424 元的投注额就会产生 749 万元奖池积累奖金，留到下期继续使用。

二、体彩大乐透彩票复式投注的"平衡点"

大乐透复式投注投注资金和中奖情况

复式种类	投注资金	中 3+0	中 4+0	中一等奖概率
6	12	15	220	1/3570952
7	42	30	360	1/1020272
8	112	50	520	1/382602
9	252	75	700	1/170045
10	504	105	900	1/85022
11	924	140	1120	1/46376
12	1584	180	1360	1/27052
13	2574	225	1620	1/16647
14	4004	275	1900	1/10702
15	6006	330	2200	1/7134
16	8736	390	2520	1/4905
17	12376	455	2860	1/3462
18	17136	525	3220	1/2500
19	23256	600	3600	1/1842

参考双色球彩票关于"平衡点"的分析，从以上数据可以看出，

大乐透彩票的"平衡点"为6码复式和11码复式,对应的投注额和中一等奖的概率分别为:6码复式的投注额12元,一等奖中奖概率为1/3570952;11码复式的投注额为924元,一等奖中奖概率为1/46376。

第4节　福彩七乐彩彩票的特点

福彩七乐彩,也是全国联网销售的福利彩票品种中的一种,它是典型的乐透型彩票,按其彩票特点,我们可简单地视七乐彩为"30选7":

奖级	中奖说明	单注奖金
一等奖	中 7+0	高奖等奖金的70%
二等奖	中 6+1	高奖等奖金的10%
三等奖	中 6+0	高奖等奖金的20%
四等奖	中 5+1	200元
五等奖	中 5+0	50元
六等奖	中 4+1	10元
七等奖	中 4+0	5元

根据以上内容介绍的原理,我们对福彩七乐彩各奖级特点分析如下:

一、福彩七乐彩彩票的奖级特点分析

根据以上设奖数据,我们计算出福彩七乐彩彩票各奖级特点如下:

奖级	中奖说明	中奖注数	中奖概率	单注奖金	奖级总奖金
一等奖	中 7+0	1	1/2035800	A	1A
二等奖	中 6+1	7	1/290828	B	7B
三等奖	中 6+0	154	1/13219	C	154C
四等奖	中 5+1	462	1/4406	200	92400
五等奖	中 5+0	4851	1/419	50	242550
六等奖	中 4+1	8085	1/251	10	80850
七等奖	中 4+0	53900	1/37	5	269500

同样地，我们也可计算出福彩七乐彩彩票各高奖等奖金情况如下：

1. 七乐彩彩票的全部组合共 2035800 注，每注彩票购买资金为 2 元，因此，全部购买资金为 2035800×2 = 4071600 元；

2. 所有固定奖金总额即四等奖到七等奖奖金总额为 92400+242550+80850+269500 = 685300 元；

3. 根据七乐彩彩票游戏规则的规定，七乐彩彩票的返奖率按 50% 计算，即：全部投注总额中的 50%作为返奖奖金，因此，返奖奖金总额 = 4071600 元×50% = 2035800 元；

4. 根据七乐彩游戏规则的规定，返奖奖金分为浮动奖和固定奖两部分，浮动奖 = 返奖奖金 - 所有固定奖奖金总额 = 2035800 - 685300 = 1350500 元；

5. 根据七乐彩游戏规则的规定，三等奖奖金总额占浮动奖奖金总额的 20%，即 1350500×20% = 270100 元；

6. 由于三等奖中奖注数为 154 注，因此，三等奖单注奖金 = 270100/154 = 1753 元。也就是说，三等奖的理论单注奖金在 1753 元左右；

7. 根据同样的原理，我们可以计算出二等奖奖金总和为 135050 元，理论的单注奖金为 19292 元；

8. 一等奖的理论奖金 = 奖金总额的 70%，即 1350500×70% = 945350 元，因此，虽然游戏规则规定了单注奖金最高封顶 500 万元，但由于理论奖金只有 94 万元，所以七乐彩实际的一等奖奖金没有达到过 500 万元。也因此，七乐彩只要有 1 注一等奖中出，就不会产生任何积累奖金留到奖池。

所以，虽然绝大部分彩民没有中出过一等奖，没有感受过"中奖概率比双色球低"的效果，但由于"中奖概率"的宏观调节作用，七乐彩一等奖很难突破 500 万元。所以，我们在购买彩票时，一定要研究一下"中奖概率"这个宏观概念。通过这个概念，结合我们的预期目标，再决定购买什么样的彩票品种。

通过以上分析计算，我们也回答了这样一个问题：有些彩民在查看七乐彩游戏规则时发现，二等奖奖金为高奖等的10%，三等奖奖金为高奖等的20%，为什么奖等越高，奖金比例却越低呢？那就是因为中奖概率不一样，所以产生的理论上的中奖注数也不一样，二等奖总奖金虽然低，但中奖难度大，中奖注数少，所以单注奖金也会高过三等奖。

二、福彩七乐彩彩票复式投注的"平衡点"

七乐彩复式投注投注资金和中奖情况

复式种类	投注资金	中 4+0	中 5+0	中一等奖概率
8	16	20	175	1/254475
9	72	50	400	1/56550
10	240	100	750	1/16965
11	660	175	1250	1/6169
12	1584	280	1925	1/2570
13	3432	420	2800	1/1186
14	6864	600	3900	1/593
15	12870	825	5250	1/316
16	22880	1100	6875	1/177

参考以上彩票品种中关于"平衡点"的分析，从以上数据可以看出，七乐彩彩票的"平衡点"为8码复式和12码复式，对应的投注额和中一等奖的概率分别为：8码复式的投注额16元，一等奖中奖概率为1/254475；12码复式的投注额为1584元，一等奖中奖概率为1/2570。

第5节 体彩七星彩彩票的特点

从一等奖的奖金设置来看，七星彩与双色球、大乐透一样，都是奖金500万以上的"大盘游戏"，但从游戏的玩法来看，则与介绍的各种彩票游戏都不相同，因为上面介绍的都是组合型彩票，而七星彩则是排列型彩票。

根据七星彩彩票的游戏规则，七星彩的设奖及奖金分配情况如下：

奖级	中奖条件	单注奖金
一等奖	定位中 7 码	高等奖奖金的 90%
二等奖	定位中连续 6 码	高等奖奖金的 10%
三等奖	定位中连续 5 码	1800 元
四等奖	定位中连续 4 码	300 元
五等奖	定位中连续 3 码	20 元
六等奖	定位中连续 2 码	5 元

根据七星彩的设奖情况，我们对七星彩的各奖等特点分析如下：

奖级	中奖条件	中奖注数	中奖概率	单注奖金	奖级总奖金
一等奖	定位中 7 码	1	1/10000000	A	1A
二等奖	定位中连续 6 码	18	1/555555	B	18B
三等奖	定位中连续 5 码	261	1/38314	1800	469800
四等奖	定位中连续 4 码	3420	1/2923	300	1026000
五等奖	定位中连续 3 码	42300	1/236	20	846000
六等奖	定位中连续 2 码	469800	1/21	5	2349000

上表列出了七星彩一等奖至六等奖的中奖注数、中奖概率资料，通过以上分析，我们也可迅速地计算出七星彩彩票各高奖等奖金情况如下：

1. 七乐彩彩票的全部组合共 10000000 注，每注彩票购买资金为 2 元，因此，全部购买资金为 10000000×2＝20000000 元；

2. 所有固定奖金总额即三等奖到六等奖奖金总额为 469800＋1026000＋846000＋2349000＝4690800 元；

3. 根据七乐彩彩票游戏规则的规定，七乐彩彩票的返奖率按 50% 计算，即：全部投注总额中的 50% 作为返奖奖金，因此，返奖奖金总额

= 20000000 元×50% = 10000000 元；

4. 根据七乐彩游戏规则的规定，返奖奖金分为浮动奖和固定奖两部分，浮动奖 = 返奖奖金 − 所有固定奖奖金总额 = 10000000 − 4690800 = 5309200 元；

5. 根据七乐彩游戏规则的规定，二等奖奖金总额占浮动奖奖金总额的 10%，即 5309200×10% = 530920 元；

6. 由于二等奖中奖注数为 18 注，因此，二等奖单注奖金 = 530920/18 = 29495 元。也就是说，二等奖的理论单注奖金在 29000 元左右；

7. 一等奖的理论奖金 = 浮动奖奖金总额的 90%，即 5309200×90% = 4778280 元。

从以上计算数据得出，虽然游戏规则规定了单注奖金最高封顶 500 万元，但由于七星彩一等奖的理论奖金只有 477 万元，未达到 500 万元的上限，因此，七星彩彩票虽然也是一种"大盘玩法"，但却很难通过当期的投注额形成积累奖金留到奖池使用，所以，七星彩彩票的奖池金经常会出现"干涸"现象，需要不断地用调节基金填充奖池才能实现大盘游戏的"头奖 500 万"的目标。

我想，这应该不是发行机构所预期的目标，所以，研究彩票一定要明白怎样计算中奖概率，普通彩民通过中奖概率可以明白"我"的预期目标选择哪一种彩票品种更好，彩票发行机构更需要明白怎样计算中奖概率以设计出更符合自己意愿的彩票品种，否则，"宏观数据"就会在实际发行过程中得到体现，进而影响到这一彩票品种在市场的"用户体验"、发行销量等。

第 6 节 福彩 3D 和体彩排列三彩票的特点

福彩 3D 和体彩排列三实际上是完全相同的 2 种彩票游戏品种，所不同的是 2 种彩票的发行机构不同：福彩 3D 是由中国福利彩票发行中心发行销售，排列三则是由中国体育彩票发行管理中心发行销售，因此，不同的发行机构会使用不同的摇奖设备，产生出不同的开奖号码而已。

但从市场占有率来看，福彩 3D 销量远大于体彩排列三的销量，因此，下面即以福彩 3D 为例说明这 2 种彩票游戏的特点：

1. 与以上几种彩票完全不同的是，由于 3D 彩票的玩法很多，既有单选玩法，又有组选玩法，还可以直接购买和值等，因此，3D 彩票既不是完全意义上的排列型玩法，也不是完全意义上的组合型玩法，而是既有排列又有组合的一种彩票游戏；

2. 3D 彩票的单选、组选都只有 1 个奖级，全部注数也很少（单选全包 2000 元、组选 6 全包 240 元、组选 3 全包 180 元），所以，奖级设置非常简单明了；

3. 因为 3D 彩票的全部注数很少，所以很多人购买 3D 彩票时喜欢将部分号码以某种"概念"的形式进行分类，然后购买这一概念的所有号码，只要这一"概念"中奖，则购买的号码肯定中奖。大家常用的概念如：和值（3 位数字相加即为该号码的和值，同一和值即为同一"概念"，如"和值 14"）、大小组合（将数字 0、1、2、3、4 视为"小数字"，将 5、6、7、8、9 视为"大数字"，如"大大小"这一概念就是第一位数字为"大数字"，第二位数字为"大数字"，第三位数字为"小数字"的所有号码的组合）等。这些概念通常根据某些数学概念建立，以便于传播，因此而形成了 3D 彩票特有的"传播文化"。因此，在彩民中，3D 彩票是最有"传播文化"的彩票品种。

4. 由于彩票开奖号码的的随机性，大家购买 3D 彩票的某种概念时也经常会出现不中奖的情况，但是，从理论上来说，由于购买某种概念的投注资金并不高，且理论中奖概率却很高，因此，3D 彩票的"传播文化"中经常会出现"追号"这个名词，很多彩民认为，通过"追号"购买 3D 彩票就是一种"彩票投资"技术。有关这一问题，我们会在本书中专门拿出一章作详细介绍，以便大家对这一"彩票文化"作全方位的了解。

5. 3D 彩票单选奖奖金 1000 元，中奖概率是 1/1000，这是目前所有彩票品种中千元级奖金的中奖概率最高的彩票品种，因此，喜欢购买

3D彩票的人非常多，大家研究彩票不能不研究3D，本书也将会把3D彩票作为重点研究对象介绍给广大读者。

下面，即为3D彩票各玩法的相关表格数据：

一、设奖及中奖

奖级	中奖条件	中奖号码示例	单注奖金	中奖概率
直选奖	定位中三码	678	1000元	1/1000
组选三奖	不定位中三码	668、686、866	320元	1/333
组选六奖	不定位中三码	678、687、768	160元	1/167

二、组选6复式投注投注金额和中奖奖金

包号个数	4	5	6	7	8	9	10
投注金额（元）	8	20	40	70	112	168	240
中奖奖金（元）	160	160	160	160	160	160	160

三、组选3复式投注投注金额和中奖奖金

包号个数	2	3	4	5	6	7	8	9	10
投注金额（元）	4	12	24	40	60	84	112	144	180
中奖奖金（元）	320	320	320	320	320	320	320	320	320

第7节　EXCEL的基础知识

在我们前面介绍的各种彩票的特点中，很多表格的数据需要借助于EXCEL的功能才能实现的，为此，从现在开始，我们将详细介绍EXCEL中有关彩票的最有用的知识。

首先需要说明的是：EXCEL属于微软公司OFFICE组件中的其中之

一，从开始面市到目前，已经用了很多的版本。由于，目前 Office 2007 使用较多，因此，本书中使用的 Excel 便均以 Excel 2007 版本为基础。如果读者使用的版本与 EXCEL2007 不同，在了解本书介绍的功能后，也可从使用版本中找出对应的功能入口。由于软件都是向下兼容的，因此，也许本书介绍的方法在 EXCEL2007 以前的版本中可能无法实现，但 EXCEL2007 以后的版本均可实现，但可能功能入口不同而已。所以，如果读者需要试用本书介绍的各种方法但 EXCEL 版本太低时，可以下载更高级的版本后再对照使用。

现在，我们先介绍 EXCEL2007 软件的基本知识。

打开 Excel 2007，新建一个表格（如下图），我们就可体会到 Excel 的以下概念：

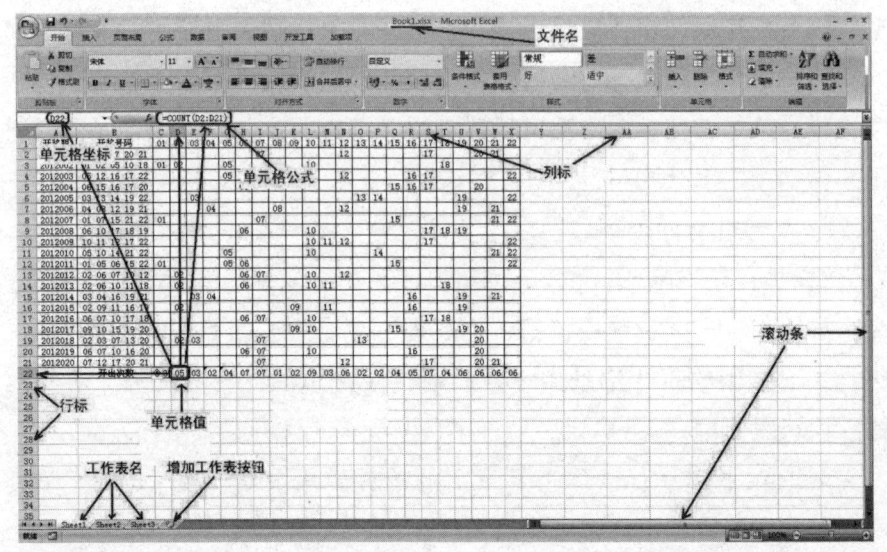

Excel 文件名：工作表工作名。本例文件名为 Book1.xlsx（.xlsx 为 Excle2007 文件的后缀）。

行标：一般以数字 1、2、3、……命名（最大行有限制）

列标：一般以 A、B、C、……、Z、AA、AB、……命名（可以修改为数字）；

单元格：单元格为组成工作表的基本单位，每一工作表对应一个唯一的行标和列表的组合，如 D22。单元格内可直接输入数字、字符串、

· 21 ·

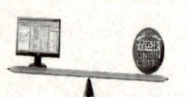

公式等。

滚动条：当工作表的内容超过一个屏幕时，可上下滚动，或者左右滚动；

工作表名：每一个文件名可建立若干个工作表，默认的工作表名为 Sheet1、Sheet2、Sheet3。工作表名可重命名，也可增加工作表、删除工作表。

以上是 Excel 的基本概念，如果对照电脑打开一个 Excel 文件，相信对以上概念很容易理解。关于 Excel 的其它概念，我们将在相关的内容中逐渐介绍。

在本书列出的各种功能的界面中，我们还用到了部分 EXCEL 的控件，Excel 控件是放置于窗体上的一些图形对象，可用来显示或输入数据、执行操作或使窗体更易于阅读。这些对象包括文本框、列表框、选项按钮、命令按钮及其他一些对象。控件提供给用户一些可供选择的选项，或是某些按钮，单击后可运行宏程序。为了让读者查阅方便，现列出几种常用的 EXCEL 控件。

excel 控件有两种，分别是"窗体控件"和"ActiveX 控件"。

"窗体控件"有 16 个命令按钮，依次为：标签、编辑框、分组框、命令按钮、复选框、选项按钮、列表框、组合框、组合式列表编辑框、组合式下拉编辑框、滚动条、微调项、控件属性、编辑代码、切换网格、执行对话框。

ActiveX 控件，比窗体工具条中的控件要更灵活，在 Excel 工作表中和宏命令编辑器中都是可用的控件。

比较两种控件，窗体控件更直观，可以直接从 EXCEL 窗体上选择数据、指定数据的输出单元格，而 ActiveX 控件的数据来源，绝大多数需要用宏命令实现，因此，从简单入手，我们可以先了解"窗体控件"。下面，即为常用的"窗体控件"：

1. 命令按钮

（1）建立命令按钮的步骤：

按以下步骤选择：主菜单—开发工具—插入—表单控件—按钮；

然后在 EXCEL 表格内即可自动建立命令按钮（如下图）。

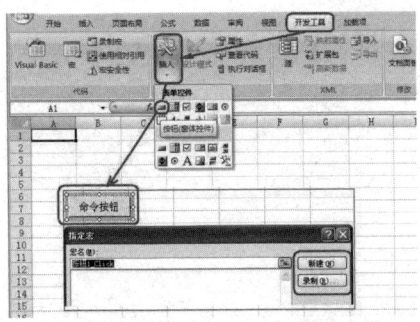

（2）修改命令按钮的属性：

修改命令按钮的提示信息：双击命令按钮本身即可修改，如上图已修改为"命令按钮"；

修改命令按钮的指定宏：在鼠标右键的弹出式菜单中选"指定宏"，如果已经建立好宏代码，会在宏名下面列表出来，鼠标右键选定即可，如果还未建立好宏代码，可点"新建"或"录制"完成。

通过以上设定后，在 EXCEL 界面点击该按钮，即可执行该按钮所建立的宏命令。

2. 组合框

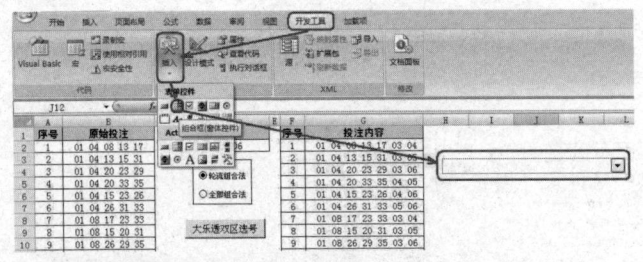

建立组合框的步骤：

按以下步骤选择：主菜单—开发工具—插入—表单控件—组合框；然后在 EXCEL 表格适当位置按住鼠标左键，往右下方拖动，即可在该窗体建立一个组合框。

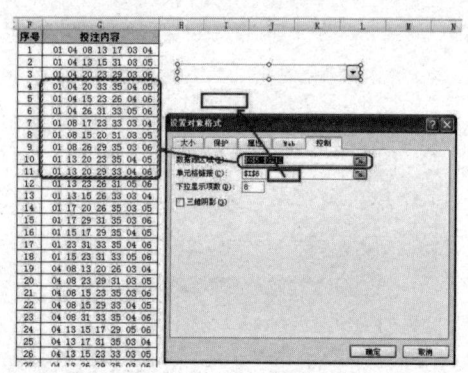

组合框建立后，需要指定该组合框的数据来源和数据输出单元格：鼠标移到组合框上点按鼠标右键，在弹出菜单中选"设置控件格式"。然后，在"设置对象格式"界面中分别设置"数据源区域"和"单元格链接"以及"下接显示项数"（见下图）。

"数据源区域"即该组合框显示出的内容来源，"单元格链接"即指定用户选择的结果输出到该单元格，"下拉显示项数"即每屏一次性能显示出的数据项数，未显示出的数据部分，需要用上下滚动条滚动选择。

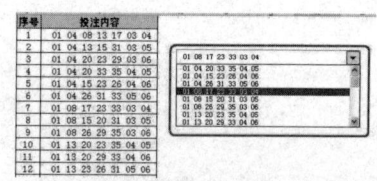

以下为组合框设置好后的用户运行界面：

3. 复选框

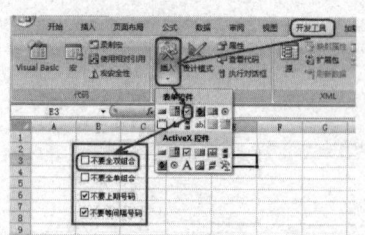

复选框比较简单，建立方法见下图：

复选框可用于多种条件的组合设置，比如彩票号码组合过滤。

复选框只有 2 种操作结果：被选中或未被选中，被选中时结果值为

TRUE，未被选中时结果值为 FALSE。结果值可记录在指定的"单元格链接"中（设置方法同"组合框"），供宏命令使用。

4. 选项按钮

当我们对一项数据进行枚举列表后，可以通过选项按钮让用户任意选择其中之一。

选项按钮与复选框有许多相似的地方，但也有较大的区别，其区别主要有 2 点：一是选项按钮只能对一项数据进行选择，而复选框则可以选择多项数据；二是选项按钮只能有一个结果被选中，而复选框则可以同时有多个结果被选中。

以下为选项按钮的建立过程和运行界面。

5. 分组框

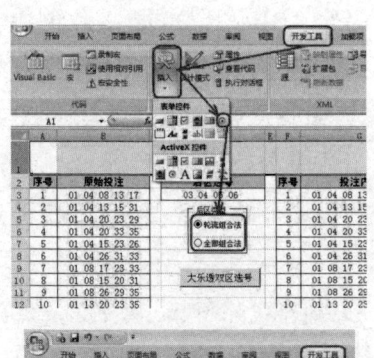

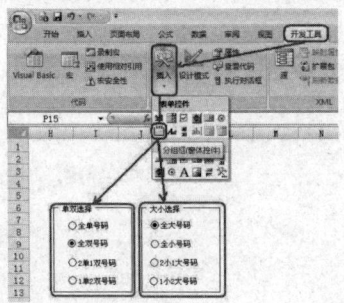

分组框主要用于对选项按钮进行分组（如下图）：

以上为将"单双选择"和"大小选择"进行分组，并列出每一组的选项后的界面。

第8节 怎样计算电脑彩票的中奖概率

有人说,买彩票是靠运气。

的确,我们同时买1注双色球和1注3D彩票,同样都是2元钱,最后的结果可能都是不中奖。但如果我们经常这样买彩票,最后可能会发现,偶然地,3D彩票中过几次最高奖,但双色球彩票却不仅从未中过一等奖,二等奖也没中过。

为什么会有这种差别?那是因为不同的彩票游戏会有不同的中奖概率,而决定你是否容易中奖的关键数据就是中奖概率。

中奖概率是从宏观上控制彩票是否容易中奖的重要指标。

所以,同样是最高奖,3D彩票可能一周可中几次最高奖,但双色球彩票则一辈子也不一定能中一次最高奖。而且,双色球可以将奖金设置到500万元,3D彩票却只能将奖金设置到1000元。

以下为中奖概率的数学描述:

中奖概率=获中该项奖金的注数/包完所有可能出现该项奖金的全部组合数

我们在以上对各彩票游戏品种的介绍中,也反复提到了"中奖概率"这一概念,并且给出了每一种游戏品种每一奖等的中奖概率,下面,将详细介绍中奖概率的概念和中奖概率在EXCEL中的计算方法。

福彩3D的单选玩法是每位从0~9中选1个号共选3位,也即从000~999这1000个数字中选择1个数字即为1注,奖金是1000元,因此,能获中单选奖金的注数只有1注,全部组合数共1000注,因此,福彩3D单选玩法的中奖概率就是1/1000。

而福彩3D的组选6玩法是将0~9中选出不重复的3位数字作为1注号码,中奖奖金是160元,兑奖条件是只要3位数字都中奖不论顺序,即可算中组选6奖。

由于不论顺序,且同一注号码中不能有重复数字,因此,这种玩法是典型的组合型玩法的特征了。因此,3D彩票的组选玩法就是一典型的组合玩法。

在初中数学中,有关组合的描述和公式是:

从 n 个不同元素中,任取 m(m≤n)个元素并成一组,叫做从 n 个不同元素中取出 m 个元素的一个组合,其计算公式为:c(n,m)= p(n,m)/m! =n! / ((n-m)! *m!)

以上计算公式中,"n!"为阶层符号,其计算方法是:将从 1 到 n 的所有正整数全部相乘,得出的数即为 n!,即:n! =1×2×3×4×……×n×n。

因此,福彩 3D 组选 6 的全包组合数 = 10×9×8×7×6×5×4×3×2×1/ [(7×6×5×4×3×2×1)×(3×2×1)] =120 注

所以,福彩 3D 组选 6 的中奖概率 = 1/120。

但是,3D 彩票的开奖号码并不是全部都是组选 6 形式,还有可能开出组选 3 号码和暴子号码。在全部 1000 注的单选号码中,只有 120 *6 = 720 组组选 6 号码,因此,组选 6 号码的开出概率是 720/1000。

因此,组选 6 实际中奖概率 =(720/1000)×(1/120)≈1/166.66。

由于每注彩票的投注金额是 2 元,而国家规定的返奖率是 50%,因此,组选 6 的理论单注奖金 = 166.66×2 元×50% = 166 元,取其整数,最后福彩 3D 组选 6 的奖金设定为 160 元。

在 EXCEL 中,有很多内置的公式,可以方便我们进行各种数学计算,公式的运用方法是:

在单元格中输入:=公式内容。如输入公式:=3+5×6,单元格中就会显示该计算式的值 33。

EXCEL 中有 3 个我们在计算彩票游戏的中奖概率时经常用到的函数:

1. 组合函数 Combin,其用法为:COMBIN(number, number_chosen)

式中,Number 为项目的数量,Number_chosen 为每一组合中项目的数量。

如上面介绍的 3D 彩票组选 6 的全包组合数,便可以用 combin(10,6)这一公式,在 EXCEL 中计算得出为:combin(10,3)=120。

同理,计算七乐彩的全包组合,即 30 个号码的每注 7 个号码的组

合，可用公式 combin（30，7）计算，得出的结果为 combin（30，7）= 2035800。

2. 排列函数 Permut，其用法为：PERMUT（number，number_chosen）

式中，Number 为项目的数量，Number_chosen 为每一组合中项目的数量

如山东群英会的顺选 3 奖即 23 个号码的每注 3 个号码的排列，全组合为 Permut（23，3）。

3. 乘幂函数 Power，其用法为：POWER（Number，Power）

式中，Number 为项目的数量，Power 为幂

如七星彩为每位 10 个号码共 7 位的乘幂，全组合为 Power（10，7）

名称	函数	特点	代表游戏	玩法	计算公式
组合函数	Combin	号码不重复，兑奖不论位置	福彩七乐彩	从 30 个号码中中出 7 个开奖号码	combin（30，7）
排列函数	Permut	号码不重复，兑奖要论位置	山东群英会	顺选 3 为从 23 个号码中中出前 3 个开奖号码	Permut（23，3）
乘幂函数	Power	号码可重复，兑奖要论位置	体彩七星彩	每位 10 个数字中选 1，共 7 位	Power（10，7）

因此，我们在 EXCEL 任一单元格中输入以下公式，即可计算出福彩 3D 组选 6 的中奖概率：

=combin（10，3）*6/1000*1/combin（10，3）

根据同样的原理，36 选 7 的全部组合数 = combin（36，7）= 8347680，所以，36 选 7 一等奖的中奖概率是 1/8347680。

双色球的全部组合数 = combin（33，6）* combin（16，1）= 17721088，所以，双色球一等奖的中奖概率是 1/17721088。

大乐透的全部组合数 = combin（35，5）* combin（12，2）= 21425712，所以，大乐透一等奖的中奖概率是 1/21425712。

以下为常见彩票游戏一等奖的中奖概率和在 EXCEL 中的计算公式：

组类型	彩票游戏	玩法和奖级	中奖注数	全组合注数	全组合公式	中奖概率	奖金
组合型	双色球	标准投注一等奖	1	17721088	COMBIN（33,6）*COMBIN（16,1）	1/17721088	封顶500万
	大乐透	标准投注一等奖	1	21425712	COMBIN（35,5）*COMBIN（12,2）	1/21425712	封顶500万
		生肖乐投注奖	1	66	COMBIN（12,2）	1/66	60元
	七乐彩	一等奖	1	2035800	COMBIN（30,7）	1/2035800	浮动奖
	北京体彩36选7	特等奖	1	8347680	COMBIN（36,7）	1/8347680	封顶500万
	广东体彩36选7	一等奖	1	8347680	COMBIN（36,7）	1/8347680	封顶500万
	浙江福彩15选5	一等奖	1	3003	COMBIN（15,5）	1/3003	浮动奖
排列型	七星彩	一等奖	1	10000000	POWER（10,7）	1/10000000	封顶500万
	山东群英会	顺选3奖	1	10626	PERMUT（23,3）	1/10626	12300元
	排列五	一等奖	1	100000	POWER（10,5）	1/100000	10万元
	3D、排列三	单选(直选)奖	1	1000	POWER（10,3）	1/1000	1000元
		组选6奖	6	1000	POWER（10,3）	6/1000≈1/166	160元
		组选3奖	3	1000	POWER（10,3）	3/1000≈1/133	320元

说明：1. "玩法和奖级"栏中的"特等奖"和"一等奖"为沿用游戏规则中的说法，但均指头等奖；
2. "全组合注数"栏的数值为"全组合公式"前加"="后 EXCEL 自动计算得出。

　　计算出各种彩票的中奖概率后,就很容易可以看出不同彩票中取一等奖的难易程度了:中奖概率越大,中奖越容易,当然,奖金也会越低;中奖概率越小,中奖越难,当然奖金会越高。

　　双色球一等奖的中奖概率是1772万分之一,而3D单选奖的中奖概率是1000分之一,因此,中双色球一等奖的难度要比中3D单选奖的难度大得多。也因此,双色球一等奖可以设定为500万元甚至更高,但3D单选奖则最高只能设定到1000元。

　　以上只是计算了最高奖的中奖概率,由于最高奖通常只有1注中奖,所以中奖概率相对容易计算。一般来说,最高奖中奖概率较低的游戏都会设多种奖级,让我们购买彩票时不能中最高奖时也能获中一些低等级的奖,以增加我们继续购买的兴趣。

　　最高奖的中奖概率很容易计算。但设置多个奖等的彩票品种,中奖概率的计算则相对复杂。

　　下面,以全国联网销售的福利彩票七乐彩为例,介绍有多种奖级设置时各奖级的中奖概率。

　　我们先"复习"一下七乐彩彩票的奖级设置:

奖级	中奖条件		中奖说明	单注奖金
	基本号码	特码		
一等奖	●●●●●●●		中 7+0	高等奖奖金的 70% 与奖池奖金之和除以中奖注数;
二等奖	●●●●●●	★	中 6+1	高等奖奖金的 10% 除以中奖注数;
三等奖	●●●●●●		中 6+0	高等奖奖金的 20% 除以中奖注数;
四等奖	●●●●●	★	中 5+1	200 元
五等奖	●●●●●		中 5+0	50 元
六等奖	●●●●	★	中 4+1	10 元
七等奖	●●●●		中 4+0	5 元

要计算中奖概率，必须先计算出全包该种彩票时需要的全部注数，和该奖等的中奖注数。

前面已经介绍，全包注数的计算比较简单，30 选 7 的全部注数就是：

=combin（7，6）=2035800

要计算该奖等的中奖注数，首先要分析该奖等的号码结构：由于七乐彩每次开出的开奖号码为 7 个基本号码和 1 个特码，因此，对于中 6+1 的二等奖来说，就是从 7 个基本号码中任意选中 6 个号码，再加 1 个特别号码，对应的中奖注数就是：

=combin（7，6）* combin（1，1）=7

也就是说：如果买完 30 选 7 的全部组合，会有 7 注号码中二等奖。

因此，七乐彩中二等奖的中奖概率 = 7/combin（30，7）= 1/290828。

同样的道理，我们可以计算出中六等奖（中 4+1）的号码组合为：4 个基本号码（从 7 个基本号码中选中 4 个号码）+1 个特别号码+2 个不中奖号码（从 30-8=22 个不中奖号码中选出 2 个号码），其中奖注数则为：

=combin（7，4）* combin（1，1）* combin（30-8，2）=8085

中奖概率则为：8085/combin（30，8）=1/252。

中七等奖（中 4+0）的号码组合为：4 个基本号码（从 7 个基本号码中选中 4 个号码）+3 个不中奖号码（从 30-8=22 个不中奖号码中选出 2 个号码），其中奖注数则为：

=combin（7，4）* combin（30-8，3）=53900

中奖概率则为：53900/combin（30，8）=1/38。

如果我们能理解以上中奖概率的计算方法，那么不论彩票游戏的规则怎样设定，都会很容易计算出各奖等的中奖概率了。

以上是单区选号型彩票各奖等的中奖概率计算方法。对于双区选号型彩票，则只需同时考虑两个区的号码结构即可。

如双色球六等奖的中奖条件为：蓝球中奖，且红球中奖 0～2 个。

下面，我们要分别计算出中 0+1、中 1+1、中 2+1 三种情况下的中奖注数：

中 0+1 的注数 = combin（33-6，6）* combin（1，1）= 296010

中 1+1 的注数 = combin（6，1）* combin（33-6，5）* combin（1，1）= 484380

中 2+1 的注数 = combin（6，2）* combin（33-6，4）* combin（1，1）= 263250

因此，中六等奖的中奖概率为：（296010 + 484380 + 263250）/（combin（33，6）* combin（16，1））= 1/17

从以上中奖率数据可以看出：七乐彩最低等级奖的中奖概率是 1/38，而双色球最低等级奖的中奖概率是 1/17，同样都是 5 元的奖金，如果我们长期购买，中双色球 5 元奖的次数肯定比中七乐彩 5 元奖的次数多 1 倍。

我们学会了计算中奖概率以后，彩票中的很多概率都可以计算出来了，并可以根据计算出的结果，判断很多彩民总结出来的"规律"是否真的有用：比如很多彩民总结 3D 彩票的组选号码经常和上一期开始号码相同。那么，这个"规律"是否真实存在呢？是否具有很好的"使用价值"呢？我们可以计算一下 3D 彩票与上一期开奖号码有一个号码相同的组合为 combin（3，1）* combin（10-3，2）= 63。

我们知道，3D 彩票组选 6 号码共 120 组，因此，与上期号码相同的组合占有 63/120 = 52.5%。也就是说，有超过 50% 以上的机会开出这种号码。如果我们统计开奖号码中这种组合开出的比例，如果发现实际开出比例远高于 52.5%，那么我们就认为这一数据存在"偏态"，选择号码时可以往实际偏态方向倾斜，这样，选号的中奖率会比随意选号有所提高。

第 9 节　双色球各奖等中奖概率的计算

前面已经说过：对于研究彩票来说，计算彩票中奖概率是一个非常有用的工作，上一节已经介绍了中奖概率的各种方法，但为了让大家更详细地了解中奖概率的计算方法，本节专门以双色球为例，列出双色球彩票各奖等的计算方法。

让我们再复习一次双色球的设奖情况：

奖级	中奖条件	奖金分配
一等奖	中 6+1	浮动奖的 70%+奖池金
二等奖	中 6+0	浮动奖的 30%
三等奖	中 5+1	3000 元
四等奖	中 5+0 或者 4+1	200 元
五等奖	中 4+0 或者 3+1	10 元
六等奖	中 2+1 或者 1+1 或者 0+1	5 元

根据以上设奖情况，分别计算出双色球彩票各奖等的中奖概率如下：

1. 双色球全包组合的计算方法

双色球彩票的摇奖方法是：每期从 01～33 个红球号码中摇出 6 个号码，再从 01～16 个蓝球号码中摇出 1 个号码，因此，双色球彩票全包红球的组合数 = combin（33，6）= 1107568，全包蓝球的组合数 = combin（16，1）= 16，两区号码共同组合成一注双色球彩票，因此，全包组合数 = 1107568×16 = 17721088。

2. 双色球一等奖中奖概率的计算方法

如果把全包组合的 17721088 组号码看成一个奖组，那么显然，这个奖组的一等奖只有 1 注，因此，一等奖的中奖概率就是 1/17721088。

3. 双色球二等奖中奖概率的计算方法

按照游戏规则，双色球的二等奖是 1 注中 6+0 的彩票，即中 6 个红球号码，但蓝球号码不中。我们知道，双色球蓝球号码共 16 个，其中有 1 个为中奖号码，其余 15 个为不中奖号码，那么这一个奖组中，就会有 15 组号码为二等奖，它的计算公式是：combin（6，6）* combin（16-1，1）= 15，因此，它的中奖概率 = 15/17721088 = 1/1181406。

4. 双色球三等奖中奖概率的计算方法

按照游戏规则，双色球的三等奖是1注中5+1的彩票，即中5个红球号码，且中蓝球号码。我们知道，双色球每期开出6个红球号码，那么三等奖的彩票号码必然是从6个红球号码中选中了5个号码，又从33-6=27个不中奖的号码中选出了1个号码，所以双色球三等奖的中奖注数=combin（6，5）*combin（33-6，1）=162注，因此，它的中奖概率=162/17721088=1/109389。

5. 双色球四等奖中奖概率的计算方法

按照游戏规则，双色球的四等奖是中5+0或者4+1的彩票，因为有2种情况，所以我们要分开计算：

中5+0，即中5个红球号码，但不中蓝球号码。因此，红球号码为从6个中奖号码中选中了5个中奖号码+从33-6个不中奖的红球号码中选出了1个号码=combin（6，5）*combin（33-6，1）=162注，蓝球号码则是从16-1个不中奖的号码中选出了1个号码，即combin（16-1，1）=15，因此，中5+0的总注数为162×15=2430注；

中4+1，即中4个红球号码，且中蓝球号码。因此，红球号码为从6个中奖号码中选中了4个中奖号码+从33-6个不中奖的红球号码中选出了2个号码=combin（6，4）*combin（33-6，2）=5265注，蓝球号码则是刚好选中了唯一的那个中奖号码，因此，中4+1的总注数为5265注；

以上2种结果相加，中四等奖的注数=2430+5265=7695注，因此，它的中奖概率=7695/17721088=1/2302。

6. 双色球五等奖中奖概率的计算方法

按照游戏规则，双色球的五等奖是中4+0或者3+1的彩票，因为有2种情况，所以我们要分开计算：

中4+0，即中4个红球号码，但不中蓝球号码。因此，红球号码为从6个中奖号码中选中了4个中奖号码+从33-6个不中奖的红球号码中选出了2个号码=combin（6，4）*combin（33-6，2）=5265注，蓝球号码则是从16-1个不中奖的号码中选出了1个号码，即combin（16

−1,1)＝15，因此，中 5+0 的总注数为 5265×15＝78975 注；

中 3+1，即中 3 个红球号码，且中蓝球号码。因此，红球号码为从 6 个中奖号码中选中了 3 个中奖号码+从 33-6 个不中奖的红球号码中选出了 3 个号码＝combin（6，3）* combin（33-6，3）＝58500 注，蓝球号码则是刚好选中了唯一的那个中奖号码，因此，中 4+1 的总注数为 58500 注；

以上 2 种结果相加，中四等奖的注数＝78975+58500＝137475 注，因此，它的中奖概率＝137475/17721088＝1/128。

7. 双色球六等奖中奖概率的计算方法

按照游戏规则，双色球的五等奖是中 2+1 或者 1+1 或者 0+1 的彩票，因为有 3 种情况，所以我们要分开计算：

中 2+1，即中 2 个红球号码，且中蓝球号码。因此，红球号码为从 6 个中奖号码中选中了 2 个中奖号码+从 33-6 个不中奖的红球号码中选出了 4 个号码＝combin（6，2）* combin（33-6，4）＝2632500 注，蓝球号码则是刚好选中了唯一的那个中奖号码，因此，中 2+1 的总注数为 263250 注；

中 1+1，即中 1 个红球号码，且中蓝球号码。因此，红球号码为从 6 个中奖号码中选中了 1 个中奖号码+从 33-6 个不中奖的红球号码中选出了 5 个号码＝combin（6，1）* combin（33-6，5）＝484380 注，蓝球号码则是刚好选中了唯一的那个中奖号码，因此，中 1+1 的总注数为 484380 注；

中 0+1，即中 0 个红球号码，但中蓝球号码。因此，红球号码为从 6 个中奖号码中选中了 0 个中奖号码+从 33-6 个不中奖的红球号码中选出了 6 个号码＝combin（6，0）* combin（33-6，6）＝296010 注，蓝球号码则是刚好选中了唯一的那个中奖号码，因此，中 0+1 的总注数为 296010 注；

以上 3 种结果相加，中四等奖的注数＝263250+484380+296010＝1043640 注，因此，它的中奖概率＝1043640/17721088＝1/17。

通过以上分析，相信大家对怎样计算中奖概率已经有了非常清楚的认识。

下面,我们可以尝试性地考虑这样一个问题:某省彩票发行机构想推出双色球红球号码"16不中"的玩法:即每注号码需要从33个红球号码中选择出16个号码作为1注号码(当然,这注号码的投注金额为2元),并且这种玩法的返奖率也定为50%的返奖,且本玩法独立计奖,那么,发行机构应该将单注奖金设置为多少合理?如果发行机构将奖金设置为50元?或者100元?或者500元?或者1000元?你认为这样设奖你是值得买呢?还是不值得去买?

第10节 计算电脑彩票的返奖率和中奖面

所谓的返奖率,即该彩票游戏的中奖奖金总额/投注总额。

对于很多设置有浮动奖级的彩票品种来说,由于浮动奖金可以调节总奖金额,所以,总能使返奖率维持在一个设定的水平,比如双色球、大乐透、七星彩、七乐彩等等,设置的返奖率就是50%,因此,最后实际的返奖率也会趋于50%。

但对于固定设奖的彩票品种,由于单注奖金会有一个"取整"的过程,因此,返奖率可能会与设定的游戏规则中的返奖率不同。

以上当然是理论上的返奖率。

在我们对彩票的研究中,也经常会遇到实际返奖率这一概念。实际返奖率就是派出的奖金总和除以投注总额。

因此,即使是同一彩票品种中,由于每一期的中奖奖金不相同,投注总额也不相同,因此,实际的返奖率也会不同。

但是,如果我们对很多期的实际返奖率取一个算术平均值,就会发现:同样的游戏规则下,即使是不同的彩票品种,实际返奖率的算术平均值也趋于理论返奖率。如福彩3D和体彩排列三,二者的游戏规则完全相同,尽管来自于不同的发行机构,销售网络不同、开奖号码也不同,发行历史也不同,但二者最终的实际返奖率的算术平均值却趋近于50%。

决定这个数为50%的关键参数就是：理论返奖率。

理论返奖率＝全包所有组合的理论中奖总额/理论投注总额。

比如3D彩票单选玩法，全包所有组合时共需1000注，每注2元，理论投注总额即2000元，理论中奖注数为1注，单注奖金为1000元，理论中奖总额为1000元。所以，该玩法的理论返奖率＝1000元/2000元＝50%。

实际上，目前中国电脑彩票的返奖率是统一规定的，一般只有50%、59%、65%这几种，所以，返奖率遵循事先的统一规定，可以不用计算。但了解了返奖率的算法，对计算其他种类的彩票则是非常必须的。如竞彩足球、竞彩篮球，其返奖率究竟如何？单场竞猜和返场竞猜的返奖率哪一个高？这些问题经常有人问到。有关这个问题，我们在下一节内容中专门叙述。

决定大家是否容易中奖的指标，除了返奖率以外，还有一个重要的参数就是：中奖面。

中奖面就是全部中奖号码的注数在全部组合中的百分比。在投注体验中，中奖面越大，我们就感觉越容易中奖。

比如3D彩票的单选玩法，在1000注号码中，只有1注号码可以中奖，因此，它的中奖面只有1‰。同理，组选6玩法的中奖面是6‰，组选3玩法的中奖面是3‰。

一般来说，只有一个奖级的游戏，中奖面很容易计算，有多个奖级的游戏，计算中奖面则稍显复杂。

下面我们计算双色球游戏的中奖面：

我们可以计算在全包组合的条件下，将每一个奖级的中奖注数计算出来。但是，这种计算方法会很复杂。为了计算的简便，我们可以先计算不中奖的注数。

双色球不中奖的号码组合包括：只中3个红球（简称中3+0）、只中2个红球（简称中2+0）、只中1个红球（简称中1+0）、中0个号码（简称中0+0）。下面分别计算这4种组合的注数：

中3+0的注数：＝combin（6,3） combin（33-6,3） combin

(16-1，1) = 877500

中 2+0 的注数：= combin（6，2） combin（33-6，4） combin（16-1，1）= 3948750

中 1+0 的注数：= combin（6，1） combin（33-6，5） combin（16-1，1）= 7265700

中 0+0 的注数：= combin（33-6，6） combin（16-1，1）= 4440150

以上 4 项相加，得出双色球不中奖的注数共 16532100 注。

因此，双色球彩票的中奖面 = 1-16532100/（combin（33，6） combin（16，1））= 1/15。

也就是说，平均每购买 15 张彩票，就会有一张彩票中奖。当然，中得的奖金可能是 5 元，也可能是 500 万元。

同样的道理，我们也可计算出体彩大乐透的中奖面：

体彩大乐透不中奖的组合有：0+0、0+1、1+0、1+1、2+0。以下为这 5 种组合的注数：

中 0+0 的注数：= combin（35-5，5） combin（12-2，2）= 6412770

中 0+1 的注数：= combin（35-5，5） combin（12-2，1） combin（2，1）= 2850120

中 1+0 的注数：= combin（5，1） combin（35-5，4） combin（12-2，2）= 6166125

中 1+1 的注数：= combin（5，1） combin（35-5，4） combin（12-2，1） combin（2，1）= 2740500

中 2+0 的注数：= combin（5，2） combin（35-5，3） combin（12-2，2）= 1827000

以上 5 项相加，得出大乐透不中奖的注数共 19996515 注。

而大乐透的全部组合为 combin（35，5） combin（12，2）= 21425712 注，因此，大乐透的中奖面 = 1-19996515/21425712 = 1/15。

也就是说：大乐透和双色球的中奖面同为1/15，我们同时购买大乐透和双色球，平均每购买15张彩票，均会有一张彩票中奖。这一数据，双色球和大乐透是一样的。

第11节　计算竞彩足球、竞彩蓝球的返奖率

竞彩彩票是中国最近几年新引进的彩票游戏，它的游戏玩法同以往其他彩票游戏有很大的差别，其主要差别为：一是竞彩彩票以"赔率"的方式设置奖金，而且竞猜对象不同，赔率还会有变化。如2012年5月16日进行的德甲杜赛尔多夫VS柏林赫塔，胜平负的赔率分别为2.00、3.40、3.27；二是竞彩彩票可以玩"过关"投注，过关投注可以将很多场比赛"串"在一起竞猜，这些比赛可以是同一天的，也可以是不同天的，而且，过关所选的竞猜对象组合千差万别，所以，没有传统电脑彩票上的"期"的概念，无法向社会公布某一"期"投注额多少、中奖多少。所以，传统电脑彩票上返奖率这一很直观的数据，在竞彩彩票上却很难很快地计算出来。

尽管国家体彩中心对竞彩的返奖率有一个明确的说法，对外宣称返奖率为69%，但这一数据怎样验证，却成了一个难题：因为竞彩足球的选择结果尽管不多，但不同场次同一结果的赔率不同，而且不同的投注、选择的目标场次不一样，选择的场次数也不一样，所以，想计算返奖率却仿佛"一团乱麻"，不知从何下手。

我们从网上搜索"竞彩足球的返奖率"这一关键词就会发现，网上有很多人在关心这一问题，有很多人在寻找这一问题的答案，但似乎没有一个能正面回答、有理有据、让人信服的答案，因此，本节内容专门讨论怎样计算"竞彩足球的返奖率"这一问题。

其实，我们可以摸仿其他彩票，比如先看看3D彩票的返奖率怎样计算。

决定3D彩票某些总奖金额的因素有3个：一是单注奖金、二是开奖号码、三是购买该开奖号码的注数。

与之对应的影响竞彩足球总奖金额的因素也是3个：一是赔率、二是比赛结果、三是购买该比赛结果的注数。

由于3D彩票以上3个因素中，在单注奖金固定的情况下，每一期开奖号码和购买该号码注数的不同，会导致每一期最终返奖率的不同，这是实际返奖率。从宏观看，不论每一期实际返奖率是多少，但长期来看，返奖率都会趋近于50%。这个50%只和单注奖金有关，这个50%就是理论返奖率。

所以，竞彩足球的理论返奖率只和设定的赔率有关，赔率不同，理论返奖率也会不同。

为了计算不同赔率下的返奖率，我们从2012年5月15日中国竞彩网提供的赛事中分别选取了胜平负赔率差别很大、差别很小、差别中等的3场赛事，并以此为例分别计算2-8场串场的返奖率：

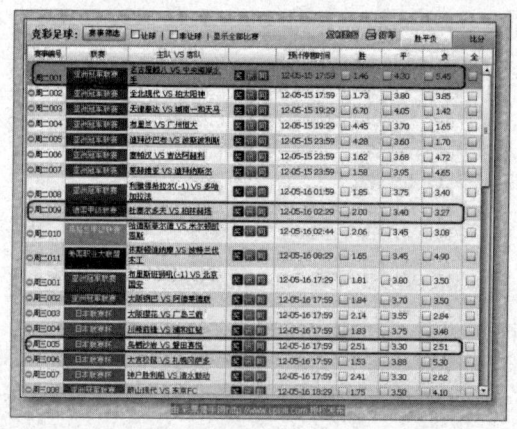

比如名古屋鲸八VS中央海岸水手，胜平负的赔率分别是1.46、4.30、5.45，理论上看，因为赔率可以引导大家投注的方向，投注某一结果的人越多，赔率越低，投注某一结果的人越少，赔率越高，而且，最合适的赔率设置是不管比赛结果如何，最后总的奖金赔付是相等的，根据这一假设条件，我们可以根据赔率数据计算出三种结果的购买比例，并假设共有10000人参加投注，每人投注2元，则总投注额为20000元，我们也可计算出每一比赛结果的奖金总额：

结果	赔率	投注比例	投注额	奖金总额	返奖率
胜	1.46	62.21%	6221.13	5903.85	59.04%
平	4.3	21.12%	2112.29	5903.85	59.04%
负	5.45	16.67%	1666.58	5903.85	59.04%
合计	11.2	100%	10000.00		

注：1. 投注总额假设为10000元； 2. 奖金总额=投注额*赔率*0.65

我们可以将不同的赔率设置按上述方法计算一遍，就会发现：返奖率总是保持在59%。所以，竞彩玩法的单场竞猜的返奖率是固定的，为59%。而且，返奖率只和设定的赔率有关。

单场竞猜的返奖率一定，那么串场的问题要比单场复杂得多，而且很多人感觉：串场场次越多，奖金越高。那么，串场竞猜的返奖率是否也是保持59%不变？还是串场场次越多，返奖率越高呢？

为此，我们再来看看不同串场数的竞彩返奖率如何计算：

我们假设串2场，选择的对阵赔率均为胜1.46/平4.30/负5.45。以下为相关数据：

选择结果	赔率	投注比例	投注额	中奖额	返奖率
胜-胜	1.46-1.46	38.70%	3870	8250	82.50%
胜-平	1.46-4.3	13.14%	1314	8250	82.50%
胜-负	1.46-5.45	10.37%	1037	8250	82.50%
平-胜	5.45-1.46	13.14%	1314	8250	82.50%
平-平	4.30-4.3	4.46%	446	8250	82.50%
平-负	4.30-5.45	3.52%	352	8250	82.50%
负-胜	5.45-1.46	10.37%	1037	8250	82.50%
负-平	5.45-4.3	3.52%	352	8250	82.50%
负-负	5.45-5.45	2.78%	278	8250	82.50%

从上表可以看出，无论是哪种中奖结果，返奖率均为82.50%。

以上是相互之间差别较大的赔率类型，如果我们选择另一种相差较

小的赔率类型：胜 2.00/平 3.40/负 3.27 并按以上表格计算，返奖率则为 82.66%。如果我们选择相差更小的赔率类型：胜 2.51/平 3.30/负 2.51 并按以上表格计算，返奖率则为 82.67%。

以上是 2 场选择均为同一赔率的情况。如果我们选择 2 场不同的赔率组合，如选择胜 2.51/平 3.30/负 2.51 和胜 1.46/平 4.30/负 5.45 的赔率组合，则返奖率为 82.68%。

通过我们对多种赔率组合的计算证明：竞彩足球串 2 场的胜平负竞猜的返奖率为 82.5%左右。

竞彩足球过关玩法返奖率汇总表

对　阵	赔　率	串2场	串3场	串4场	串5场	串6场
鲸八 VS 水手	1.46/4.3/5.45	82.50%	74.93%	68.06%	61.82%	56.15%
多夫 VS 赫塔	2.0/3.4/3.27	82.66%	75.15%	68.32%	62.11%	56.47%
沙岩 VS 喜悦	2.51/3.3/2.51	82.67%	75.16%	68.34%	62.14%	56.50%
平均	--	82.61%	75.08%	68.24%	62.02%	56.37%

以上数据说明：串2场返奖率最高，串场次越多，返奖率越低，所以，串2场最合算!!!

更多彩票资讯请见彩霸猎手网www.cpkill.com QQ:275168233

按以上的方法计算得出：串 3 场的返奖率约 75%、串 4 场的返奖率约 68%、串 5 场的返奖率约 62%，串 6 场的返奖率约 56%。

以上数据说明：串 2 场返奖率最高，串场次越多，返奖率越低。

有些人购买竞彩彩票时，发现串场越多奖金越高，于是尽可能地多串场，但却不知，如果你经常购买竞彩彩票，同样花 10000 元进行投注，经常串 2 场的，最终收获的奖金可能达 8200 元，但经常串 6 场的，可能所得奖金只有 5600 元。所以，从返奖率的数据来看，建议大家多买串 2 场的竞彩彩票。

第 12 节　一个简单的宏例子：九九乘法表

以上介绍的计算中奖概率，以及返奖率、中奖面的方法中，都用到了 EXCEL 的公式，我们可以称之为“公式法”。由于 EXCEL 的公式比较多，所以有很多常用的数据都可通过公式计算出来，从而解决我们生活和工作中的实际问题。但是，毕竟公式是由微软公司提供的，是有很多局限的，如果我们想法比较多，需求比较丰富，就会发现，“公式法”远远不能解决我们实际生活中和工作中的各种问题。特别是，由于某一项数据只能用一行公式产生，因此，有些公式用起来非常复杂，有时候为了完成某个功能，需要用多种公式进行嵌套，嵌套的层数，就越容易出错，越不易理解，不仅传播共享特别困难，自己修改起来也非常痛苦。在电脑非常普及的今天，我们可能需要接触很多数据统计、数据处理、数据计算方面的问题，用"公式法"可能远远解决不了这些问题。为此，有经验的人就会推荐大家用 EXCEL 的宏命令。

本书就以彩票的各种需求为例，全面介绍 EXCEL 的宏命令的各种用法。

很多人也许认为：EXCEL 的宏命令是一个非常复杂的东西，但本书将会由浅入深地对宏命令进行介绍，让大家看过之后就会明白：原来 EXCEL 的宏命令应用起来也那么简单！

为了编辑 EXCEL 的宏命令，必须先显示出 EXCEL 的宏命令的相关菜单。一般来说，EXCEL 软件默认的菜单中没有宏命令的操作菜单，此时，需要改变默认设置，将相关功能显示出来。但不同的 EXCEL 版本，改变这一设置的方法不尽相同，如对于 EXCEL2007 版，改变设置的方法如下：

单击 EXCEL 左上角中的"Office 按钮"，在弹出的对话框中点击"EXCEL 选项"按钮，进入以下界面：

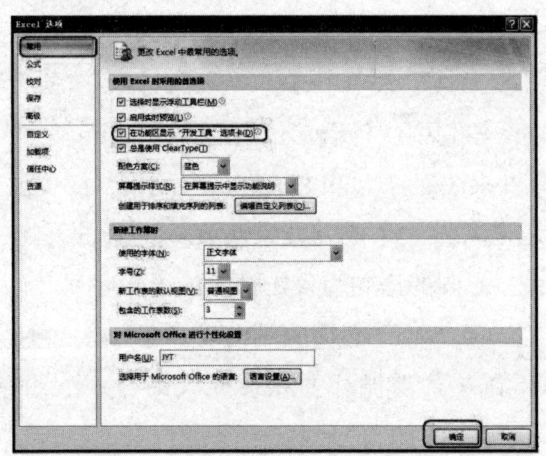

选择左侧的"常用"栏目，在右侧的区域中勾选"在功能区显示开发工具选项卡"，点击"确定"；

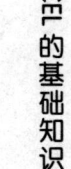

此时，在EXCEL的菜单中就会有"开发工具"显示出来。EXCEL宏命令的各种操作，全在这一功能菜单下面。

如果我们要创建一个九九乘法表的宏，可以按以下步骤操作：

在"开发工具"菜单中，选择"录制宏"；

将宏名命名为"九九乘法表"；

在"开发工具"菜单中，点击"宏"，选择"九九乘法表"，再点"编辑"；

Sub 九九乘法表（）/End Sub 之间输入下列宏命令

```
Sub 生成九九乘法表（）
    For i = 1 To 9
        For j = 1 To 9
            Cells (i, j) = i & " ×" & j & " =" & i * j
        Next j
    Next i
END Sub
```

选择"停止录制"。

此时，就建立好了一个名为"九九乘法表"的宏。需要使用此宏时，只需在"开发工具"菜单中选择"宏"，再点"执行"即可。

在以上宏命令语句中，各语句代表的含义如下：

Sub 生成九九乘法表（） 和 END Sub 必须成对出现："Sub 生成九九乘法表"表示宏名为"生成九九乘法表"的宏的开始，"END Sub"表示该宏的结束，之间的语句为该宏命令的语句序列。

For i = 1 To 9 和 Next i 必须成对出现，表示将变量i从1到9循环一遍，从1循环到9共需循环9次，此宏命令中表示从第1行到第9行；

Cells (i, j) = i & " ×" & j & " =" & i * j：将表达式"i & " ×" & j & " =" & i * j"这一内容填充进第i行第j列的单元格中。表达式

中，i&" ×" &j表示显示出I的值乘以J的值这一形式，如3X5，&为各字符的连接符号，而i∗j则为I的值乘以J的值的积，如15，因此，以上表达式即为显示出形如"3X5＝15"的表达式。

为了使用的方便，我们还可在该EXCEL文件界面建立一个"按钮"，建立后，按钮就会如同我们使用的各种软件一样，清楚地出现界面中，点击按钮，即可完成按钮下的宏命令功能：

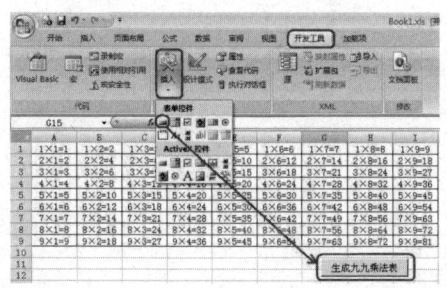

生成按钮的步骤如下：

在"开发工具"菜单下选"插入"，在"表单控件"中选"按钮"（第一个控件）

在弹出的"指定宏"窗口中选择"宏名"时，从下面的宏名列表中选择"九九乘法表"，表示此按钮执行"九九乘法表"这个宏过程；

在自动出现的按钮名称编辑环境中，输入新的按钮名称"生成九九乘法表"。

至此，这一按钮就建立完毕。使用时，可先将表格中的内容全部清空，然后点击按钮，即会显示出如上图所示的九九乘法表。

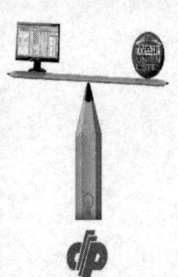

彩票 Excel 全攻略

第2章 开奖号码的数理统计

要想了解彩票,必须认识彩票。要想知道彩票经常爱出什么号码,必须对彩票的开奖号码进行一些数理统计和分析。本章重点介绍怎样对中国现在最流行的2种电脑彩票玩法:乐透型和数字型彩票的开奖号码进行各种数理统计,然后根据统计结果找出其某些"规律"。

第13节 怎样制作开奖号码走势图

彩民们购买彩票时,总喜欢对着开奖走势图判断号码的走势,以决定自己该买哪些号码。关于根据开奖号码走势图预测最有可能开出的号码的问题,很多彩民都有自己独特的见解,网上也流传着很多经验和方法,但是,这些方法也许都有一定的道理,但却并不是"万能药",有时候,很多彩民凭着自己的感觉选出的号码反倒中奖率高。

但无论如何,有一张开奖号码走势图,总是我们必备的参考资料,就像经济学家分析宏观经济,无论他掌握的数据有多少,都需要将那些数据整理出来,制作出一张张柱状图、折线图等等,才能对这些数据产生感性认识,激发出灵感,预测出未来的发展方向。

因此,拥有一张开奖号码走势图,对于彩民来说,非常重要。

因此,制作开奖号码走势图是每个研究型彩民都特别喜欢做的工作。但有很多彩民由于不懂EXCEL的宏命令,所以只好借用现成的软件,或者用手工绘制。用现成软件看走势图的缺点是软件提供成什么样的,就只能看什么样的,从形式到内容自己都无法做任何修改和调整。手工绘制走势图虽然可以按自己的意愿设计形式和内容,但工作量巨

大,而且手工绘制缺乏整洁感和完整性,修改起来也非常困难。

其实,如果了解一些简单的 EXCEL 宏命令知识,就可很容易地按自己意愿设计出漂亮顺心的走势图。

下面,我们开始介绍用 EXCEL 宏命令制作走势图的方法,有兴趣的读者可能坐在电脑前,跟着步骤一步步做下去,不论您是否懂 EXCEL,你都会很快地做出一份开奖号码走势图出来。

第一步:准备一份开奖号码表。

制作开奖号码走势图前,需要先准备一份最近几期的开奖号码。开奖号码可以直接从彩票投注站抄写下来,也可以从彩票网站下载下来或者 COPY 下来,也可以从彩票软件导出来。

从彩票投注站抄写下来的方法就不介绍了,相信没有人不会做的。

从彩票网站下载的方法需要介绍一下:并不是所有的彩票网站都可以下载!并不是所有的彩票网站都提供下载!所以,下载彩票开奖号码需要询找可以下载的网站,并记下下载页面的网址,以便今后及时更新下载内容。比如,彩票猎手网可以提供许多彩票游戏的开奖号码下载:

双色球开奖号码下载:http://www.cpkill.com/k_ssq_zlxz.asp

大乐透前区号码下载:http://www.cpkill.com/k_dlt_zlxz.asp

　　　　后区号码下载:http://www.cpkill.com/k_dlt_hqzlxz.asp

七星彩开奖号码下载:http://www.cpkill.com/k_7xc_zlxz.asp

福彩 3D 开奖号码下载:http://www.cpkill.com/k_3d_zlxz.asp?id=%22fc3d%22

体彩排列三开奖号码下载:http://www.cpkill.com/k_3d_zlxz.asp

有些网站不提供开奖号码下载,但某些界面可能让读者非常喜欢,此时,可将该界面 COPY 出来。一般来说,有很多开奖号码数据的网页界面基本上是通过"表格"的方式实现的,所以,COPY 下来的内容可以直接"粘贴"进 EXCEL 电子表格里。但是,也有很多页面设置有禁止 COPY 的命令,也有些网页是通过"框架"功能,将另一页面的内容"借"到本页面显示的,这些网页都无法直接 COPY,必须通过进一步的处理才能实现 COPY 的目的。而且 COPY 下来的内容也可能会因为内容太多太杂，而且很多都是自己不想要的内容，需要花大量时间去删除、去调整。所以，对比下载和 COPY 这 2 种方法，本人建议尽可能多地用下载。

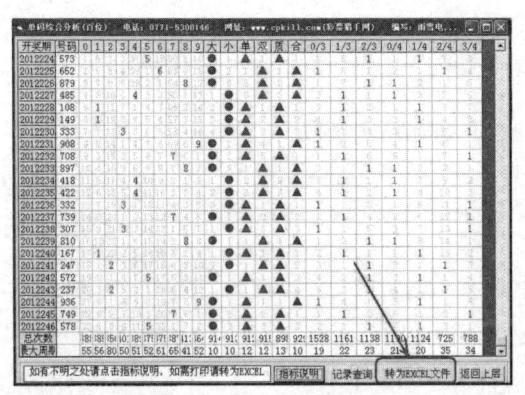

如果有彩票软件，从软件界面导出开奖号码，是一种更简单更直观的操作方法，如雨雪彩票软件，很多界面均有"转为 EXCEL 文件"按钮，点按一次就可自动将数据转到 EXCEL 文件中，以上即为雨雪电脑彩票智能投注界面的下载界面，该软件有关情况可到 http://www.cpkill.com（彩票猎手网）去了解：

有了 EXCEL 文件的开奖号码，我们就可以做下一步：

第二步：清理数据，建立格式。

不论是从网上下载的、网上 COPY 的，还是从软件导入的，均有可能出现很多没用的数据信息，也有可能出现不是我们想要的格式，此时，就需要在 EXCEL 文件中，通过"删除、插入、替换"等方法将多余的内容删除。

最终效果：只保留 2 列数据，第一列：开奖期，第二列：开奖号码。

且开奖号码的格式为：

数字型彩票的开奖号码数据格式为 1234567，如 3D 的号码 123；

乐透型彩票的开奖号码数据格式为 01 02 03 04 05 06 07+08，基本号码每个号码用 2 位数表示，每个号码中间用空格隔开，基本号码和特

别号码间用"+"相连。

第三步：建立生成开奖号码走势图的宏

我们分别以双色球和 3D 彩票为例，说明建立"生成开奖号码走势图"的宏内容：

选择"开发工具"菜单，点击"宏"，在宏名下输入"生成双色球开奖号码走势图"再点"创建"，然后输入以下宏内容：

```
Sub 生成双色球开奖号码走势图（）
    i = 1                          '变量 I 为 EXCEL 表格的行数，初始为第 1 行
    Do While True                  '与语句 loop 一起构成无限循环，保证处理每一行
        str1 = Cells（i, 2）        '取 EXCEL 表中第 i 行第 2 列数据（即开奖号码）
        If Len（str1）= 0 Then Exit Do   '如果为空行则退出无限循环
        For j = 1 To 6              '循环 6 次（对应双色球 6 个蓝球号）
            ls1 = Mid（str1, j * 3 - 2, 2）  '取每一位号码内容
            Cells（i, ls1 + 2）= ls1  '号码展开到对应位置
        Next j                      '与 for 对应构成循环
        i = i + 1                   '处理完一行后，行数+1
    Loop                            '与 do while 对应构成无限循环
End Sub
```

在以上宏命令中，对出现的新的语句解释如下：

i = 1：对变量 i 赋值，此宏中表示为 EXCEL 表格的行数，初始为第 1 行；

Do While True 和 Loop 为无限循环语句，表示此循环一直不停地循环下去，直到"If 条件 Then Exit Do"这一行设置的条件才退出循环，因此，在 Do While True 和 Loop 中，必须有一条 If 条件 Then Exit Do"语句，否则，程序就会变成死循环。

str1 = Cells（i, 2）：取第 i 行第 2 列单元格中的内容赋值给变量 str1

If Len（str1）= 0 Then Exit Do：如果变量 str1 的长度为 0 则退出循环，Len 为取字符串长度的函数；

ls1 = Mid（str1, j * 3 − 2, 2）：将变量 str1 中的第 j * 3 – 2 开始的 2 个字符赋值给 ls1。Mid 函数为取字符串任意位置的子串函数。

建立好以上宏命令后，在编辑窗口选"运行"菜单，再点"运行子过程/用户窗体"，或者在 EXCEL 窗口选中该宏后（选择"开发工具/宏"），点"执行"即可生成以下走势图：

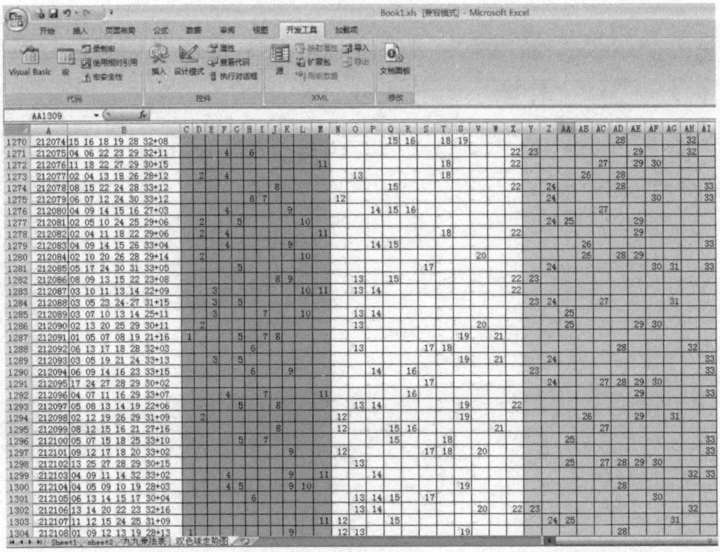

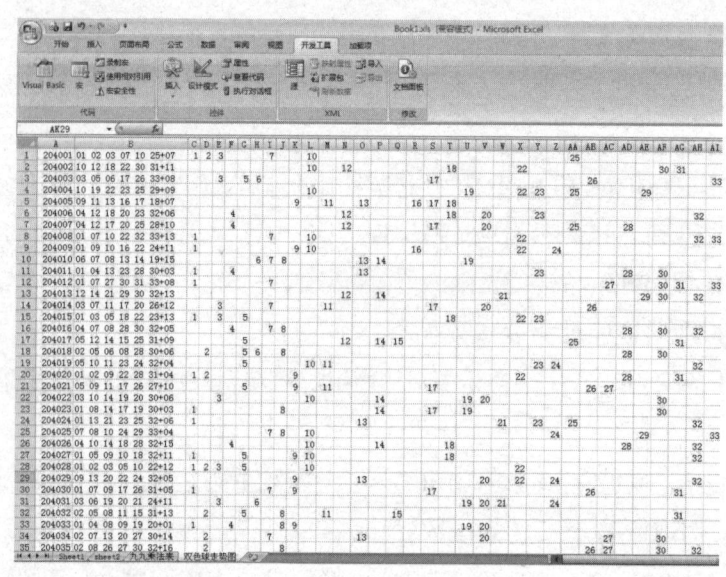

	A	B	C	D	E	F	G	H	I	J	K	L	M	N	O	P	Q	R	S	T	U	V	W	X	Y	Z	AA	AB	AC	AD	AE	AF	AG	AH	AI
1	204001	01 02 03 07 10 25+07	1	2	3				7			10															25								
2	204002	10 12 18 22 30 31+11										10		12						18				22								30	31		
3	204003	03 05 06 17 26 33+08			3		5	6											17									26							33
4	204004	10 19 22 23 25 29+09										10									19			22	23		25				29				
5	204005	09 11 13 16 17 18+07									9		11		13			16	17	18															
6	204006	04 12 18 20 23 32+06				4								12						18		20			23									32	
7	204007	04 12 17 20 25 28+10				4								12					17			20					25			28					
8	204008	01 07 10 22 32 33+13	1						7			10												22										32	33
9	204009	01 09 10 16 22 24+11	1								9	10						16						22		24									
10	204010	06 07 08 13 14 19+15						6	7	8					13	14					19														
11	204011	01 04 13 23 28 30+03	1			4									13										23					28		30			
12	204012	01 07 27 30 31 33+08	1						7																				27			30	31		33
13	204013	12 14 21 29 30 32+13												12		14							21								29	30		32	
14	204014	03 07 11 17 20 26+12			3				7				11						17			20						26							
15	204015	01 03 05 18 22 23+13	1		3		5													18				22	23										
16	204016	04 07 08 28 30 32+05				4			7	8																				28		30		32	
17	204017	05 12 14 15 25 31+09					5							12		14	15										25						31		
18	204018	02 05 06 08 28 30+06		2			5	6		8																				28		30			
19	204019	05 10 11 23 24 32+04					5					10	11												23	24								32	
20	204020	01 02 09 22 28 31+04	1	2							9													22						28			31		
21	204021	05 09 11 17 26 27+10					5				9		11						17									26	27						
22	204022	03 10 14 19 20 30+06			3							10				14					19	20										30			
23	204023	01 08 14 17 19 30+03	1							8						14			17		19											30			
24	204024	01 13 21 23 25 32+06	1												13								21		23		25							32	
25	204025	07 08 10 24 29 33+04							7	8		10														24					29				33
26	204026	04 10 14 18 28 32+15				4						10				14				18										28				32	
27	204027	01 05 09 10 18 32+11	1				5				9	10								18														32	
28	204028	01 02 03 05 10 22+12	1	2	3		5					10												22											
29	204029	09 13 20 22 24 32+05									9				13							20		22		24								32	
30	204030	01 07 09 17 26 31+05	1						7		9								17									26					31		
31	204031	03 06 19 20 21 24+11			3			6													19	20	21			24									
32	204032	02 05 08 11 15 31+13		2			5			8			11				15																31		
33	204033	01 04 08 09 19 20+01	1			4				8	9										19	20													
34	204034	02 07 13 20 27 30+14		2					7						13							20							27			30			
35	204035	02 08 26 27 30 32+16		2						8																		26	27			30		32	

如果对以上表格增加边框，不同的区间增加底纹（填充），则走势图会变得更加漂亮：

当有新的开奖号码产生时，我们只需要在表格后面按格式续上开奖号码，然后执行一次该宏命令，则最新的开奖号码走势图马上产生出来了。

以上是对双色球游戏的宏命令举例，实际上，任何乐透型游戏均可在以上宏命令的基础上作微小改动即可。

如对于选 5 型彩票，因为只有 5 个开奖号码，因此，“For j = 1 To 6”这一句需要改为“For j = 1 To 5”，选 7 型的彩票，这一句需要改为“For j = 1 To 7”。

对于排列型的彩票，宏命令的内容则与乐透型彩票的内容有些不同。以下为生成 3D 彩票走势图的宏：

```
Sub 生成福彩3D走势图()
    i = 1                          '变量I为EXCEL表格的行数，初始为第1行
    Do While True                  '与语句loop一起构成无限循环，保证处理每一行
        str1 = Format（Cells（i,2）,"000"）    '将开奖号码用3位数字表示
        If Len（str1）= 0 Then Exit Do          '如果为空行则退出无限循环
        For j = 1 To 3                           '循环3次（对应3D的3位号码）
            ls1 = Mid（str1,j,1）               '取每一位号码内容
            Cells（i,ls1 + 3）= ls1             '号码展开到对应位置
        Next j                                   '与for对应构成循环
        i = i + 1                                '处理完一行后，行数+1
    Loop                                         '与do while对应构成无限循环
End Sub
```

以上宏中，出现了一个新函数：format，其意义为：将 Excel 表格中第 i 行第 2 列的号码用"000"这种格式表示。如果我们不加这一函数，那么百位为 0 的开奖号码如 071、002、011 等前面的 0 将会表示为空格，不足 3 位数，后面的计算将会出错。

如果我们运行了这个宏就会发现，以上宏只能生成"组选号码走

势图",如果需要按位显示出单选号码走势图,则只需在号码展开的语句后加上以下一句:

Cells (i, j * 10 + ls1 + 3) = ls1 变成:

```
Sub 生成福彩 3D 走势图 ( )
    i = 1                           '变量 I 为 EXCEL 表格的行数,初始为第 1 行
    Do While True                   '与语句 loop 一起构成无限循环,保证处理每一行
        str1 = Format (Cells (i, 2), " 000" )
        '将开奖号码用 3 位数字表示
        If Len (str1) = 0 Then Exit Do       '如果为空行则退出无限循环
        For j = 1 To 3                       '循环 3 次(对应 3D 的 3 位号码)
            ls1 = Mid (str1, j , 1)          '取每一位号码内容
            Cells (i, ls1 + 3) = ls1         '号码展开到对应位置(组选)
            Cells (i, j * 10 + ls1 + 3) = ls1
            '展示到单选位置
        Next j
        '与 for 对应构成循环
        i = i + 1                            '处理完一行后,行数+1
    Loop                                     '与 do while 对应构成无限循环
End Sub
```

然后，对生成的表格经过增加边框、底纹等处理后，一个漂亮的 3D 彩票组选、单选走势图就自动生成了：

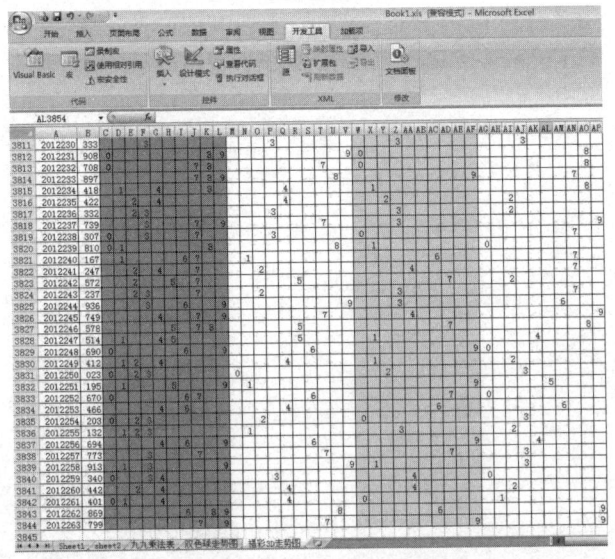

以上是生成福彩 3D 走势图的宏，如果我们将开奖号码的原始数据换成体彩排列三的，那么以上宏不用做任何更改即可使用。如果我们要做成生成七星彩开奖号码走势图的宏，那么只需将以上 2 条做如下修改：

第一处：将 str1 = Format（Cells（i, 2),"000"）修改为 str1 = Format（Cells（i, 2),"0000000"）;

第二处：将 For j = 1 To 3 修改为 For j = 1 To 7。

通过以上宏命令的例子我们还可以看出：当我们有了生成组选号码走势图的宏之后，只加上一个语句，就可生成单选号码走势图了。所以，我们了解这些宏的用法之后，想做成我们需要的走势图就变得非常容易了。

第 14 节　怎样统计各号码的开出次数

各号码的开出次数，是很多彩民都非常感兴趣的一个个问题，比如很多彩民常常面对走势图，看看近期双色球的 33 个红球号码中，哪些

号码开出的多，哪些号码开出的少，再看看双色球的16个蓝球号码中，哪些号码开出的多，哪些号码开出的少。这种肉眼能看见的结果，能统计的数据，当然会有很大的局限性，如果想统计更多期的开奖号码，了解更长时间的统计结果，用肉眼的方法肯定是无能为力。

但如果我们用EXCEL软件，并有了上节所介绍的开奖号码走势图，那么统计各号码的开出次数就变得非常容易了。

以下为双色球红球号码走势图中的最后一部分（从2013100-2013138期），由于纸质书印刷幅面有限，因此我们把这一表格横向分成两部分：

第一部分：期号、开奖号码和号码01-11部分：

213100	04 08 11 14 16 20+11				4				8			11
213101	05 07 09 23 27 32+01					5		7		9		
213102	02 04 05 06 08 16+03		2		4	5	6		8			
213103	02 04 09 13 18 20+07		2		4					9		
213104	01 02 04 15 17 28+11	1	2		4							
213105	01 11 23 27 31 32+09	1										11
213106	09 11 23 30 31 32+06									9		11
213107	07 09 11 17 28 31+11							7		9		11
213108	16 21 22 28 31 32+05											
213109	09 23 24 27 29 32+08									9		
213110	15 17 18 21 29 32+13											
213111	01 02 03 06 08 33+13	1	2	3			6		8			
213112	01 06 12 13 22 31+07	1					6					
213113	04 07 11 17 24 33+09				4			7				11
213114	04 06 17 21 23 33+07				4		6					
213115	03 12 16 17 18 27+08			3								
213116	12 15 21 26 32 33+07											
213117	09 12 13 24 27 33+16									9		
213118	02 03 17 22 32 33+16		2	3								

213119	05 15 20 22 26 32+09					5						
213120	05 06 13 18 23 31+11					5	6					
213121	04 05 06 07 25 27+07				4	5	6	7				
213122	07 10 13 15 26 27+11							7			10	
213123	01 02 06 11 17 25+02	1	2				6					11
213124	03 09 15 23 25 30+07			3						9		
213125	04 06 08 18 25 28+16				4		6		8			
213126	04 10 19 27 31 33+16				4						10	
213127	02 03 13 20 22 33+14		2	3								
213128	07 13 17 19 25 31+08							7				
213129	05 06 10 14 27 31+14					5	6				10	
213130	01 03 15 16 31 33+08	1		3								
213131	04 06 12 17 19 26+09				4		6					
213132	20 21 22 23 25 27+12											
213133	04 07 12 19 22 25+01				4			7				
213134	01 17 18 19 25 29+10	1										
213135	09 23 24 25 29 31+12									9		
213136	04 06 14 16 18 26+06				4		6					
213137	04 17 19 23 24 27+10				4							
213138	04 15 16 24 27 28+03				4							
	开出次数	288	264	296	283	274	264	285	277	255	262	255

第二部分：号码12–33部分：

		14		16				20													
											23				27					32	
				16																	
	13					18		20													
			15		17											28					
											23				27				31	32	
											23							30	31	32	

					17											28			31		
				16					21	22						28			31	32	
											23	24			27		29			32	
			15		17	18			21								29			32	
																					33
12	13									22									31		
					17							24									33
					17				21		23										33
12				16	17	18									27						
12			15						21					26						32	33
12	13											24			27						33
					17					22										32	33
			15					20		22				26						32	
	13					18					23								31		
													25		27						
	13		15											26	27						
					17								25								
			15								23		25					30			
						18							25			28					
							19								27				31		33
	13							20		22											33
	13				17		19						25						31		
		14													27				31		
			15	16															31		33
12					17		19							26							
								20	21	22	23		25		27						
12							19			22			25								
					17	18	19						25				29				
											23	24	25				29		31		
		14		16		18								26							
					17		19				23	24			27						
			15	16								24			27	28					
264	282	277	252	263	287	291	261	280	270	280	255	251	262	298	270	254	266	286	259	285	232

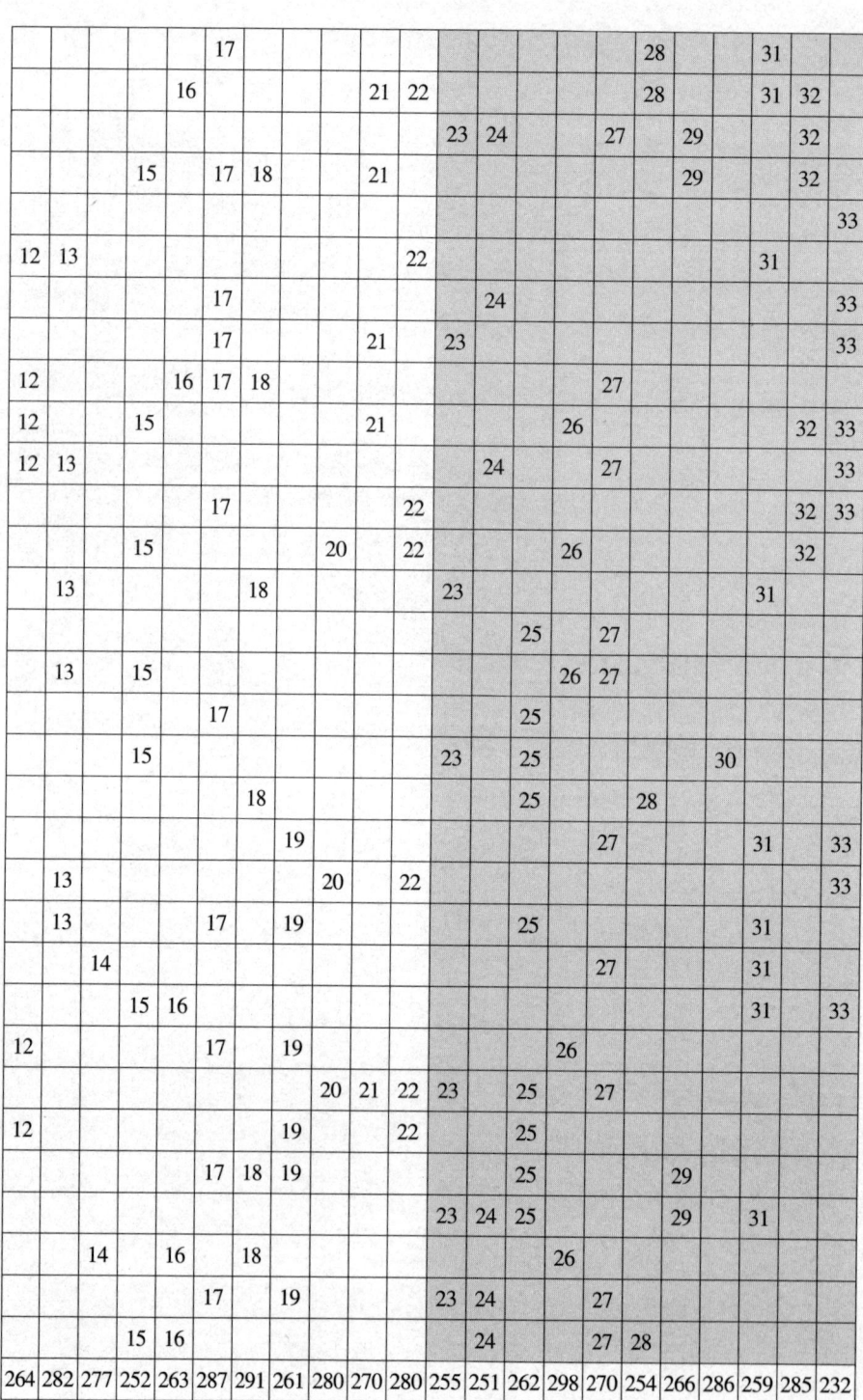

在以上表格中的最下面一行即开出次数的统计,它的统计方法是:在第三列(即C列)的最下面一行中输入公式: "=COUNT(C1:C1488)"即可,式中的C1488中的1488为最后一期开奖号码的行数,这一数据改变,公式也要做相应的改变。

输入上面的公式后,号码1的开出次数即被统计出来,然后,我们将这一单元格的内容往右复制到从号码02开始到号码33结束的每一个单元格内,至此,双色球戏球号码的每一个开奖号码的开出次数即被统计出来了。为方便读者查询,列出以下双色球从2004001—2013138期共1488期开奖号码中戏球号码的开出次数:

号码	1	2	3	4	5	6	7	8	9	10	11
开出次数	288	264	296	283	274	264	285	277	255	262	255
号码	12	13	14	15	16	17	18	19	20	21	22
开出次数	264	282	277	252	263	287	291	261	280	270	280
号码	23	24	25	26	27	28	29	30	31	32	33
开出次数	255	251	262	298	270	254	266	286	259	285	232

我们还可以根据以上数据,利用EXCEL丰富的作图功能,绘制一张开出次数柱状图:

以上柱状图可以直观地反映出红球号码中各号码开出次数的差异:号码33开出次数最少,仅232次,号码26开出次数最多,共298次,我们还可计算出33个号码中平均开出次数共270次[用公式=AVERAGE(C1489:AI1489)求得],一般来说,多于平均次数的即为"热号",少于平均次数的即为"冷号"。如果我们用"差异系数=(最大次数-最小次数)/平均次数"这个公式计算,可得双色球红球号码的差异系数=(298-232)/1488=24.44%。

在谈到差异系数这个概念时,有些人喜欢用"(最大次数-最小次数)/开奖次数"来计算差异系数,我认为这个方法不合理,比如有1个从10000个号码中开出2个号码的游戏,共开奖10000次,某号码开出了

1000次，很多号码开出次数为0次，那么计算出的数据只有1000/10000＝10%，与1个从20个号码中开出2个号码的游戏，共开奖10000次，所计算出的"（最大次数-最小次数）/开奖次数"为10%的意义是完全不同的，显然，前者的随机性要差得多，所以，本人坚持用"差异系数＝（最大次数-最小次数）/平均次数"这一计算方法。

我们在选择号码时，也可参考以上数据，一般来说，开出次数少的号码尽量少选，开出号码中等或者多的号码，可以多选。

根据以上方法，我们可以统计出双色球彩票蓝球号码的开出次数数据：

号码	1	2	3	4	5	6	7	8
开出次数	90	90	98	78	104	99	83	80
号码	9	10	11	12	13	14	15	16
开出次数	111	89	98	96	92	95	93	92

根据以上表格数据，我们做出双色球彩票蓝球号码开出次数柱状图：

通过以上图可以直观地看出：号码09开出次数最多，开出了111期，号码04开出次数最少，开出了78期，这16个号码的平均开出次数为93期，因此，蓝球号码的差异系数＝（111-78）/93＝35.48%。

在以上的数据统计中，我们都是从第一期开始统计到有数据的最后一期。实际上，我们也可根据需要统计最近的开出情况，比如我们将最后一行的开出次数统计公式中的"＝COUNT（C1：C1488）"改为"＝COUNT（C1389：C1488）"即统计最近的100期，改为"＝COUNT（C1439：C1488）"则统计最近的50期，不同的统计期数会有不同的意义，也会有不同的用途。

以上为双色球号码的统计结果。下面我们再来看看福彩3D的统计结果：

以下为3D彩票2002001-2013323期共4263期的组选号码走势图及各号码开出次数：

2013300	383				3					8	
2013301	776							6	7		
2013302	882			2						8	
2013303	289			2						8	9
2013304	212		1	2							
2013305	860	0						6		8	
2013306	291		1	2							9
2013307	694					4		6			9
2013308	378				3				7	8	
2013309	982			2						8	9
2013310	271		1	2					7		
2013311	358				3		5			8	
2013312	784					4			7	8	
2013313	898									8	9
2013314	711		1						7		
2013315	899									8	9
2013316	088	0								8	
2013317	197		1						7		9
2013318	244			2		4					
2013319	460	0				4		6			
2013320	573				3		5		7		
2013321	987								7	8	9
2013322	648					4		6		8	
2013323	114		1			4					
开出次数	1163	1178	1082	1188	1187	1147	1137	1136	1176	1172	

根据以上表格数据，我们做出福彩3D组选号码开出次数柱状图：

通过以上图可以直观地看出：号码3开出次数最多，开出了1188期，号码2开出次数最少，开出了1082期，这10个号码的平均开出次数为1157期，因此，3D彩票组选号码的差异系数=（1188－1082）/1157=9.16%。差异系数非常小，说明号码开出比较平均。

大家知道，3D彩票除组选号码外，大家更关心的还有单选号码，因此，我们再看看3D彩票的单选号码开出情况：

3D彩票百位号码开出次数统计表

2013300	383				3						
2013301	776								7		
2013302	882									8	
2013303	289			2							
2013304	212			2							
2013305	860									8	
2013306	291			2							
2013307	694							6			
2013308	378				3						
2013309	982										9
2013310	271			2							
2013311	358				3						
2013312	784								7		
2013313	898									8	
2013314	711								7		
2013315	899									8	
2013316	088	0									
2013317	197		1								
2013318	244			2							
2013319	460					4					
2013320	573						5				
2013321	987										9
2013322	648							6			
2013323	114		1								
开出次数	427	437	396	450	432	416	419	429	453	404	

3D 彩票十位号码开出次数统计表

2013300	383									8	
2013301	776								7		
2013302	882									8	
2013303	289									8	
2013304	212		1								
2013305	860							6			
2013306	291										9
2013307	694										9
2013308	378								7		
2013309	982									8	
2013310	271								7		
2013311	358						5				
2013312	784									8	
2013313	898										9
2013314	711		1								
2013315	899										9
2013316	088									8	
2013317	197										9
2013318	244					4					
2013319	460							6			
2013320	573								7		
2013321	987									8	
2013322	648					4					
2013323	114		1								
开出次数	427	432	453	382	424	456	418	462	403	389	

第 2 章 开奖号码的数理统计

3D 彩票个位号码开出次数统计表

2013300	383				3						
2013301	776							6			
2013302	882			2							
2013303	289										9
2013304	212			2							
2013305	860	0									
2013306	291		1								
2013307	694					4					
2013308	378									8	
2013309	982			2							
2013310	271		1								
2013311	358									8	
2013312	784					4					
2013313	898									8	
2013314	711		1								
2013315	899										9
2013316	088									8	
2013317	197								7		
2013318	244					4					
2013319	460	0									
2013320	573				3						
2013321	987								7		
2013322	648									8	
2013323	114					4					
开出次数	427	435	402	409	441	422	437	404	419	454	

根据以上表格数据，我们可以做出 3D 彩票单选号码中各号码的开出次数柱状图如下：

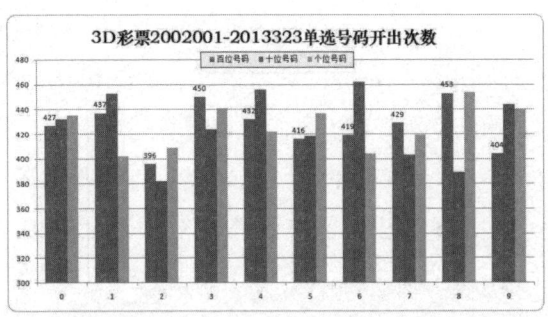

通过以上图表可以计算得出 3D 彩票单选号码的以下数据：

号码	0	1	2	3	4	5	6	7	8	9	平均
百位次数	427	437	396	450	432	416	419	429	453	404	426
十位次数	432	453	382	424	456	418	462	403	389	444	426
个位次数	435	402	409	441	422	437	404	419	454	440	426
百位最大	453		最小		396		差异系数		13.37%		
十位最大	462		最小		382		差异系数		18.77%		
个位最大	454		最小		402		差异系数		12.20%		

第15节　怎样统计开奖号码的冷热码

很多彩民购买彩票时，喜欢根据冷热码来选号，比如某些号码近期开出很多，我们可视之为热码，是我们重点的选号对象，有些号码连续很长时间不出，我们可以不选，或者仅在这些冷码中选出极少量的号码作为补充。

如果我们多看看开奖号码走势图就会发现：不论何种彩票，不论何时开奖，同一期中冷号码开出的个数的确不占多数，所以，如果我们不研究号码的冷热特性，购买彩票时 60% 的号码都选择冷号码，中大奖的概率可能很低。

但是，冷热码，并不是一个明确的概念，完全是彩民凭着自己的感觉创造出来的一个词汇。比如说，有些人认为最近10期之内开出了4期以上的号码就叫热码，但有些人可能认为最近5期之内没有开出的号码都不能叫热码。因此，不同的人对冷热码的概念认同并不相同。

其实，即使对同一人，不同的彩票游戏，冷热码的标准也应该不同，比如对于15选5型的彩票游戏，我们可以计算得出：每期开出5个号码，3期即可开出15个号码，也就是说，理论上，每个号码的开出周期应该是3期，6期之内的理论开出次数应该是2次，12期之内的理论开出次数应该是4次，因此，10期内开出4次的号码在15选5中并不少见。而对于大乐透的前区（35选5），每个号码的理论开出周期是7期，因此，10期之内即使开出2次、3次的号码应该都是比较"热"码了。

很多彩民统计冷热码时依靠彩票软件，从这里可以看出，只有自己DIY出来的冷热码统计数据，才是最理想的结果。

下面就以双色球彩票为例，介绍怎样统计开奖号码的冷热码：

统计开奖号码的方法有很多，此处介绍的是在完成第七节的生成开奖号码走势图以后的宏代码，此段代码可放在第七节"生成双色球开奖号码走势图"的宏代码中的"LOOP"之后：

```
'以下为统计双色球冷热码的宏
    Dim lxqs（33），kccs（33）           '定义 33 个红球的连续未出期数和总开出次数
    Ls2=15                              'LS2 为统计近 15 期内的开出次数
    Cells（i+0，2）="连续未出期数"       'i 为 EXCEL 表格的行数计算器
    Cells（i+1，2）="开出次数"
    For k1=1 to ls2
        For k2=1 to 33
            If cells（i-k1，k2+2）=" "then   '如果对应的单元格为空格
                If kccs（k2）=0 then lxqs（k2）=lxqs（k2）+1  '如果近期未开出则连续示出期加 1
            Else                          '如果开出了该号码
                Kccs（k2）=kccs（k2）+1
                '开出次数累加 1
            End if
        Next
    Next
    For k2=1 to 33
        Cells（i+0，2+k2）=lxqs（k2）
        '显示出连续未出期数
        Cells（i+1，2+k2）=kccs（k2）
        '显示出开出次数
    Next
```

以上宏命令中，新出现了以下语句：

Dim lxqs（33），kccs（33）：表示分别定义数组 lxqs 和 kccs 的个数为 33 个，用于保存双色球 33 个红球号码中每一个号码的连续未出期数和开出次数。

以上代码由于增加在“生成双色球开奖号码走势图”的宏之内，因此，运行此宏后，不仅可以自动生成开奖号码走势图，还可自动统计出各种号码目前的未出期数，以及设计的期数内的开出次数，并显示在开奖号码走势图的后面。

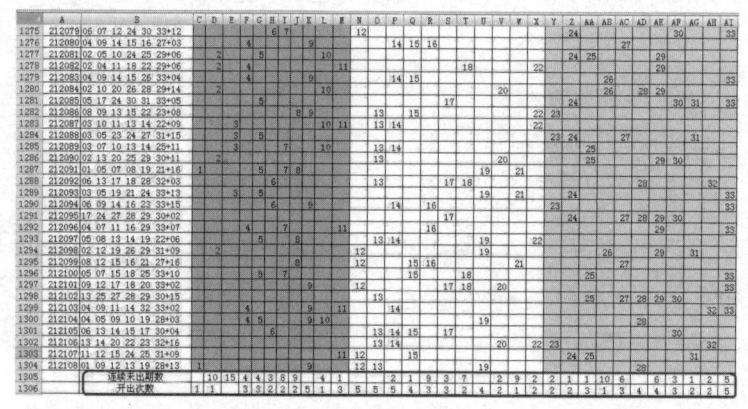

	A	B	C	D	E	F	G	H	I	J	K	L	M	N	O	P	Q	R	S	T	U	V	W	X	Y	Z	AA	AB	AC	AD	AE	AF	AG	AH	AI
1275	212079	06 07 12 24 30 33+12						6	7					12												24						30			33
1276	212080	04 09 14 15 16 27+03				4					9					14	15	16											27						
1277	212081	02 05 10 24 25 29+06		2			5					10														24	25				29				
1278	212082	02 04 11 18 22 29+06		2		4							11							18				22							29				
1279	212083	04 09 14 15 26 33+04				4					9					14	15											26							33
1280	212084	02 10 20 26 28 29+14		2								10										20						26		28	29				
1281	212085	05 17 24 30 31 33+05					5												17							24						30	31		33
1282	212086	08 09 13 15 22 23+08								8	9				13		15							22	23										
1283	212087	03 10 11 13 14 22+09			3							10	11		13	14								22											
1284	212088	03 05 23 24 27 31+15			3		5																		23	24			27				31		
1285	212089	03 07 10 13 14 25+11			3				7			10			13	14											25								
1286	212090	02 13 20 25 29 30+11		2											13							20					25				29	30			
1287	212091	01 05 07 08 19 21+16	1				5		7	8											19		21												
1288	212092	06 13 17 18 28 32+03						6							13				17	18										28				32	
1289	212093	03 05 19 21 24 33+13			3		5														19		21			24									33
1290	212094	06 09 14 16 23 33+15						6			9					14		16							23										33
1291	212095	17 24 27 28 29 30+02																	17							24			27	28	29	30			
1292	212096	04 07 11 16 29 33+07				4			7				11					16													29				33
1293	212097	05 08 13 14 19 22+06					5			8					13	14					19			22											
1294	212098	02 12 19 26 29 31+09		2										12							19							26			29		31		
1295	212099	08 12 15 16 21 27+16								8				12			15	16					21						27						
1296	212100	05 07 15 18 25 33+10					5		7								15			18							25								33
1297	212101	09 12 17 18 20 33+02									9			12					17	18		20													33
1298	212102	13 25 27 28 29 30+15													13												25		27	28	29	30			
1299	212103	04 09 11 14 32 33+02				4					9		11			14																		32	33
1300	212104	04 05 09 10 19 28+03				4	5				9	10									19									28					
1301	212105	06 13 14 15 17 30+04						6							13	14	15		17													30			
1302	212106	13 14 20 22 23 32+16													13	14						20		22	23									32	
1303	212107	11 12 15 24 25 31+09											11	12			15									24	25						31		
1304	212108	01 09 12 13 19 28+13	1								9			12	13						19									28					
1305		连续未出期数		10	15	4	4	3	8	9		4	1			2	1	9	3	7		2	9	2	2	1	1	10	6		6	3	1	2	5
1306		开出次数	1	1		3	3	2	2	2	5	1	3	5	5	5	4	3	3	2	4	2	1	2	2	2	3	1	3	4	4	3	2	2	5

在以上代码中，如果想将统计期数修改为 50 期，则将“Ls2=15”改为“Ls2=50”即可；

如果不是用于双色球的 33 选 5，而是用于大乐透的 35 选 5，或者是 37 选 7，则需要将“Dim lxqs（33），kccs（33）”改为“Dim lxqs（35），kccs（35）”或者“Dim lxqs（37），kccs（37）”，同时将 2 处“For k2=1 to 33”改为“For k2=1 to 35”或“For k2=1 to 37”即可。

以上代码是针对乐透型彩票的。但是，也基本上适应于数字型彩票。

比如我们要统计 3D/排列三的组选胆码的冷热情况，由于组选号码只有 10 个，因此，只需将以上代码中“Dim lxqs（33），kccs（33）”的 33 改为 10，同时将 2 处“For k2=1 to 33”中的 33 也改为 10 即可。

如果我们想将 3D/排列三的单选/组选号码的冷热情况一起统计，那么组选有 10 个胆码，单选的每位有 10 个号码共 30 个号码，二者相加共 40 个号码，因此，只需将以上代码中 4 处 33 改为 40 即可。

统计出了每个号码的开出次数和目前连续未出期数之后，就可以按自己的标准判断出哪些号码是冷码、哪些号码是热码、哪些号码是近期热码但目前已开始转冷，哪些号码前期偏冷但近期热出了。

使用本节内容所介绍的宏也非常简单：在一个新的工作表中，第一列输入开奖期号，第二列输入开奖号码：乐透型彩票每个号码必须2位，号码间用1个空格隔开即可，数字型彩票则连续输入开奖号码，每一期号码作为一列，当然，这些开奖号码也可以从网上下载。输入完后，在"开发工具/宏"中选刚才输入的宏名称，再选"运行"即可。

由于冷热码的分析需要根据开奖号码的最新走势，而读者看见本书时，与本人编写本节内容的时间会有一个较长的差距，因此，本书不对这一节内容作出统计结论，读者若需要统计，可根据以上介绍的方法操作即可。

第16节　怎样计算开奖号码的号码间隔

在冷热码的研究中，通常只根据自己的需要研究最近的开出次数和累计未出期数，但对于某一号码的间隔开出情况依然无法直观看出，比如某些号码经常间隔很长时间才开出，但开出过后则会连续开出数期，根据这一特性，如果这一号码开出，则可重点关注。

而要了解这些信息，则需要经常观察开奖号码的间隔图。

下面，向大家介绍用EXCEL宏命令制作开奖号码间隔走势图的方法。

如同制作开奖号码走势图的准备工作一样，制作开奖号码间隔走势图之前，也需要准备以下2种资料：开奖期和开奖号码。在EXCEL中，第一列放开奖期，第二列放开奖号码。

以下为生成开奖号码间隔图的EXCEL宏：

```
Sub 计算开奖号码的号码间隔()
    Dim hmjg(33)
    i = 1
    Do While True
        str1 = Left(Cells(i, 2), 18)        '取双色球蓝球号码
        If Len(str1) = 0 Then Exit Do
        For j = 1 To 33
            str2 = Right("0" & CStr(j), 2)
            If InStr(str1, str2) > 0 Then
                Cells(i, j + 2) = str2
                Cells(i, j + 2).Select '
                With Selection.Font
                    .ThemeColor = xlThemeColorLight1        '黑色
                End With
                hmjg(j) = 0
            Else
                hmjg(j) = hmjg(j) + 1
                Cells(i, j + 2) = hmjg(j)
                Cells(i, j + 2).Select '
                With Selection.Font
                    .ThemeColor = xlThemeColorLight2
                End With
            End If
        Next
        i = i + 1
    Loop
End Sub
```

在以上宏命令中，出现了以下几个新的语句：

str1 = Left（Cells（i, 2），18）：表示取第 i 行第 2 列单元格中左边 18 个字符的内容。在双色球开奖号码中，蓝球号码共 16 个，每个号码占 2 个字符再加一个空格，因此，总字符个数为 18 个。

Cells（i, j + 2）.Select：表示第 i 行第 j+2 列这一单元格被选择中，如同用鼠标左键点取了该单元格的效果。

With Selection.Font 和 End With 是一对必须同时出现的语句标识，表示这一对语句标识之间的操作主体为被选中的单元。

.ThemeColor = xlThemeColorLight2：设置被选中的单元格字体颜色为 xlThemeColorLight2。由于此语句位于 With Selection.Font 和 End With 之间，因此设置对象被省去，并以"."为前缀表示。

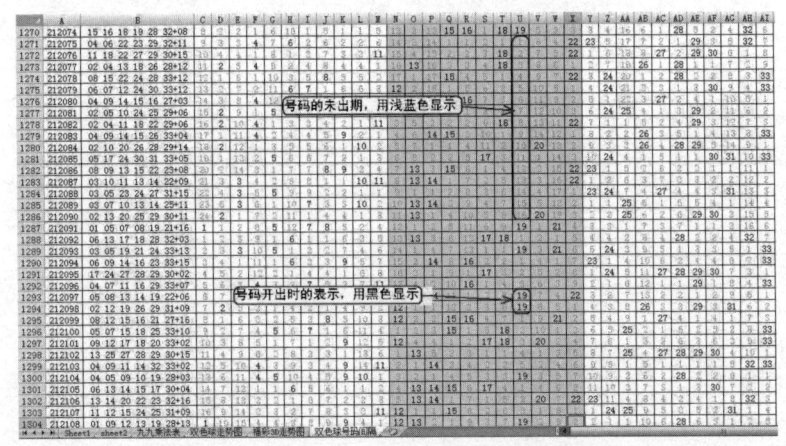

运行以上宏命令后，将显示结果略加整理，便可获得以下开奖号码间隔图：

以上表格中，没有统计出每个号码的"最大间隔期数"，有兴趣的彩民可根据已经了解的宏命令，自己增加进去，并显示到本表格的最后一行，当然，确实需要但却不能自己增加此功能者，也可以和本作者联系。

号码间隔一般用于观察冷号时比较有用，而对于有些彩票游戏，如大乐透，因为是从 35 个号码中开出 5 个号码，每次开出的号码只有 1/7，也就是说，平均每个号码需要间隔 7 期，所以研究"号码间隔"没有太多的意义，而对于理论间隔比较小的彩票游戏，研究号码间隔则是大家

经常做的事。所以，3D 彩票的各种间隔是大家最关注的问题，我们也将对 3D 彩票的各种概念的间隔统计方法作重点介绍。

1. 3D 彩票近期号码的组号码间隔统计方法：

生成 3D 彩票组选号码间隔的宏：

```
Sub 福彩 3D 组选号码间隔 ()
    Dim hmjg (10)
    i = 1
    Do While True
        str1 = Format (Cells (i, 2), "000")  开奖号码
        If Len (str1) = 0 Then Exit Do
        For j = 1 To 10
            str2 = CStr (j - 1)
            If InStr (str1, str2) > 0 Then
                Cells (i, j + 2) = str2
                Cells (i, j + 2) .Select
                With Selection.Font
                    .ThemeColor = xlThemeColorLight1    黑色
                    .TintAndShade = 0        字符淡色
                End With
                hmjg (j) = 0
            Else
                hmjg (j) = hmjg (j) + 1
                Cells (i, j + 2) = hmjg (j)
                Cells (i, j + 2) .Select
                With Selection.Font
                    .ThemeColor = xlThemeColorLight2
                    .TintAndShade = 0.599993896298105    字符淡色
                End With
            End If
        Next
        i = i + 1
    Loop
End Sub
```

3D 彩票组选间隔号码的宏的运行效果：

2013290	323	1	4	2	3	1	5	5	1	2	4
2013291	667	2	5	1	1	2	6	6	7	3	5
2013292	093	0	6	2	3	3	7	1	1	4	9
2013293	956	1	7	3	1	4	5	6	2	5	9
2013294	198	2	1	4	2	5	1	1	3	8	9
2013295	342	3	1	2	3	4	2	2	4	1	1
2013296	943	4	2	1	3	4	3	3	5	2	9
2013297	803	0	3	2	3	1	4	4	6	8	1
2013298	732	1	4	2	3	2	5	5	7	1	2
2013299	207	0	5	2	1	3	6	6	7	2	3
2013300	383	1	6	1	3	4	7	7	1	8	4
2013301	776	2	7	2	1	5	8	6	7	1	5
2013302	882	3	8	2	2	6	9	1	1	8	6
2013303	289	4	9	2	3	7	10	2	2	8	9
2013304	212	5	1	2	4	8	11	3	3	1	1
2013305	860	0	1	1	5	9	12	6	4	8	2
2013306	291	1	1	2	6	10	13	1	5	1	9
2013307	694	2	1	1	7	4	14	6	6	2	9
2013308	378	3	2	2	3	1	15	1	7	8	1
2013309	982	4	3	2	1	2	16	2	1	8	9
2013310	271	5	1	2	2	3	17	3	7	1	1
2013311	358	6	1	1	3	4	5	4	1	8	2
2013312	784	7	2	2	1	4	1	5	7	8	3
2013313	898	8	3	3	2	1	2	6	1	8	9
2013314	711	9	1	4	3	2	3	7	7	1	1
2013315	899	10	1	5	4	3	4	8	1	8	9
2013316	088	0	2	6	5	4	5	9	2	8	1
2013317	197	1	1	7	6	5	6	10	7	1	9
2013318	244	2	1	2	7	4	7	11	1	2	1
2013319	460	0	2	1	8	4	8	6	2	3	2
2013320	573	1	3	2	3	1	5	1	7	4	3
2013321	987	2	4	3	1	2	1	2	7	8	9
2013322	648	3	5	4	2	4	2	6	1	8	1
2013323	114	4	1	5	3	4	3	1	2	1	2

从以上统计结果可以看出：胆码 5 近期很冷，在间隔 17 期后于 2013311 期开出了 358，之后又间隔 8 期才于 2013320 期开出 573，因此，如果我们近期购买 3D 彩票，胆码 5 当然应该少选或者不选，而胆码 8 近期却连连开出，应该多选。

有了组选间隔，很多读者自然而然地会想到单选间隔，下面即为 3D 彩票单选号码间隔情况：

2. 3D 彩票近期号码的单选号码中百位号码开出间隔统计方法：

生成 3D 彩票单选号码中百位号码间隔的宏：

```
Sub 福彩 3D 百位号码间隔（）
    Dim hmjg（10）
    i = 1
    Do While True
        str1 = Mid（Format（Cells（i, 2），" 000"），1, 1）
        If Len（str1）= 0 Then Exit Do
        For j = 1 To 10
            str2 = CStr（j - 1）
            If InStr（str1, str2）> 0 Then
                Cells（i, j + 2）= str2
                Cells（i, j + 2）.Select '
                With Selection.Font
                    .ThemeColor = xlThemeColorLight1    '黑色
                    .TintAndShade = 0         字符淡色
                End With
                hmjg（j）= 0
            Else
                hmjg（j）= hmjg（j）+ 1
                Cells（i, j + 2）= hmjg（j）
                Cells（i, j + 2）.Select '
                With Selection.Font
                    .ThemeColor = xlThemeColorLight2
                    .TintAndShade = 0.599993896298105    '字符淡色
                End With
            End If     Next
        i = i + 1
    Loop
End Sub
```

生成 3D 彩票单选号码中百位号码间隔的宏的运行效果：

2013290	323	9	4	3	3	11	7	16	1	8	14
2013291	667	10	5	4	1	12	8	6	2	9	15
2013292	093	0	6	5	2	13	9	1	3	10	16
2013293	956	1	7	6	3	14	10	2	4	11	9
2013294	198	2	1	7	4	15	11	3	5	12	1
2013295	342	3	1	8	3	16	12	4	6	13	2
2013296	943	4	2	9	1	17	13	5	7	14	9
2013297	803	5	3	10	2	18	14	6	8	8	1
2013298	732	6	4	11	3	19	15	7	7	1	2
2013299	207	7	5	2	4	20	16	8	1	2	3
2013300	383	8	6	1	3	21	17	9	2	3	4
2013301	776	9	7	2	1	22	18	10	7	4	5
2013302	882	10	8	3	2	23	19	11	1	8	6
2013303	289	11	9	2	3	24	20	12	2	1	7
2013304	212	12	10	2	4	25	21	13	3	2	8
2013305	860	13	11	1	5	26	22	14	4	8	9
2013306	291	14	12	2	6	27	23	15	5	1	10
2013307	694	15	13	1	7	28	24	6	6	2	11
2013308	378	16	14	2	3	29	25	1	7	3	12
2013309	982	17	15	3	1	30	26	2	8	4	9
2013310	271	18	16	2	2	31	27	3	9	5	1
2013311	358	19	17	1	3	32	28	4	10	6	2
2013312	784	20	18	2	1	33	29	5	7	7	3
2013313	898	21	19	3	2	34	30	6	1	8	4
2013314	711	22	20	4	3	35	31	7	7	1	5
2013315	899	23	21	5	4	36	32	8	1	8	6
2013316	088	0	22	6	5	37	33	9	2	1	7
2013317	197	1	1	7	6	38	34	10	3	2	8
2013318	244	2	1	2	7	39	35	11	4	3	9
2013319	460	3	2	1	8	4	36	12	5	4	10
2013320	573	4	3	2	9	1	5	13	6	5	11
2013321	987	5	4	3	10	2	1	14	7	6	9
2013322	648	6	5	4	11	3	2	6	8	7	1
2013323	114	7	1	5	12	4	3	1	9	8	2

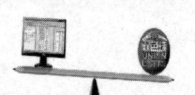

从上面统计表格可以看出，百位 5 和百位 4 近期都属于偏冷的号码，基本上 35 期以上才出现一次，而 8 和 2 则属于偏热的号码，5 期左右即出现一次。

3. 3D 彩票近期号码的单选号码中十位号码开出间隔统计方法：

生成 3D 彩票单选号码中十位号码间隔的宏：

```
Sub 福彩3D十位号码间隔（）
    Dim hmjg（10）
    i = 1
    Do While True
        str1 = Mid（Format（Cells（i, 2），"000"），2, 1）
        If Len（str1）= 0 Then Exit Do
        For j = 1 To 10
            str2 = CStr（j - 1）
            If InStr（str1, str2）> 0 Then
                Cells（i, j + 2）= str2
                Cells（i, j + 2）.Select '
                With Selection.Font
                    .ThemeColor = xlThemeColorLight1   '黑色
                    .TintAndShade = 0       字符淡色
                End With
                hmjg（j）= 0
            Else
                hmjg（j）= hmjg（j）+ 1
                Cells（i, j + 2）= hmjg（j）
                Cells（i, j + 2）.Select '
                With Selection.Font
                    .ThemeColor = xlThemeColorLight2
                    .TintAndShade = 0.599993896298105     '
字符淡色
                End With
            End If
        Next
        i = i + 1
    Loop
End Sub
```

生成 3D 彩票单选号码中十位号码间隔的宏的运行效果：

2013290	323	3	22	2	12	1	14	5	25	19	4
2013291	667	4	23	1	13	2	15	6	26	20	5
2013292	093	5	24	2	14	3	16	1	27	21	9
2013293	956	6	25	3	15	4	5	2	28	22	1
2013294	198	7	26	4	16	5	1	3	29	23	9
2013295	342	8	27	5	17	4	2	4	30	24	1
2013296	943	9	28	6	18	4	3	5	31	25	2
2013297	803	0	29	7	19	1	4	6	32	26	3
2013298	732	1	30	8	3	2	5	7	33	27	4
2013299	207	0	31	9	1	3	6	8	34	28	5
2013300	383	1	32	10	2	4	7	9	35	8	6
2013301	776	2	33	11	3	5	8	10	7	1	7
2013302	882	3	34	12	4	6	9	11	1	8	8
2013303	289	4	35	13	5	7	10	12	2	8	9
2013304	212	5	1	14	6	8	11	13	3	1	10
2013305	860	6	1	15	7	9	12	6	4	2	11
2013306	291	7	2	16	8	10	13	1	5	3	9
2013307	694	8	3	17	9	11	14	2	6	4	9
2013308	378	9	4	18	10	12	15	3	7	5	1
2013309	982	10	5	19	11	13	16	4	1	8	2
2013310	271	11	6	20	12	14	17	5	7	1	3
2013311	358	12	7	21	13	15	5	6	1	2	4
2013312	784	13	8	22	14	16	1	7	2	8	5
2013313	898	14	9	23	15	17	2	8	3	1	9
2013314	711	15	1	24	16	18	3	9	4	2	1
2013315	899	16	1	25	17	19	4	10	5	3	9
2013316	088	17	2	26	18	20	5	11	6	8	1
2013317	197	18	3	27	19	21	6	12	7	1	9
2013318	244	19	4	28	20	4	7	13	8	2	1
2013319	460	20	5	29	21	1	8	6	9	3	2
2013320	573	21	6	30	22	2	9	1	7	4	3
2013321	987	22	7	31	23	3	10	2	1	8	4
2013322	648	23	8	32	24	4	11	3	2	1	5
2013323	114	24	1	33	25	1	12	4	3	2	6

上统计结果可以看出，十位8和十位9近期偏热，十位0和十位
偏冷。

百位号码间隔的宏和十位号码间隔的宏，相信修改成个位号码
就很容易了，因此，本书不列出个位号码间隔的宏内容。

3D 彩票近期号码的大小组合间隔统计方法：

过3D彩票的人都知道，3D号码的每一个数字0-9都可分为大号
号码，因此，3个位置共有2×2×2=8种情况，分别为大大大，大
大小大、大小小、小大大、小大小、小小大、小小小。以下为统
3D大小组合的宏命令：

```
b 福彩3D大小组合间隔（）
    Dim hmjg（8）
    Dim xh（2）
    dbstr = " 0123456789"
    xh（0）= " 小"：xh（1）= " 大"
    i = 1
    Do While True
        str1 = Format（Cells（i, 2）, " 000" ）
        If Len（str1）= 0 Then Exit Do
        str3 = " "
        For j = 1 To 3
            If InStr（dbstr, Mid（str1, j, 1））> 5 Then
                str3 = str3 & " 大"
            Else
                str3 = str3 & " 小"
            End If
        Next
        j = 0
        For j1 = 0 To 1
            For j2 = 0 To 1
                For j3 = 0 To 1
                    str2 = xh（j1）& xh（j2）& xh（j3）
                    j = j + 1
                    If str3 = str2 Then
```

```
                    Cells (i, j + 2) = str2
                        Cells (i, j + 2).Select '
                        With Selection.Font
                            .ThemeColor = xlThemeColorLight1    '黑色
                            .TintAndShade = 0     字符淡色
                        End With
                        hmjg (j) = 0
                    Else
                        hmjg (j) = hmjg (j) + 1
                        Cells (i, j + 2) = hmjg (j)
                        Cells (i, j + 2).Select '
                        With Selection.Font
                            .ThemeColor = xlThemeColorLight2
                            .TintAndShade = 0.599993896298105    '字符
淡色
                        End With
                    End If
                Next
            Next
        Next
        i = i + 1
    Loop
End Sub
```

以下为上述宏命令的运行结果：

2013290	323	小小小	9	4	5	1	2	14	17
2013291	667	1	10	5	6	2	3	15	大大大
2013292	093	2	11	小大小	7	3	4	16	1
2013293	956	3	12	1	8	4	5	17	大大大
2013294	198	4	13	2	小大大	5	6	18	1
2013295	342	小小小	14	3	1	6	7	19	2

2013296	943	1	15	4	2	大小小	8	20	3
2013297	803	2	16	5	3	大小小	9	21	4
2013298	732	3	17	6	4	大小小	10	22	5
2013299	207	4	小小大	7	5	1	11	23	6
2013300	383	5	1	小大小	6	2	12	24	7
2013301	776	6	2	1	7	3	13	25	大大大
2013302	882	7	3	2	8	4	14	大大小	1
2013303	289	8	4	3	小大大	5	15	1	2
2013304	212	小小小	5	4	1	6	16	2	3
2013305	860	1	6	5	2	7	17	大大小	4
2013306	291	2	7	小大小	3	8	18	1	5
2013307	694	3	8	1	4	9	19	大大小	6
2013308	378	4	9	2	小大大	10	20	1	7
2013309	982	5	10	3	1	11	21	大大小	8
2013310	271	6	11	小大小	2	12	22	1	9
2013311	358	7	12	1	小大大	13	23	2	10
2013312	784	8	13	2	1	14	24	大大小	11
2013313	898	9	14	3	2	15	25	1	大大大
2013314	711	10	15	4	3	大小小	26	2	1
2013315	899	11	16	5	4	1	27	3	大大大
2013316	088	12	17	6	小大大	2	28	4	1
2013317	197	13	18	7	小大大	3	29	5	2
2013318	244	小小小	19	8	1	4	30	6	3
2013319	460	1	20	小大小	2	5	31	7	4
2013320	573	2	21	1	3	6	32	大大小	5
2013321	987	3	22	2	4	7	33	1	大大大
2013322	648	4	23	3	5	8	大小大	2	1
2013323	114	小小小	24	4	6	9	1	3	2

从以上统计结果可以看出：福彩 3D 近期大小组合中，"小大大"和"大大小"组合近期比较热，而"小小大"和"大小大"则明显偏冷，20 多期才出现 1 次。我们选择组合时，也应多选热组合少选冷组合。

5. 3D 彩票近期号码的单双组合间隔统计方法：

在 3D 彩票中，单双组合也是大家经常关注到的概念，单，即"1、3、5、7、9"这 5 个数字，双，即"2、4、6、8、0"这 5 个数字，因此，单双组合也和大小组合一样共 8 种。以下即为生成这 8 种组合间隔的宏代码：

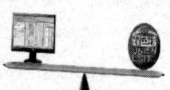

```
Sub 福彩3D单双组合间隔()
    Dim hmjg(8)
    Dim xh(2)
    dbstr = " 1357924680"
    xh(0) = " 单": xh(1) = " 双"
    i = 1
    Do While True
        str1 = Format(Cells(i, 2), " 000")
        If Len(str1) = 0 Then Exit Do
        str3 = " "
        For j = 1 To 3
            If InStr(dbstr, Mid(str1, j, 1)) > 5 Then
                str3 = str3 & " 双"
            Else
                str3 = str3 & " 单"
            End If
        Next
        j = 0
        For j1 = 0 To 1
            For j2 = 0 To 1
                For j3 = 0 To 1
                    str2 = xh(j1) & xh(j2) & xh(j3)
                    j = j + 1
                    If str3 = str2 Then
                        Cells(i, j + 2) = str2
                        Cells(i, j + 2).Select '
                        With Selection.Font
                            .ThemeColor = xlThemeColorLight1    黑色
                            .TintAndShade = 0      字符淡色
                        End With
                        hmjg(j) = 0
                    Else
                        hmjg(j) = hmjg(j) + 1
                        Cells(i, j + 2) = hmjg(j)
                        Cells(i, j + 2).Select '
                        With Selection.Font
                            .ThemeColor = xlThemeColorLight2
                            .TintAndShade = 0.599993896298105        字符淡色
                        End With

                    End If
                Next
            Next
        Next
        i = i + 1
    Loop
End Sub
```

根据以上宏代码，生成的福彩 3D 单双组合间隔图如下：

2013290	323	3	9	15	20	1	单双单	4	13
2013291	667	4	双双单	16	21	2	1	5	14
2013292	093	5	1	17	双单单	3	2	6	15
2013293	956	6	2	18	1	4	3	单单双	16
2013294	198	7	3	19	2	5	4	单单双	17
2013295	342	8	4	20	3	单双双	5	1	18
2013296	943	9	5	21	4	1	单双单	2	19
2013297	803	10	双双单	22	5	2	1	3	20
2013298	732	11	1	23	6	3	2	单单双	21
2013299	207	12	双双单	24	7	4	3	1	22
2013300	383	13	1	25	8	5	单双单	2	23
2013301	776	14	2	26	9	6	1	单单双	24
2013302	882	双双双	3	27	10	7	2	1	25
2013303	289	1	双双单	28	11	8	3	2	26
2013304	212	2	1	双单双	12	9	4	3	27
2013305	860	双双双	2	1	13	10	5	4	28
2013306	291	1	3	2	双单单	11	6	5	29
2013307	694	2	4	双单双	1	12	7	6	30
2013308	378	3	5	1	2	13	8	单单双	31
2013309	982	4	6	2	3	单双双	9	1	32
2013310	271	5	7	3	双单单	1	10	2	33
2013311	358	6	8	4	1	2	11	单单双	34
2013312	784	7	9	5	2	单双双	12	1	35
2013313	898	8	10	双单双	3	1	13	2	36
2013314	711	9	11	1	4	2	14	3	单单单
2013315	899	10	12	2	双单单	3	15	4	1

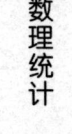

2013316	088	双双双	13	3	1	4	16	5	2
2013317	197	1	14	4	2	5	17	6	单单单
2013318	244	双双双	15	5	3	6	18	7	1
2013319	460	双双双	16	6	4	7	19	8	2
2013320	573	1	17	7	5	8	20	9	单单单
2013321	987	2	18	8	6	9	单双单	10	1
2013322	648	双双双	19	9	7	10	1	11	2
2013323	114	1	20	10	8	11	2	单单双	3

上面图表可以看出：双双单组合和单双单组合近期开出都比较少，属于冷组合，选号时尽量少选，单单单组合在间隔了 36 期之后，由冷转热。由于单双组合的每一种概念理论间隔周期是 8 期，36 期已经达到了理论间隔的 4.5 倍（一般达到 4 倍以上就要防止由冷转热）。因此单单单组合在开出后就应该是我们重点关注的对象。

6. 3D 彩票近期号码的质合组合间隔统计方法：

与单双组合、大小组合相似的，还有质合组合。质，即"1、2、3、5、7"这 5 个数字。合，即"0、4、6、8、9"这 5 个数字，因此，他也是 8 种组合，每种组合的理论周期为 8 期。

以下为统计质合组合号码间隔的宏代码：

```
Sub 福彩3D质合组合间隔()
    Dim hmjg(8)
    Dim xh(2)
    dbstr = " 1235704689"
    xh(0) = " 质": xh(1) = " 合"
    i = 1
    Do While True
        str1 = Format(Cells(i, 2), " 000")
        If Len(str1) = 0 Then Exit Do
        str3 = " "
        For j = 1 To 3
            If InStr(dbstr, Mid(str1, j, 1)) > 5 Then
                str3 = str3 & " 合"
            Else
                str3 = str3 & " 质"
            End If
        Next
        j = 0
        For j1 = 0 To 1
            For j2 = 0 To 1
                For j3 = 0 To 1
                    str2 = xh(j1) & xh(j2) & xh(j3)
                    j = j + 1
                    If str3 = str2 Then
                        Cells(i, j + 2) = str2
                        Cells(i, j + 2).Select '
                        With Selection.Font
                            .ThemeColor = xlThemeColorLight1    黑色
                            .TintAndShade = 0          字符淡色
                        End With
                        hmjg(j) = 0
                    Else
                        hmjg(j) = hmjg(j) + 1
                        Cells(i, j + 2) = hmjg(j)
                        Cells(i, j + 2).Select '
                        With Selection.Font
                            .ThemeColor = xlThemeColorLight2
                            .TintAndShade = 0.599993896298105    字符淡色
                        End With
                    End If
                Next
            Next
        Next
        i = i + 1
    Loop
End Sub
```

以下为宏命令生成的质合组合间隔走势图：

2013290	323	质质质	12	4	1	23	14	9	8
2013291	667	1	13	5	2	24	15	合合质	9
2013292	093	2	14	6	3	25	16	合合质	10
2013293	956	3	15	7	4	26	合质合	1	11
2013294	198	4	16	8	质合合	27	1	2	12
2013295	342	5	17	质合质	1	28	2	3	13
2013296	943	6	18	1	2	29	3	合合质	14
2013297	803	7	19	2	3	30	4	合合质	15
2013298	732	质质质	20	3	4	31	5	1	16
2013299	207	1	21	质合质	5	32	6	2	17
2013300	383	2	22	质合质	6	33	7	3	18
2013301	776	3	质质合	1	7	34	8	4	19
2013302	882	4	1	2	8	35	9	合合质	20
2013303	289	5	2	3	质合合	36	10	1	21
2013304	212	质质质	3	4	1	37	11	2	22
2013305	860	1	4	5	2	38	12	3	合合合
2013306	291	2	5	质合质	3	39	13	4	1
2013307	694	3	6	1	4	40	14	5	合合合
2013308	378	4	质质合	2	5	41	15	6	1
2013309	982	5	1	3	6	42	16	合合质	2
2013310	271	质质质	2	4	7	43	17	1	3
2013311	358	1	质质合	5	8	44	18	2	4
2013312	784	2	1	6	质合合	45	19	3	5
2013313	898	3	2	7	1	46	20	4	合合合
2013314	711	质质质	3	8	2	47	21	5	1
2013315	899	1	4	9	3	48	22	6	合合合
2013316	088	2	5	10	4	49	23	7	合合合
2013317	197	3	6	质合质	5	50	24	8	1
2013318	244	4	7	1	质合合	51	25	9	2

2013319	460	5	8	2	1	52	26	10	合合合
2013320	573	质质质	9	3	2	53	27	11	1
2013321	987	1	10	4	3	54	28	合合质	2
2013322	648	2	11	5	4	55	29	1	合合合
2013323	114	3	质质合	6	5	56	30	2	1

从以上质合组合间隔走势图可以看出:"合质质"和"合质合"这2个概念,目前已分别间隔了56期和30期未出,其中的"合质质"间隔已达理论间隔周期的7倍,已属"超冷"概念。根据以往经验,很多彩民面对这种超冷概念特别兴奋,毫不犹豫地就做出计划投入资金购买,在此,我们要提醒各位读者:追买这种超冷概念非常危险,如果非要追,也要等它出现后再追,一般来说,出现一次7倍以上的间隔后,不会马上再出现如此大的间隔,有兴趣的读者可用本书介绍的宏命令加以验证。

同时,我们也要提醒大家的是:质合组合虽然也是1/8的组合概念,但它的冷热不均的现象要比单双组合和大小组合严重的多,这个结论没有科学理论可以解释,但却在实际的统计结果中可以发现,在彩票号码的研究方面,光有理论没有实际统计结论的理论家,是没有发言权的。同时,我们也可以得出以下结论:喜欢追冷的读者,可多关注单双组合和大小组合,而喜欢追热的读者,则可多关注质合组合。

7. 3D彩票近期号码的和值间隔统计方法:

在喜欢福彩3D彩票的彩民中,和值更是经常被大家提到的一种概念,不仅作为一种"彩票文化"被广泛提到,而且还可作为一种玩法单独购买。

福彩3D的和值共有28种,范围是从0到27。但与以上介绍的单双组合、大小组合、质合组合不同的是,每一种组合的注数不同,理论间隔周期不同,所以,同样的间隔对于不同的和值,意义是不同的。比如同样是100期的间隔,对于和值13、14来说间隔周期已经很大了,但对于和值0、27来说则很小。

但是,某一和值的理论间隔周期是无法用公式直接计算得到的,必须通过一些排列组合的工作后再进行统计才能得到。为此,我们对各和值所对应的号码注数和间隔周期列表如下:

3D 和值	0	1	2	3	4	5	6	7	8	9	10	11	12	13
组选注数	1	1	2	3	4	5	7	8	10	12	13	14	15	15
单选注数	1	3	6	10	15	21	28	36	45	55	63	69	73	75
理论间隔周期	1000	333	167	100	67	48	36	28	22	18	16	14	14	13
3d 和值	14	15	16	17	18	19	20	21	22	23	24	25	26	27
组选注数	15	15	14	13	12	10	8	7	5	4	3	2	1	1
单选注数	75	73	69	63	55	45	36	28	21	15	10	6	3	1
理论间隔周期	13	14	14	16	18	22	28	36	48	67	100	167	333	1000

以下为生成福彩 3D 彩票和值间隔表的宏代码:

```
Sub 福彩3D和值号码间隔()
    Dim hmjg(28)
    i = 1
    Do While True
        str1 = Format(Cells(i, 2), "000")
        If Len(str1) = 0 Then Exit Do
        hz = Val(Mid(str1, 1, 1)) + Val(Mid(str1, 2, 1)) + Val(Mid(str1, 3, 1))
        For j = 0 To 27
            If hz = j Then
                Cells(i, j + 3) = j
                Cells(i, j + 3).Select '
                With Selection.Font
                    .ThemeColor = xlThemeColorLight1   '黑色
                End With
                hmjg(j) = 0
            Else
                hmjg(j) = hmjg(j) + 1
                Cells(i, j + 3) = hmjg(j)
                Cells(i, j + 3).Select '
                With Selection.Font
                    .ThemeColor = xlThemeColorLight2
                    .TintAndShade = 0.599993896298105    '字符淡色
                End With
            End If
        Next
        i = i + 1
    Loop
End Sub
```

根据以上宏代码，生成的福彩 3D 彩票和值间隔的统计表如下（由于页面宽度不够，因此将表格分为 2 部分）：

2013290	323	1212	94	3	61	72	9	16	15	8	22	32	1	4	11
2013291	667	1213	95	4	62	73	10	17	16	1	23	33	2	5	12
2013292	093	1214	96	5	63	74	11	18	17	2	24	34	3	12	13
2013293	956	1215	97	6	64	75	12	19	18	3	25	35	4	1	14
2013294	198	1216	98	7	65	76	13	20	19	4	26	36	5	2	15
2013295	342	1217	99	8	66	77	14	21	20	5	9	37	6	3	16
2013296	943	1218	100	9	67	78	15	22	21	6	1	38	7	4	17
2013297	803	1219	101	10	68	79	16	23	22	7	2	39	11	5	18
2013298	732	1220	102	11	69	80	17	24	23	8	3	40	1	12	19
2013299	207	1221	103	12	70	81	18	25	24	9	9	41	2	1	20
2013300	383	1222	104	13	71	82	19	26	25	10	1	42	3	2	21
2013301	776	1223	105	14	72	83	20	27	26	11	2	43	4	3	22
2013302	882	1224	106	15	73	84	21	28	27	12	3	44	5	4	23
2013303	289	1225	107	16	74	85	22	29	28	13	4	45	6	5	24
2013304	212	1226	108	17	75	86	5	30	29	14	5	46	7	6	25
2013305	860	1227	109	18	76	87	1	31	30	15	6	47	8	7	26
2013306	291	1228	110	19	77	88	2	32	31	16	7	48	9	12	27
2013307	694	1229	111	20	78	89	3	33	32	17	8	49	10	1	28
2013308	378	1230	112	21	79	90	4	34	33	18	9	50	11	2	29
2013309	982	1231	113	22	80	91	5	35	34	19	10	51	12	3	30
2013310	271	1232	114	23	81	92	6	36	35	20	11	10	13	4	31
2013311	358	1233	115	24	82	93	7	37	36	21	12	1	14	5	32
2013312	784	1234	116	25	83	94	8	38	37	22	13	2	15	6	33
2013313	898	1235	117	26	84	95	9	39	38	23	14	3	16	7	34
2013314	711	1236	118	27	85	96	10	40	39	24	9	4	17	8	35
2013315	899	1237	119	28	86	97	11	41	40	25	1	5	18	9	36
2013316	088	1238	120	29	87	98	12	42	41	26	2	6	19	10	37
2013317	197	1239	121	30	88	99	13	43	42	27	3	7	20	11	38
2013318	244	1240	122	31	89	100	14	44	43	28	4	10	21	12	39

2013319	460	1241	123	32	90	101	15	45	44	29	5	10	22	13	40
2013320	573	1242	124	33	91	102	16	46	45	30	6	1	23	14	41
2013321	987	1243	125	34	92	103	17	47	46	31	7	2	24	15	42
2013322	648	1244	126	35	93	104	18	48	47	32	8	3	25	16	43
2013323	114	1245	127	36	94	105	19	6	48	33	9	4	26	17	44
2013290	323	10	13	6	37	8	2	33	66	34	295	85	326	339	69
2013291	667	11	14	7	38	9	19	34	67	35	296	86	327	340	70
2013292	093	12	15	8	39	10	1	35	68	36	297	87	328	341	71
2013293	956	13	16	9	40	11	2	20	69	37	298	88	329	342	72
2013294	198	14	17	10	41	18	3	1	70	38	299	89	330	343	73
2013295	342	15	18	11	42	1	4	2	71	39	300	90	331	344	74
2013296	943	16	19	16	43	2	5	3	72	40	301	91	332	345	75
2013297	803	17	20	1	44	3	6	4	73	41	302	92	333	346	76
2013298	732	18	21	2	45	4	7	5	74	42	303	93	334	347	77
2013299	207	19	22	3	46	5	8	6	75	43	304	94	335	348	78
2013300	383	14	23	4	47	6	9	7	76	44	305	95	336	349	79
2013301	776	1	24	5	48	7	10	20	77	45	306	96	337	350	80
2013302	882	2	25	6	49	18	11	1	78	46	307	97	338	351	81
2013303	289	3	26	7	50	1	19	2	79	47	308	98	339	352	82
2013304	212	4	27	8	51	2	1	3	80	48	309	99	340	353	83
2013305	860	14	28	9	52	3	2	4	81	49	310	100	341	354	84
2013306	291	1	29	10	53	4	3	5	82	50	311	101	342	355	85
2013307	694	2	30	11	54	5	19	6	83	51	312	102	343	356	86
2013308	378	3	31	12	55	18	1	7	84	52	313	103	344	357	87
2013309	982	4	32	13	56	1	19	8	85	53	314	104	345	358	88
2013310	271	5	33	14	57	2	1	9	86	54	315	105	346	359	89
2013311	358	6	34	16	58	3	2	10	87	55	316	106	347	360	90
2013312	784	7	35	1	59	4	19	11	88	56	317	107	348	361	91
2013313	898	8	36	2	60	5	1	12	89	57	318	108	25	362	92
2013314	711	9	37	3	61	6	2	13	90	58	319	109	1	363	93
2013315	899	10	38	4	62	7	3	14	91	59	320	110	2	26	94

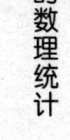

2013316	088	11	39	16	63	8	4	15	92	60	321	111	3	1	95
2013317	197	12	40	1	17	9	5	16	93	61	322	112	4	2	96
2013318	244	13	41	2	1	10	6	17	94	62	323	113	5	3	97
2013319	460	14	42	3	2	11	7	18	95	63	324	114	6	4	98
2013320	573	15	15	4	3	12	8	19	96	64	325	115	7	5	99
2013321	987	16	1	5	4	13	9	20	97	65	326	24	8	6	100
2013322	648	17	2	6	5	18	10	21	98	66	327	1	9	7	101
2013323	114	18	3	7	6	1	11	22	99	67	328	2	10	8	102

从以上统计表格可以看出，和值0已间隔1245期了，但由于和值0的理论间隔也有1000期，因此，目前的间隔还是非常正常的，追冷的读者千万不要因为目前间隔周期的数字大就开始追买。相反地，和值13由于理论间隔周期只有13期，而目前的间隔已达44期，已是理论周期的3.4倍，反倒比和值0要“冷”得多。所以，通过间隔周期看一个概念是“冷”还是“热”，一定要结合它的理论周期来看。

当然，我们一直不建议大家追冷。

第17节　统计开奖号码的和值、大小、单双

在3D彩票中，和值、大小、单双这些概念是大家经常关注的内容，也是彩民间经常讨论的内容，甚至于，有些概念如和值等还可直接购买。

其实，和值、大小、单双这些概念，只是将3D彩票的开奖号码做了一些简单的数学运算而已。如和值，就是将3D彩票的3个数字相加。大小，就是将0–9这10个数字中分为2组，0–4为小数字，5–9为大数字，统计出当期的开奖号码有几个小数字几个大数字。单双，就是将0–9这10个数字分为2组，单号码13579是一组，双号码24680是一组，统计出当期的开奖号码有几个单数字几个双数字。

下面是在收集好3D彩票的开奖号码的情况下，自动生成和值、大

小、单双的统计资料的宏命令：

```
Sub 福彩3D和值大小单双()
    Dim c3ys(3) As Integer
    i = 2
    dxstr = " 全小2 小2 大全大"
    dsstr = " 全双2 双2 单全单"
    Do While True
        str1 = Format(Cells(i, 2), "000")
        If Len(str1) = 0 Then Exit Do
        hz = 0
        dx = 0
        ds = 0
        For j = 1 To 3
            ls1 = Mid(str1, j, 1)
            hz = hz + Val(ls1)
            If ls1 > 4 Then dx = dx + 1
            If ls1 Mod 2 = 1 Then ds = ds + 1
        Next j
        Cells(i, 3) = hz
        Cells(i, 4 + dx) = Mid(dxstr, dx * 2 + 1, 2)
        Cells(i, 8 + ds) = Mid(dsstr, ds * 2 + 1, 2)
        i = i + 1
    Loop
End Sub
```

运行以上宏命令后，将EXCEL表格稍作整理，就可以得出以下福彩3D的和值、大小、单双的统计表：

开奖期	号码	和值	全小	2小	2大	全大	全双	2双	2单	全单
2013290	323	8	全小						2单	
2013291	667	19				全大		2双		
2013292	093	12		2小					2单	
2013293	956	20				全大			2单	
2013294	198	18			2大				2单	
2013295	342	9	全小					2双		
2013296	943	16		2小					2单	
2013297	803	11		2小				2双		
2013298	732	12		2小					2单	
2013299	207	9		2小				2双		
2013300	383	14		2小					2单	
2013301	776	20				全大			2单	
2013302	882	18			2大		全双			
2013303	289	19			2大			2双		
2013304	212	5	全小					2双		
2013305	860	14			2大		全双			
2013306	291	12		2小					2单	
2013307	694	19			2大			2双		
2013308	378	18			2大				2单	
2013309	982	19			2大			2双		
2013310	271	10		2小					2单	
2013311	358	16			2大				2单	
2013312	784	19			2大			2双		
2013313	898	25				全大		2双		
2013314	711	9		2小						全单
2013315	899	26				全大			2单	
2013316	088	16			2大		全双			
2013317	197	17			2大					全单
2013318	244	10	全小				全双			
2013319	460	10		2小			全双			
2013320	573	15			2大					全单
2013321	987	24				全大			2单	
2013322	648	18			2大		全双			
2013323	114	6	全小						2单	

有了以上统计表，我们可以多观察近期号码的开出特点和规律：如全双号码和全单号码前面很长时间都没有开出，但 2013314 期开出全单号码的 711 以后，全双、全单号码就连续多次开出了，且交替开出的特征比较明显，由于全双或者全单组合的注数只占全部开奖号码的 1/8，因此，锁定一种概念，就可以将投注号码的选择范围缩小很多。

第 18 节　计算开奖号码的除 3 余数、除 4 余数、除 5 余数

除 3 余数就是将 0-9 这 10 个数字中按除以 3 后的余数不同分为 3 组，除 3 余 0 的数字有 0、3、6、9，除 3 余 1 的数字有 1、4、7，除 3 余 2 的数字有 2、5、8，统计出当期的开奖号码有几个除 3 余 0 的外数、和除 3 余 1、除 3 余 2 的个数，这是很多彩民喜欢观察的内容。

与除 3 余数相似的还有除 4 余数、除 5 余数。

除 4 余数就是将 0-9 这 10 个数字中按除以 4 后的余数不同分为 4 组，除 4 余 0 的数字有 0、4、8，除 4 余 1 的数字有 1、5、9，除 4 余 2 的数字有 2、6，除 4 余 3 的数字有 3、7，然后统计出当期的开奖号码有几个除 4 余 0 的个数、和除 4 余 1、除 4 余 2 的、除 4 余 3 的个数。

除 5 余数就是将 0-9 这 10 个数字中按除以 5 后的余数不同分为 5 组，除 5 余 0 的数字有 0、5，除 5 余 1 的数字有 1、6，除 5 余 2 的数字有 2、7，除 5 余 3 的数字有 3、8，除 5 余 4 的数字有 4、9，然后统计出当期的开奖号码有几个除 5 余 0 的个数、除 5 余 1、除 5 余 2、除 5 余 3、除 5 余 4 的个数。

根据以上定义，以下为统计 3D 彩票除 3 余数、除 4 余数、除 5 余数的宏代码：

```
Sub 福彩除3余数除4余数除5余数统计()
    Dim c3ys(3) As Integer
    Dim c4ys(4) As Integer
    Dim c5ys(5) As Integer
    i = 2
    Do While True
        str1 = Format(Cells(i, 2), "000")
        If Len(str1) = 0 Then Exit Do
        For j = 0 To 2: c3ys(j) = 0: Next
        For j = 0 To 3: c4ys(j) = 0: Next
        For j = 0 To 4: c5ys(j) = 0: Next
        For j = 1 To 3
            ls1 = Mid(str1, j, 1)
            c3ys(ls1 Mod 3) = c3ys(ls1 Mod 3) + 1
            c4ys(ls1 Mod 4) = c4ys(ls1 Mod 4) + 1
            c5ys(ls1 Mod 5) = c5ys(ls1 Mod 5) + 1
        Next j
        For j = 0 To 2
            If c3ys(j) > 0 Then Cells(i, 3 + j) = c3ys(j)
        Next
        For j = 0 To 3
            If c4ys(j) > 0 Then Cells(i, 6 + j) = c4ys(j)
        Next
        For j = 0 To 4
            If c5ys(j) > 0 Then Cells(i, 10 + j) = c5ys(j)
        Next
        i = i + 1
    Loop
End Sub
```

以上宏命令中，出现了一个新的函数：mod。10 mod 5，就是用 10 余以 5 之后产生的余数，它的出现范围是 0-4，ls1 mod 3 就是用 ls1 除以 3 之后产生的余数，它的出现范围是 0-2。

根据以上宏代码，形成的统计结果如下：

开奖期	号码	0/3	1/3	2/3	0/4	1/4	2/4	3/4	0/5	1/5	2/5	3/5	4/5
2013290	323	2		1			1	2			1	2	
2013291	667	2	1				2	1		2	1		
2013292	093	3			1	1		1	1			1	1
2013293	956	2		1		2	1		1	1			1
2013294	198	1	1	1	1	2				1		1	1
2013295	342	1	1	1	1		1	1			1	1	1
2013296	943	2	1		1	1		1				1	2
2013297	803	2		1	2			1	1			2	
2013298	732	1	1	1			1	2			2	1	
2013299	207	1	1	1	1		1	1	1		2		
2013300	383	2		1	1			2				3	
2013301	776	1	2				1	2		1	2		
2013302	882			3	2		1				1	2	
2013303	289	1		2	1	1	1				1	1	1
2013304	212		1	2		1	2			1	2		
2013305	860	2		1	2		1		1	1		1	
2013306	291	1	1	1		2	1			1	1		1
2013307	694	2	1		1	1	1			1			2
2013308	378	1	1	1	1			2			1	2	
2013309	982	1		2	1	1	1				1	1	1
2013310	271		2	1		1	1	1		1	2		
2013311	358	1		2	1	1		1	1			2	
2013312	784		2	1	2			1			1	1	1
2013313	898	1		2	2	1						2	1
2013314	711		3			2		1		2	1		
2013315	899	2		1	1	2						1	2

2013316	088	1		2	3				1			2	
2013317	197	1	2			2		1		1	1		1
2013318	244		2	1	2		1				1		2
2013319	460	2	1		2		1		1	1			1
2013320	573	1	1	1		1		2	1		1	1	
2013321	987	1	1	1	1	1		1			1	1	1
2013322	648	1	1	1	2		1			1		1	1
2013323	114		3		1	2				2			1

表中，1/3 即表示除 3 余 1 的数字个数，2/4 表示除 4 余 2 的数字个数。

如果我们能根据以上表格所呈现出来的规律确定下期号码的除 3 余数、或者余 4 余数、除 5 余数的分布形态，那么我们就可以极大地减少投注注数。比如除 5 余数，很少有重复上期号码的形态，比如第 2013322 期开出了除 5 余 1、除 5 余 3、除 5 余 4 的数字各 1 个，那么我们在购买第 2013323 期号码时就可以将这种形态的号码删除。再观察除 3 余数的情况也是如此，所以我们也可以将与上期除 4 余数相同的形态删除。

我们还可从上表看到，除 3 余 1 的数字近期开出比较多，几乎每期都会开出，所以我们选号时也可以把“没有除 1 余 1 的数字的号码不要”当作一个投注过滤的条件，有关这种条件如何应用，将在下一单内容中作专门介绍。

当然，不同的读者可能对以上表格会作不同的解读。总之，按照你的思维，多研究多总结，然后运用本书介绍的各种宏命令，就可做到随心所欲地投注号码的目的。

第 19 节　怎样对开奖号码进行分组统计

我们在研究彩票开奖号码时，经常发现某些号码经常一起出现，或者是我们选择了一组号码，想了解一下这组号码在以往各期中的中出情况，如果前期经常中出一等奖，那么管组号码可能"过热"，我们可以弃之不用，反之，如果近期开出很少，可能这组号码联袂出现的机会很少，我们也可谨慎选择。

当然，对分组的号码个数没有任何限制。比如我们购买双色球，可以选择01、09、12这3个号码作为一组，如有可能，可以将之作为胆码购买，也可选择01、09、12、18、22、25、18、32这8个号码为一组，看看作为8个号码的复式投注，这组号码在以往历次开奖号码中，究竟会开出几个号码。

有了这种需求，便有了对分组号码统计的必要性的认识。

下面，为双色球彩票分组号码统计的宏命令。

```
Sub 双色球分组号码统计()
    i = 2
    Cells (1, 3) = Cells (2, 7)
    ls11 = Cells (1, 3)
    Do While True
        str1 = Cells (i, 2)
        If Len (str1) = 0 Then Exit Do
        str1 = Left (str1, 18)
        ls1 = " "
        ls3 = 0
        For j = 1 To 6
            ls2 = Mid (str1, j * 3 - 2, 2)
            If InStr (ls11, ls2) > 0 Then
                ls3 = ls3 + 1
                ls1 = ls1 & ls2 & " "
            End If
        Next j
        Cells (i, 3) = ls1
        Cells (i, 4) = ls3
        i = i + 1
    Loop
End Sub
```

由于本宏命令运行前，需要由用户自由地输入分组号码，而这些分组号码可能随时随地地会做改变，因此不能写在宏命令之中，需要有个输入界面。

有关输入界面的建立问题，我们已经在第六节中详细介绍，因此，如有不清楚怎样建立输入界面的读者，可仔细阅读本书第 6 节内容。

以下为建立输入界面后，且运行完宏命令后，由本宏命令自动生成的分组号码统计表：

开奖期	号码	01 05 09 12 18 23	个数
204001	01 02 03 07 10 25+07	01	1
204002	10 12 18 22 30 31+11	12 18	2
204003	03 05 06 17 26 33+08	05	1
204004	10 19 22 23 25 29+09	23	1
204005	09 11 13 16 17 18+07	09 18	2
204006	04 12 18 20 23 32+06	12 18 23	3
204007	04 12 17 20 25 28+10	12	1
204008	01 07 10 22 32 33+13	01	1
204009	01 09 10 16 22 24+11	01 09	2
204010	06 07 08 13 14 19+15		0
204011	01 04 13 23 28 30+03	01 23	2
204012	01 07 27 30 31 33+08	01	1
204013	12 14 21 29 30 32+13	12	1
204014	03 07 11 17 20 26+12		0
204015	01 03 05 18 22 23+13	01 05 18 23	4
204016	04 07 08 28 30 32+05		0
204017	05 12 14 15 25 31+09	05 12	2
204018	02 05 06 08 28 30+06	05	1
204019	05 10 11 23 24 32+04	05 23	2
204020	01 02 09 22 28 31+04	01 09	2
204021	05 09 11 17 26 27+10	05 09	2
204022	03 10 14 19 20 30+06		0
204023	01 08 14 17 19 30+03	01	1
204024	01 13 21 23 25 32+06	01 23	2

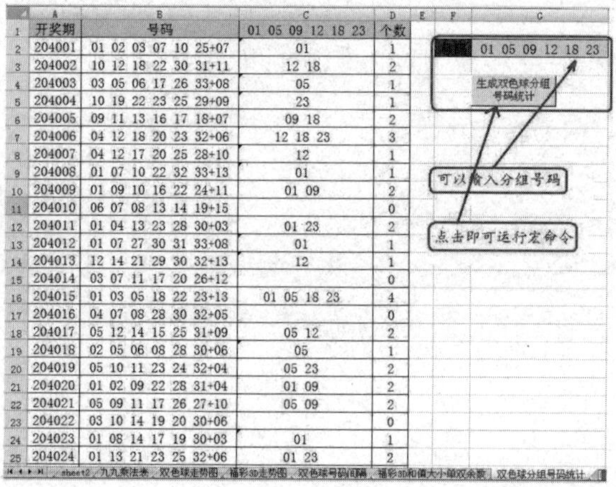

需要说明的是：本节内容中的分组号码不是固定的，而是可以按照读者的需要任意设定的，而且设定的号码个数没有任何限制。比如我们想购买一个 10+1 的复式投注的彩票，想在购买前先检测一下这组号码在以前的中奖情况，则可以将这一组号码当作分组号码去设定。然后再用本节内容提供的宏代码检测这一组号码在每期开奖号码中共出现了几个号码、哪几个号码。当然，最后你也可以在“个数”的下一行增加一个公式“=max（XX：XX）”，这样的话，这组号码在历史开奖号码中开出的号码个数，最多的有多少，就可以被自动统计出来。

开奖期	号码	01 05 09 12 18 23	个数
2013110	15 17 18 21 29 32+13	18	1
2013111	01 02 03 06 08 33+13	01	1
2013112	01 06 12 13 22 31+07	01 12	2
2013113	04 07 11 17 24 33+09		0
2013114	04 06 17 21 23 33+07	23	1
2013115	03 12 16 17 18 27+08	12 18	2
2013116	12 15 21 26 32 33+07	12	1
2013117	09 12 13 24 27 33+16	09 12	2
2013118	02 03 17 22 32 33+16		0
2013119	05 15 20 22 26 32+09	05	1
2013120	05 06 13 18 23 31+11	05 18 23	3
2013121	04 05 06 07 25 27+07	05	1
2013122	07 10 13 15 26 27+11		0
2013123	01 02 06 11 17 25+02	01	1
2013124	03 09 15 23 25 30+07	09 23	2
2013125	04 06 08 18 25 28+16	18	1
2013126	04 10 19 27 31 33+16		0
2013127	02 03 13 20 22 33+14		0
2013128	07 13 17 19 25 31+08		0
2013129	05 06 10 14 27 31+14	05	1
2013130	01 03 15 16 31 33+08	01	1
2013131	04 06 12 17 19 26+09	12	1
2013132	20 21 22 23 25 27+12	23	1
2013133	04 07 12 19 22 25+01	12	1
2013134	01 17 18 19 25 29+10	01 18	2
2013135	09 23 24 25 29 31+12	09 23	2

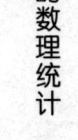

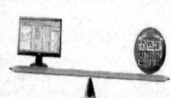

2013136	04 06 14 16 18 26+06	18	1
2013137	04 17 19 23 24 27+10	23	1
2013138	04 15 16 24 27 28+03		0
2013139	07 08 11 13 21 27+08		0
2013140	01 05 12 13 21 22+10	01 05 12	3
2013141	03 04 05 25 30 31+04	05	1
2013142	11 12 14 20 22 29+14	12	1
2013143	12 18 21 22 27 32+11	12 18	2
2013144	05 07 12 19 27 31+02	05 12	2
	最多号码数		3

第20节 怎样对开奖号码进行连码统计

所以连码，就是在数字上连续的号码，如3D彩票的129，1和2即为连码，双色球彩票的02、06、13、14、19、28中的13、14即为连码，因此，不论是乐透型彩票，还是数字型彩票，连码都是经常出现的。

有些人认为，既然连码是经常出现的，并且，连码并不是每期都会一定出现，那么，每当数期不开出连码时，下期就要重点关注有连码的号码组合了。而了解近期是否开出连码的最好方式，就是制作一个连码走势图。

以下为生成双色球连码的宏：

```
Sub 双色球连码统计()
    i = 2
    Cells(1, 3) = Cells(2, 7)
    ls11 = Cells(1, 3)
    Do While True
        str1 = Cells(i, 2)
        If Len(str1) = 0 Then Exit Do
        str1 = Left(str1, 18)
        strls1 = " "
        ls3 = 0
        For j = 2 To 6
            ls1 = Mid(str1, (j - 1) * 3 - 2, 2)
            ls2 = Mid(str1, j * 3 - 2, 2)
            If ls2 - ls1 = 1 Then
                If ls3 = 0 Then
                    strls1 = strls1 & Format(ls1, "00") & " " & Format(ls2, "00") & " "
                Else
                    strls1 = strls1 & Format(ls2, "00") & " "
                End If
                ls3 = ls3 + 1
            Else
                ls3 = 0
            End If
        Next j
        Cells(i, 3) = strls1
        Cells(i, 4) = Len(strls1) / 3
        i = i + 1
    Loop
End Sub
```

说明：以上开奖号码必须是按数值大小从小到大排列，如果没有按此顺序排列的开奖号码，必须在运行本宏命令之前先做"排序"处理。有关的排序方法，我们将在后面内容中举例介绍。

在以上宏命令中，判断是否为连码的语句为"If ls2 - ls1 = 1"，因此，如果我们做一个间隔一位的"隔1连码走势图"（如01、03、05、07、09即为隔一连码，此走势图可将单双号分隔统计），可以将这一语句改为"If ls2 - ls1 = 2"即可，同理，也可做一张"隔2连码走势图"（如01、04、07、10、13即为隔二连码，此走势图可将除3余数的相同类型号码自动分隔统计）

以上宏命令运行后，结果如下：

开奖期	开奖号码		连码数
2013110	15 17 18 21 29 32+13	17 18	2
2013111	01 02 03 06 08 33+13	01 02 03	3
2013112	01 06 12 13 22 31+07	12 13	2
2013113	04 07 11 17 24 33+09		0
2013114	04 06 17 21 23 33+07		0
2013115	03 12 16 17 18 27+08	16 17 18	3
2013116	12 15 21 26 32 33+07	32 33	2
2013117	09 12 13 24 27 33+16	12 13	2
2013118	02 03 17 22 32 33+16	02 03 32 33	4
2013119	05 15 20 22 26 32+09		0
2013120	05 06 13 18 23 31+11	05 06	2
2013121	04 05 06 07 25 27+07	04 05 06 07	4
2013122	07 10 13 15 26 27+11	26 27	2
2013123	01 02 06 11 17 25+02	01 02	2
2013124	03 09 15 23 25 30+07		0
2013125	04 06 08 18 25 28+16		0

2013126	04 10 19 27 31 33+16		0
2013127	02 03 13 20 22 33+14	02 03	2
2013128	07 13 17 19 25 31+08		0
2013129	05 06 10 14 27 31+14	05 06	2
2013130	01 03 15 16 31 33+08	15 16	2
2013131	04 06 12 17 19 26+09		0
2013132	20 21 22 23 25 27+12	20 21 22 23	4
2013133	04 07 12 19 22 25+01		0
2013134	01 17 18 19 25 29+10	17 18 19	3
2013135	09 23 24 25 29 31+12	23 24 25	3
2013136	04 06 14 16 18 26+06		0
2013137	04 17 19 23 24 27+10	23 24	2
2013138	04 15 16 24 27 28+03	15 16 27 28	4
2013139	07 08 11 13 21 27+08	07 08	2
2013140	01 05 12 13 21 22+10	12 13 21 22	4
2013141	03 04 05 25 30 31+04	03 04 05 30 31	5
2013142	11 12 14 20 22 29+14	11 12	2
2013143	12 18 21 22 27 32+11	21 22	2
2013144	05 07 12 19 27 31+02		0
	最多连码数		5

有些人购买彩票时，非连码不买，因为，曾经有些游戏，确实连码出的非常多，基本每期必出，然后有些彩民在互相交流时就说把这一信息告诉别人，但有些人记住了结论，却没有想到这一结论是和游戏联系在一起的，游戏变了，结论也会改变。

有了上面的连码统计宏代码后，我们就可对自己喜欢的游戏进行连码统计，看看每期连码是否一定开出？每多少期开出一次？开出连码时是怎样开出的？有些人根据统计得出：上次开连码时在 0 部位（即 01-09 的号码），下次开时一般会在 1 部位（11-19），也有人分析：上次开出连码的尾数是 3-4（比如 13-14、23、24），这次会不会开 5-6（比如 05-06、15-16、25-26）呢？如果真有这种“规律”而且被你抓住了，那么一次就可抓住几个号码，成功率会大大提高。

第 21 节　最小间距和最大跨度

如果我们经常购买 3D 彩票就会发现，最小间距和最大跨度是一个非常有用的东西：每 2 个号码之间就会有一个“间距”即数值之差，最小间距即两两号码之间最小的那个间距值，最大跨度即开奖号码中最大的数减去最小数的差值。

为了了解最小间距的用法，我们先看看雨雪彩票 3D 软件的最小间距统计图：

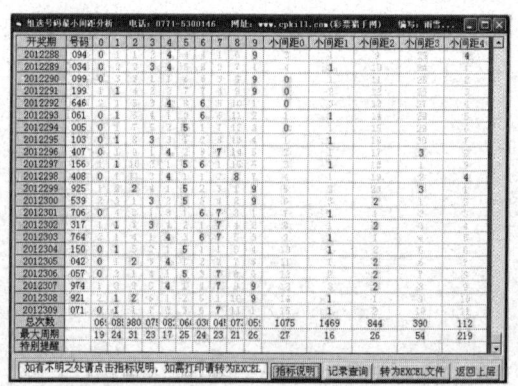

组选号码最小间距分析　电话：0771-5300146　网址：www.cpkill.com(彩票猎手网)　编号：雨雪...

开奖期	号码	0	1	2	3	4	5	6	7	8	9	小间距0	小间距1	小间距2	小间距3	小间距4
2012288	094	0				4					9					4
2012289	034	0			3	4							1			
2012290	099	0									9	0				
2012291	199		1								9	0				
2012292	646					4		6				0				
2012293	061	0	1					6					1			
2012294	005	0					5					0				
2012295	103	0	1		3								1			
2012296	407	0				4			7						3	
2012297	156		1				5	6					1			
2012298	408	0				4				8						4
2012299	925			2			5				9				3	
2012300	539				3		5				9			2		
2012301	706	0						6	7				1			
2012302	317		1		3				7					2		
2012303	764					4		6	7				1			
2012304	150	0	1				5						1			
2012305	042	0		2		4								2		
2012306	057	0					5		7					2		
2012307	974					4			7		9			2		
2012308	921		1	2							9		1			
2012309	071	0	1						7				1			
总次数		06	08	980	07	08	06	03	04	07	05	1075	1469	844	390	112
最大周期		19	24	31	23	17	25	24	23	21	26	27	16	26	54	219
特别提醒																

如有不明之处请点击指标说明，如需打印请转为EXCEL　指标说明　记录查询　转为EXCEL文件　返回上层

上面统计图显示：最小间距有 0-4 共 5 种，但只有间距 0、1、2 开出较多，间距 0 即组选 3 号码最多 27 期开出 1 次，间距 2 也是 26 期开出 1 次，间距 1 最多 16 期开出 1 次，而间距 3 和间距 4 则最多 54 期和 219 期开出 1 次，所以我们购买 3D 彩票时，选择最多的应该是间距 1 的号码，其次就是间距 0 和间距 2 的号码，间距 3 和间距 4 的号码基本

上可以不予考虑。而且，很多彩民由于观察是否组选 3 的号码比较久，比较有心得，很多时间，还可大胆判断不会出组选 3 号码，因此，实际购买的号码只有间距 1 和间距 2 的号码了。

最大跨度有关结论的总结，也可通过仔细观察最大跨度统计图后得出，有兴趣的彩民可参考《雨雪 3D 彩票软件》中的最大跨度统计数据。

当然，如果我们用 EXCEL 的宏命令，也可自己设计出 3D 彩票的最小间距和最大跨度统计图表：

```
Sub 计算 3D 最小间距和最大跨度（）
    Dim c3ys（3）As Integer
    i = 2
    Do While True
        str1 = Format（Cells（i, 2），" 000"）
        If Len（str1）= 0 Then Exit Do
        For j = 0 To 2: c3ys（j）= Mid（str1, j + 1, 1）: Next j
        For j1 = 0 To 2
            For j2 = 2 To j1 + 1 Step -1
                If c3ys（j2）< c3ys（j2 - 1）Then
                    ls1 = c3ys（j2）
                    c3ys（j2）= c3ys（j2 - 1）
                    c3ys（j2 - 1）= ls1
                End If
            Next j2
        Next j1
        ls1 = 9
        For j = 1 To 2
            If ls1 > c3ys（j）- c3ys（j - 1）Then ls1 = c3ys（j）- c3ys（j - 1）
        Next j
        ls2 = c3ys（2）- c3ys（0）
        Cells（i, 3）= ls1
        Cells（i, 4）= ls2
        i = i + 1
    Loop
End Sub
```

以上宏命令中，由于计算最小间距和最大跨度必须先将开奖号码按从小到大的顺序排序，而 3D 彩票的开奖号码是根据原始位置记录的号码，是没有排序的，因此，我们在以上宏命令中有一段代码是实现排序功能的。

排序的方法有很多，这里介绍的排序方法叫：冒泡排序。其设计原理是：相邻数值比较，总是将较大的数据放到后面。

本宏命令中的冒泡排序的代码是：

```
For j1 = 0 To 2
    For j2 = 2 To j1 + 1 Step -1
        If c3ys (j2) < c3ys (j2 - 1) Then
            ls1 = c3ys (j2)
            c3ys (j2) = c3ys (j2 - 1)
            c3ys (j2 - 1) = ls1
        End If
    Next j2
Next j1
```

式中，For j2 = 2 To j1 + 1 Step -1 表示对 j2 变量进行循环时，初始值为 2，然后每循环一次，其值减 1，直到 j1 + 1 为止。

在使用以上冒泡排序的代码之前，必须将排序的对象放入 c3ys () 数组中，并且第一个值放入 c3ys (0) 中，进行完冒泡排序的代码后，c3ys () 数组的内容即为已经排序好的内容。

以上宏命令运行后，结果如下：

开奖期	号码	最小间距	最大跨度
2013290	323	0	1
2013291	667	0	1
2013292	093	3	9
2013293	956	1	4

2013294	198	1	8
2013295	342	1	2
2013296	943	1	6
2013297	803	3	8
2013298	732	1	5
2013299	207	2	7
2013300	383	0	5
2013301	776	0	1
2013302	882	0	6
2013303	289	1	7
2013304	212	0	1
2013305	860	2	8
2013306	291	1	8
2013307	694	2	5
2013308	378	1	5
2013309	982	1	7
2013310	271	1	6
2013311	358	2	5
2013312	784	1	4
2013313	898	0	1
2013314	711	0	6
2013315	899	0	1
2013316	088	0	8
2013317	197	2	8
2013318	244	0	2
2013319	460	2	6
2013320	573	2	4
2013321	987	1	2
2013322	648	2	4
2013323	114	0	3

第 2 章 开奖号码的数理统计

本例中,最小间距和最大跨度的值没有像雨雪 3D 彩票软件所呈现的那样,对最小间距和最大跨度进行展开,而只是给出了计算结果,这样虽然有了数据,但看起来却不是很直观,而展开的方式方法,实际非常简单,我们在前面有许多未展开的例子,也有很多展开的例子,但为了从对比中更清楚地了解展开的方法,下面再介绍一下需要展开时对有关代码的修改情况:

以展开最小间距为例:

最小间距的取值范围是 0-4,共 5 种结果,因此,需要修改以上宏代码的部分为:

```
Cells (i, 3) = ls        --≥    Cells (i, 3+ls1) = ls1
    Cells (i, 4) = ls2    --≥    Cells (i, 4 + 4) = ls2
```

只需要修改以上 2 句,就可以把最小间距展开了。

如果我们需要把最大跨度也同时展开,只需要再做如下修改即可:

```
Cells (i, 4+4) = ls2    --≥    Cells (i, 8 + ls2) = ls2
```

修改好后运行一次,结果正是我们需要的效果。当然,第一行的表头需要做相应的调整。

最终的结果如下(最大跨度没有展开):

开奖期	号码	小间0	小间1	小间2	小间3	小间4	最大跨度
2013290	323	0					1
2013291	667	0					1
2013292	093				3		9
2013293	956		1				4
2013294	198		1				8
2013295	342		1				2
2013296	943		1				6
2013297	803				3		8

期号	号码						
2013298	732		1				5
2013299	207			2			7
2013300	383	0					5
2013301	776	0					1
2013302	882	0					6
2013303	289		1				7
2013304	212	0					1
2013305	860			2			8
2013306	291		1				8
2013307	694			2			5
2013308	378		1				5
2013309	982		1				7
2013310	271		1				6
2013311	358			2			5
2013312	784		1				4
2013313	898	0					1
2013314	711	0					6
2013315	899	0					1
2013316	088	0					8
2013317	197			2			8
2013318	244	0					2
2013319	460			2			6
2013320	573			2			4
2013321	987		1				2
2013322	648			2			4
2013323	114	0					3

彩票 Excel 全攻略

第3章 号码组合的筛选过滤

磨刀的用途还是为了砍柴。

第二章介绍了彩票开奖号码的各种数理统计方法，但是，归根结底，这些统计结果还是要用到指导购买彩票的应用上来。当然，运用的方法也有很多，比如根据统计结果预测下期号码范围，根据统计结果筛选过滤号码组合等等。比如我们根据统计结果预测下期可能开出大号较多，那么选择号码时就更多地选择大号码，3D彩票下期开出最小间距为1号码的可能较大，那么就尽可能选择此类号码，此种方法为选号方法，由于不需要用EXCEL做进一步的工作，本书不讨论，仅讨论第二种应用，即：号码组合的筛选过滤方法。

第22节 怎样将复式投注化为单注

对于不了解彩票的读者来说，可能复式投注是一个非常陌生的概念，因此，在这里对复式投注进行简单的解释：

比如乐透型彩票的双色球开奖号码为6个红球号码+1个蓝球号码，我们购买单注彩票时，也要求选择出6个红球号码和1个蓝球号码为1注彩票，但我们在购买彩票时，为了增加中奖概率，可以多选择号码，比如选7个号码的中奖概率肯定比中6个号码的中奖概率高，选20个号码的中奖概率当然会比选7个号码的中奖概率更高，选择的号码越多，中奖概率就越高。但是，选择的号码越多，投注额越大。去投注站购买彩票时，销售员就会告诉你：选7个红球+1个蓝球的金额是14元，选8个红球+1个蓝球的金额是56元，选9个红球+1个蓝球的金额是168元……

为什么是14元而不是12元？为什么是56元而不是60元？这个金额是怎么计算出来的？可以适当改变吗？

如果我们了解了本节内容就会明白：原来这就是复式投注的原理所决定。

不仅如此，对于彩票的筛选和过滤来说，复式转单式是所有筛选过滤方法的基础，任何方法，我们必须将所选择的彩票号码进行复式转单式的处理后，然后根据给出的条件进行筛选和过滤。

下面，分别介绍乐透型彩票和数字型彩票的复式转单式的方法。

由于复式转单式之前要根据用户自己输入的号码进行转换，而每次选择的号码可能会有不同，因此，必须设计一个输入界面，让系统接收用户的选择号码。

以下即以双色球为例，设计出的乐透型彩票的输入界面：

在以上输入界面设计中，B2单元格为号码的输入窗口，输入的数据格式为：2位号码+空格+2位号码+空格+……+2位号码，如"01 02 05 08 12"读者在试用时，必须严格按照这一格式输入。

在同时设计好正确的宏命令之后，输入号码后，点按右边的"开始投注"按钮，转化成的单式投注即自动放进从第4行开始的B栏内，A栏则为序号。

理论上，输入的号码个数没有任何限制，即使你全部输入双色球彩票的33个备选号码，也没有任何问题，但是，输入的号码越多，处理时间越长。而且，EXCEL的行数也有一定的限制，因此，本宏命令限定输入的号码个数在15个之内。

当然，我们选择的号码也不能少于6个。所以，本宏命令限定输入的号码个数在7~15个之间，当然，你也可以根据需要，将上限15适合调大一些。

以下即为双色球彩票复式转单式的宏命令：

```
Sub 开始投注_ 乐透型复式转单式 ()
    Dim ls3 As Double
    ls3 = 4
    str1 = Cells (2, 2)
    ls1 = Int ( (Len (str1) + 1) / 3)
    If ls1 > 15 Then MsgBox (" 选择的号码个数太多！请重新选择"): Exit Sub
    If ls1 < 7 Then MsgBox (" 选择的号码个数太少！请重新选择"): Exit Sub
    For i1 = 1 To ls1 - 5
        For i2 = i1 + 1 To ls1 - 4
            For i3 = i2 + 1 To ls1 - 3
                For i4 = i3 + 1 To ls1 - 2
                    For i5 = i4 + 1 To ls1 - 1
                        For i6 = i5 + 1 To ls1 - 0
                            str2 = Mid (str1, i1 * 3 - 2, 3) & Mid (str1, i2 * 3 - 2, 3) & Mid (str1, i3 * 3 - 2, 3) & Mid (str1, i4 * 3 - 2, 3) & Mid (str1, i5 * 3 - 2, 3) & Mid (str1, i6 * 3 - 2, 3)
                            Cells (ls3, 1) = ls3 - 3
                            Cells (ls3, 2) = str2
                            ls3 = ls3 + 1
                        Next i6
                    Next i5
                Next i4
            Next i3
        Next i2
    Next i1
End Sub
```

以上宏代码中，出现了一个新的宏命令：MsgBox（"选择的号码个数太多！请重新选择"），此命令的用途为：在屏幕正中弹出一个提示窗口，提示内容为引号中的文字。

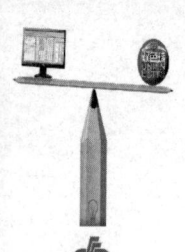

运行以上宏命令后，屏幕出现的结果如下：

以上结果就把 10 个号码自动转化成了 210 注单式号码。也因此，选 10 个号码的红球+1 个号码的蓝球号码时，投注金额为 210 注共 420 元。

以上为双色球彩票的复式转单式情况，如果需要设计其他类型的乐透型彩票复式转单式功能，只需在以上代码中作少许改动即可。

对于数学型彩票的复式转单式功能，则需要使用下面一种宏命令。以下为福彩 3D 复式转单式的宏命令：

```
Sub 开始投注_ 3D 彩票复式转单式（）
    ls3 = 5
    str1 = Cells（2, 2）
    str2 = Cells（3, 2）
    str3 = Cells（4, 2）
    For i1 = 1 To Len（str1）
        For i2 = 1 To Len（str2）
            For i3 = 1 To Len（str3）
                strn = Mid（str1, i1, 1）& Mid（str2, i2, 1）& Mid（str3, i3, 1）
                Cells（ls3, 1）= ls3 – 4
                Cells（ls3, 2）= strn
                ls3 = ls3 + 1
            Next i3
        Next i2
    Next i1
End Sub
```

这段代码仿佛非常简单，而且很容易理解。

彩票类型	福彩3D
第1位	123
第2位	24578
第3位	3498
1	123
2	124
3	129
4	128
5	143

开始投注

以下为这段代码的运行结果：

在以上截图中，B2、B3、B4 单元格分别为第 1 位、第 2 位、第 3 位的输单元格，输入时同一位只要不输入相同的号码即可。

以上介绍的是 3D 彩票的单选投注的复式转单式功能，在 3D 彩票中，还有一种非常重要的投注方法就是组选投注。组选投注其实就是乐透型的组合投注方法，大家如果需要 3D 彩票的组选投注的复式转单式功能，可根据本节介绍的乐透型彩票复式转单式功能作微小改动即可。当然，如果自己改动确有困难，也可和作者联系。

第 23 节　用和值、大小、单双、过滤

我们在上一章中已经说过和值、大小、单双的概念了，在本章中第一节又说过了复式转单式的概念和方式方法了，现在，我们就要进行第一次的实战操作：对选择的复式号码进行和值、大小、单双过滤。

在进行过滤前，我们必须先选好每一位的号码，并设定要和值、大小、单双的范围，设定好这些内容后，我们就可以进行和值、大小、单双过滤了。

当然，第一次过滤前，必须设计好过滤的操作界面，以及能够实现该功能的宏命令。以下即为操作界面和宏命令的内容：

1. 操作界面：

彩票类型	福彩3D
第1位	5689
第2位	2345
第3位	1789

过滤条件	最小	最大
和值范围	11	19
大号码个数	1	2
单号码个数	2	2

和值大小单双过滤

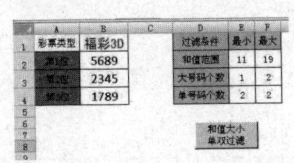

2. 宏命令：

```
Sub 和值大小单双过滤 ()
        hs = 5
        hz0 = Cells (2, 5)
        hz1 = Cells (2, 6)
        dd0 = Cells (3, 5)
        dd1 = Cells (3, 6)
        ss0 = Cells (4, 5)
        ss1 = Cells (4, 6)
        c3y00 = Cells (5, 5)
        c3y01 = Cells (5, 6)
        c3y10 = Cells (6, 5)
        c3y11 = Cells (6, 6)
        c3y20 = Cells (7, 5)
        c3y21 = Cells (7, 6)
        str1 = Cells (2, 2)
        str2 = Cells (3, 2)
        str3 = Cells (4, 2)
        For i1 = 1 To Len (str1)
            For i2 = 1 To Len (str2)
                For i3 = 1 To Len (str3)
                    ls1 = Mid (str1, i1, 1)
                    ls2 = Mid (str2, i2, 1)
                    ls3 = Mid (str3, i3, 1)
                    hz = Val (ls1) + Val (ls2) + Val (ls3)
                    If hz < hz0 Or hz > hz1 Then GoTo qqqq
                    dd = - (ls1 > 4) - (ls2 > 4) - (ls3 > 4)
                    If dd < dd0 Or dd > dd1 Then GoTo qqqq
                    ss = - (InStr (" 13579", ls1) > 0) - (InStr (" 13579", ls2) > 0) - (InStr (" 13579", ls3) > 0)
                    If ss < ss0 Or ss > ss1 Then GoTo qqqq
                    strn = ls1 & ls2 & ls3
                    Cells (hs, 1) = hs - 4
                    Cells (hs, 2) = strn
                    hs = hs + 1
qqqq:
                Next i3
            Next i2
        Next i1
End Sub
```

以上宏命令中，基本照搬了复式转单式的所有代码，然后在其中加入了各种过滤功能，所以，看起来代码很多，但实际上却比较简单。

需要说明的是，在以上代码中，运用了"将逻辑运算变成了数学运算"的方法，从而省下了很多逻辑判断，如我们判断3位号码是否单数号码，原始的方法应该是：设定一累加器并初始化为0，然后再判断每一位是否为单数号码，如果是，则累加器累加1，应该有10句以上，但我们仅用以下1句即解决了这一问题：

ss = - (InStr (" 13579", ls1) > 0) - (InStr (" 13579", ls2) > 0) - (InStr (" 13579", ls3) > 0)

ss即可计算出3位号码中单数号码的总个数（提示：在EXCEL的逻辑运算中，逻辑表达式成立时为True，值为-1，逻辑表达式不成立时为False，值为0）。

有了上面的代码，我们在输入好每一位的号码并设定好各种过滤条件后，点按钮，即可得出我们需要的投注结果：

本例中，第1位、第2位、第3位各选了4个号码，全部复式投注注数应为64注，但加入了以上条件后，最终投注注数只有以上14注，比复式投注注数少了50注。如果原复式号码选中的，并且过滤条件也给正确了，那么最后的投注丝毫不影响中奖效果，这就是广大彩民们喜欢使用彩票软件、喜欢采用过滤的方法购买彩票的原因之一。

第 24 节　除 3、除 4、除 5 余数过滤

我们在上一章中介绍了除 3 余数、除 4 余数、除 5 余数的统计方法，下面再介绍怎样用除 3 余数、除 4 余数、除 5 余数的统计结果对我们选择的号码进行过滤。

	A	B	C	D	E	F
1	彩票类型	福彩3D		过滤条件	最小	最大
2	第1位	5689		除3余0个数	1	2
3	第2位	2345		除3余1个数	0	1
4	第3位	1789		除3余2个数	0	1
5				除4余0个数	1	2
6				除4余1个数	0	1
7				除4余2个数	0	1
8				除4余3个数	0	1
9				除5余0个数	0	1
10				除5余1个数	0	1
11				除5余2个数	0	1
12				除5余3个数	0	1
13				除5余4个数	0	1
14						
15						
16						
17						

除3除4除5
余数过滤

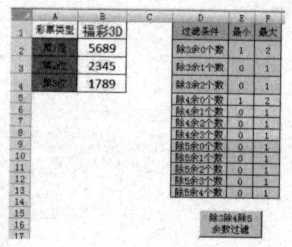

先建立好以下界面：

以上界面中有一个“除 3 除 4 除 5 余数过滤”的按钮，对此按钮设置以下宏命令：

```
Sub 除3余数除4余数除5余数过滤 ()
    hs = 5
    c3y00 = Cells (2, 5)
    c3y01 = Cells (2, 6)
    c3y10 = Cells (3, 5)
    c3y11 = Cells (3, 6)
    c3y20 = Cells (4, 5)
    c3y21 = Cells (4, 6)

    c4y00 = Cells (5, 5)
    c4y01 = Cells (5, 6)
    c4y10 = Cells (6, 5)
    c4y11 = Cells (6, 6)
    c4y20 = Cells (7, 5)
    c4y21 = Cells (7, 6)
    c4y30 = Cells (8, 5)
    c4y31 = Cells (8, 6)

    c5y00 = Cells (9, 5)
    c5y01 = Cells (9, 6)
```

```
c5y10 = Cells (10, 5)
c5y11 = Cells (10, 6)
c5y20 = Cells (11, 5)
c5y21 = Cells (11, 6)
c5y30 = Cells (12, 5)
c5y31 = Cells (12, 6)
c5y40 = Cells (13, 5)
c5y41 = Cells (13, 6)

str1 = Cells (2, 2)
str2 = Cells (3, 2)
str3 = Cells (4, 2)

For i1 = 1 To Len (str1)
    For i2 = 1 To Len (str2)
        For i3 = 1 To Len (str3)
            ls1 = Mid (str1, i1, 1)
            ls2 = Mid (str2, i2, 1)
            ls3 = Mid (str3, i3, 1)

            csy0 = - (ls1 Mod 3 = 0) - (ls2 Mod 3 = 0) - (ls3 Mod 3 = 0)
                If csy0 < c3y00 Or c3y0 > c3y01 Then GoTo qqqq
            csy1 = - (ls1 Mod 3 = 1) - (ls2 Mod 3 = 1) - (ls3 Mod 3 = 1)
            If csy1 < c3y10 Or c3y1 > c3y11 Then GoTo qqqq
            csy2 = - (ls1 Mod 3 = 2) - (ls2 Mod 3 = 2) - (ls3 Mod 3 = 2)
            If csy2 < c3y20 Or c3y2 > c3y21 Then GoTo qqqq

            c4y0 = - (ls1 Mod 4 = 0) - (ls2 Mod 4 = 0) - (ls3 Mod 4 = 0)
            If c4y0 < c4y00 Or c4y0 > c4y01 Then GoTo qqqq
            c4y1 = - (ls1 Mod 4 = 1) - (ls2 Mod 4 = 1) - (ls3 Mod 4 = 1)
            If c4y1 < c4y10 Or c4y1 > c4y11 Then GoTo qqqq
            c4y2 = - (ls1 Mod 4 = 2) - (ls2 Mod 4 = 2) - (ls3 Mod 4 = 2)
            If c4y2 < c4y20 Or c4y2 > c4y21 Then GoTo qqqq
            c4y3 = - (ls1 Mod 4 = 3) - (ls2 Mod 4 = 3) - (ls3 Mod 4 = 3)
            If c4y3 < c4y30 Or c4y3 > c4y31 Then GoTo qqqq

            c5y0 = - (ls1 Mod 5 = 0) - (ls2 Mod 5 = 0) - (ls3 Mod 5 = 0)
            If c5y0 < c5y00 Or c5y0 > c5y01 Then GoTo qqqq
            c5y1 = - (ls1 Mod 5 = 1) - (ls2 Mod 5 = 1) - (ls3 Mod 5 = 1)
            If c5y1 < c5y10 Or c5y1 > c5y11 Then GoTo qqqq
            c5y2 = - (ls1 Mod 5 = 2) - (ls2 Mod 5 = 2) - (ls3 Mod 5 = 2)
            If c5y2 < c5y20 Or c5y2 > c5y21 Then GoTo qqqq
            c5y3 = - (ls1 Mod 5 = 3) - (ls2 Mod 5 = 3) - (ls3 Mod 5 = 3)
```

```
                    If c5y3 < c5y30 Or c5y3 > c5y31 Then GoTo qqqq
                    c5y4 = - (ls1 Mod 5 = 4) - (ls2 Mod 5 = 4) - (ls3 Mod 5 = 4)
                    If c5y4 < c5y40 Or c5y4 > c5y41 Then GoTo qqqq

                    strn = ls1 & ls2 & ls3
                    Cells (hs, 1) = hs - 4
                    Cells (hs, 2) = strn
                    hs = hs + 1
qqqq:
                Next i3
            Next i2
        Next i1
End Sub
```

以上宏代码中没有出现新的语句，但加了一些空行，加空行的目的是为了将除 3 余数、除 4 余数、除 5 余数的代码分隔开，因为这些代码相似度非常高，用空行分割后便于阅读和调试。

下面，我们同样用上一节所示的投注内容，对它们进行除 3 余数、除 4 余数、除 5 余数过滤，设置的过滤条件以及投注结果如下：

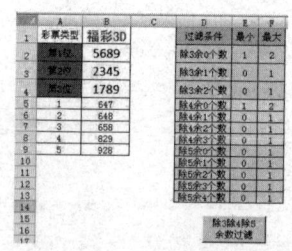

	A	B	C	D	E	F
1	彩票类型	福彩3D		过滤条件	最小	最大
2	第1位	5689		除3余0个数	1	2
3	第2位	2345		除3余1个数	0	1
4	第3位	1789		除3余2个数	0	1
5	1	647		除4余0个数	1	2
6	2	648		除4余1个数	0	1
7	3	658		除4余2个数	0	1
8	4	829		除4余3个数	0	1
9	5	928		除5余0个数	0	1
10				除5余1个数	0	1
11				除5余2个数	0	1
12				除5余3个数	0	1
13				除5余4个数	0	1

除3除4除5
余数过滤

我们在以上代码中可以发现，有很多赋值语句和条件判断语句，这些语句的相似度非常高，对于这种语句，实际上有更好的解决办法，可以让代码的行数更少，那就是用数组完成。但是，用数组完成时可能理解的难度稍大一些，为了便于理解，所以没用采用数组的方法，有兴趣的读者可以尝试性用数组解决这个问题的方法。

第 25 节　怎样进行分组过滤

有很多人买彩票的时候喜欢参考别人的推荐号码。但是，并不是参考的推荐者每次推荐的号码都是非常准确的，比如对于双色球彩票，也许每次推荐 10 个号码，只能中 3~4 个，但是，不要因为他只中 3~4 个号码就认为不准确，没有参考价值，我们可以将他的推荐号码当作一个参考对象，对自己选出的号码进行组号，如果某注号码在他推荐的号码中能找出 3~4 个相同的号码，那么我们就认为这组号码可能中一等奖，就可作为投注号码，反之，就认为不可能中一等奖，就可以放弃这注号码。

我们也可拿出近几期的开奖号码当作参考号码：比如本期可能出现 1~2 个重号，那么我们也可当上期开奖号码设为一组，并设定这组号码出 1~2 个号码。

如果我们能找出很多组这样的参考号码，无疑可使投注额大大降低。

这就是分组投注的思路，也是很多彩民喜欢采用的方法之一。

下面，即为实现分组号码投注的 EXCEL 输入界面：

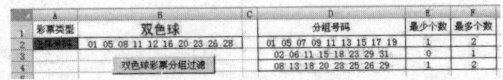

	A	B	C	D	E	F
1	彩票类型	双色球		分组号码	最少个数	最多个数
2	[illegible]	01 05 08 11 12 16 20 23 26 28		01 05 07 09 11 13 15 17 19	1	2
3				02 06 11 15 18 23 29 31	0	1
4		双色球彩票分组过滤		08 13 18 20 23 25 26 29	1	2

上例中，选择的号码为 01 05 08 11 12 16 20 23 26 28，共 10 个号码。设定的分组有 3 组：第 1 组为 01 05 07 09 11 13 15 17 19，并设定该组出 1~2 个；第 2 组为 02 06 11 15 18 23 29 31，并设定该组出 0~1 个；第 3 组为 08 13 18 20 23 25 26 29，并设定该组出 1~2 个。

以下为双色球分组过滤的宏命令：

```
Sub 双色球彩票分组过滤()
    Dim ls3 As Double
    Dim fzstr(10) As String
    Dim fzgs0(10) As Integer
    Dim fzgs1(10) As Integer
    ls3 = 6
    str1 = Cells(2, 2)
    lsc = Int((Len(str1) + 1) / 3)
    If lsc > 15 Then MsgBox(" 选择的号码个数太多!请重新选择"): Exit Sub
    If lsc < 7 Then MsgBox(" 选择的号码个数太少!请重新选择"): Exit Sub
    ls1 = 0
    Do While True
        str11 = Cells(2 + ls1, 4)
        If str11 = " " Then Exit Do
        fzstr(ls1) = str11
        fzgs0(ls1) = Cells(2 + ls1, 5)
        fzgs1(ls1) = Cells(2 + ls1, 6)
        ls1 = ls1 + 1
    Loop
    For i1 = 1 To lsc - 5
        For i2 = i1 + 1 To lsc - 4
            For i3 = i2 + 1 To lsc - 3
                For i4 = i3 + 1 To lsc - 2
                    For i5 = i4 + 1 To lsc - 1
                        For i6 = i5 + 1 To lsc - 0
                            bz = 0
                            For k = 0 To ls1 - 1
                                kkkk = -(InStr(fzstr(k), Mid(str1, i1 * 3 - 2, 2)) > 0)
                                kkkk = kkkk - (InStr(fzstr(k), Mid(str1, i2 * 3 - 2, 2)) > 0)
                                kkkk = kkkk - (InStr(fzstr(k), Mid(str1, i3 * 3 - 2, 2)) > 0)
                                kkkk = kkkk - (InStr(fzstr(k), Mid(str1, i4 * 3 - 2, 2)) > 0)
                                kkkk = kkkk - (InStr(fzstr(k), Mid(str1, i5 * 3 - 2, 2)) > 0)
                                kkkk = kkkk - (InStr(fzstr(k), Mid(str1, i6 * 3 - 2, 2)) > 0)
                                If kkkk < fzgs0(k) Or kkkk > fzgs1(k) Then
```

```
                            bz = 1: Exit For
                            End If
                        Next k
                        If bz = 0 Then
                            str2 = Mid (str1, i1 * 3 - 2, 3) & Mid
(str1, i2 * 3 - 2, 3) & Mid (str1, i3 * 3 - 2, 3) & Mid (str1, i4 * 3 - 2, 3) &
Mid (str1, i5 * 3 - 2, 3) & Mid (str1, i6 * 3 - 2, 3)
                            Cells (ls3, 1) = ls3 - 5
                            Cells (ls3, 2) = str2
                            ls3 = ls3 + 1
                        End If
                    Next i6
                Next i5
            Next i4
        Next i3
    Next i2
  Next i1
End Sub
```

	A	B	C	D	E	F
1	彩票类型	双色球		分组号码	最少个数	最多个数
2	选择号码	01 05 08 11 12 16 20 23 26 28		01 05 07 09 11 13 15 17 19	1	2
3		双色球彩票分组过滤		02 06 11 15 18 23 29 31	0	1
4				08 13 18 20 23 25 26 29	1	2
5						
6	1	01 05 08 12 16 20				
7	2	01 05 08 12 16 23				
8	3	01 05 08 12 16 26				
9	4	01 05 08 12 16 28				
10	5	01 05 08 12 20 28				
11	6	01 05 08 12 23 28				
12	7	01 05 08 12 26 28				
13	8	01 05 08 16 20 28				
14	9	01 05 08 16 23 28				
15	10	01 05 08 16 26 28				
16	11	01 05 12 16 20 23				
17	12	01 05 12 16 20 26				
18	13	01 05 12 16 20 28				
19	14	01 05 12 16 23 26				
20	15	01 05 12 16 23 28				
21	16	01 05 12 16 26 28				
22	17	01 05 12 20 23 28				
23	18	01 05 12 20 26 28				
24	19	01 05 12 23 26 28				
25	20	01 05 16 20 23 28				
26	21	01 05 16 20 26 28				
27	22	01 05 16 23 26 28				
28	23	01 08 11 12 16 20				
29	24	01 08 11 12 16 26				
30	25	01 08 11 12 16 28				
31	26	01 08 11 12 20 28				
32	27	01 08 11 12 26 28				
33	28	01 08 11 16 20 28				
34	29	01 08 11 16 26 28				

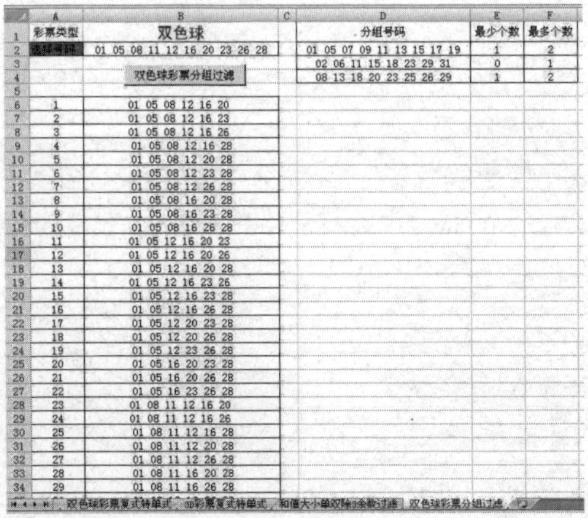

运行以上宏命令后，得出的最终投注结果为 61 注（10 个号码的复式原为 210 注）。以下为运行结果：

第26节　怎样进行连码过滤

关于连码的概念，我们在上一章内容中已有详细的介绍。

在我们实际购买彩票时，很多人都对连码问题特别关注，因为连码是一种很容易从"开奖号码走势图"获得直观感觉的，而"开奖号码走势图"则是许多投注站都张贴有的一种资料。

但是，如果我们选择复式投注，然后想从这些复式投注的数据中选择出符合我们"连码"要求的投注数据，却不是一件非常容易的事情，为此，我们可以通过以下的EXCEL宏代码，完成我们对乐透型彩票的连码控制（以双色球彩票为例）：

```
Sub 双色球连码过滤（）
    Dim ls3 As Double
    ls3 = 6
    str1 = Cells（2, 2）
    lsc = Int（（Len（str1）+ 1）/ 3）
    If lsc > 15 Then MsgBox（"选择的号码个数太多！请重新选择"）: Exit Sub
    If lsc < 7 Then MsgBox（"选择的号码个数太少！请重新选择"）: Exit Sub
    ls1 = 0
    fzgs0 = Cells（2, 5）
    fzgs1 = Cells（2, 6）
    For i1 = 1 To lsc - 5
        For i2 = i1 + 1 To lsc - 4
            For i3 = i2 + 1 To lsc - 3
                For i4 = i3 + 1 To lsc - 2
                    For i5 = i4 + 1 To lsc - 1
                        For i6 = i5 + 1 To lsc - 0
                            bz = 0
                            If Mid（str1, i2 * 3 - 2, 2）- Mid（str1, i1 * 3 - 2, 2）= 1 Then bz = bz + 1
```

```
                    If Mid (str1, i3 * 3 - 2, 2) - Mid (str1, i2 * 3 -
2, 2) = 1 Then bz = bz + 1
                       If Mid (str1, i4 * 3 - 2, 2) - Mid (str1, i3 *
3 - 2, 2) = 1 Then bz = bz + 1
                       If Mid (str1, i5 * 3 - 2, 2) - Mid (str1, i4 *
3 - 2, 2) = 1 Then bz = bz + 1
                       If Mid (str1, i6 * 3 - 2, 2) - Mid (str1, i5 *
3 - 2, 2) = 1 Then bz = bz + 1
                       If bz >= fzgs0 And bz <= fzgs1 Then
                         str2 = Mid (str1, i1 * 3 - 2, 3) & Mid
(str1, i2 * 3 - 2, 3) & Mid (str1, i3 * 3 - 2, 3) & Mid (str1, i4 * 3 - 2, 3) &
Mid (str1, i5 * 3 - 2, 3) & Mid (str1, i6 * 3 - 2, 3)
                         Cells (ls3, 1) = ls3 - 5
                         Cells (ls3, 2) = str2
                         ls3 = ls3 + 1
                       End If
                    Next i6
                 Next i5
              Next i4
           Next i3
        Next i2
     Next i1
End Sub
```

以下为双色球彩票连码过滤的输入界面和输出界面：

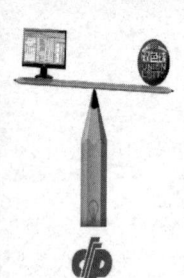
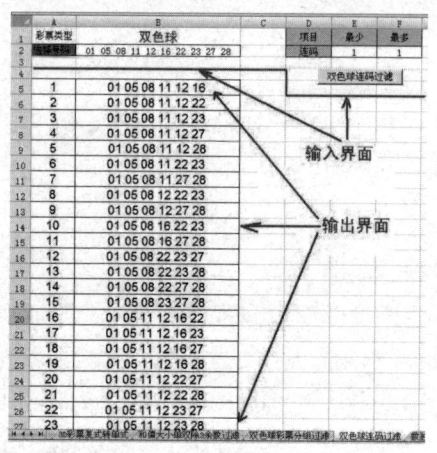

在以上界面中,在"选择号码"栏输入选出的号码,然后设置好连码的最少对数和最多对数,再点按"双色球连码过滤"按钮即可。

如果设置连码数最少 1 对最多 1 对,就表示只能有 1 对连码,如果设置最少 2 对最多 1 对,则表示可能是 2 对连码,或者一对三连码,如果想要将这 2 种情况加以区分,还需在宏代码上做少许修改,修改的思路可参考第十二节。

第 27 节　最小间距和最大跨度过滤

最小间距和最大跨度的概念我们在第十三节中已有详细介绍,本节主要介绍的是如何应用最小间距和最大跨度的统计结果对我们的投注结果进行过滤。

在我们统计好最小间距和最大跨度后,即可得出我们最希望设置的最有可能中奖的最小间距和最大跨度的取值范围,然后,在本节所示的输入界面进行设置,然后,建立好相应的宏命令代码,选择好每一位置的号码后,点按功能按钮,即可得出我们希望的投注结果。

3D 彩票最小间距和最大跨度过滤的宏命令如下:

```
Sub 最小间距最大跨度过滤 ( )
    Dim c3ys (3) As Integer
    hs = 5
    jj0 = Cells (2, 5)
    jj1 = Cells (2, 6)
    kd0 = Cells (3, 5)
    kd1 = Cells (3, 6)
    str1 = Cells (2, 2)
    str2 = Cells (3, 2)
    str3 = Cells (4, 2)
    For i1 = 1 To Len (str1)
        For i2 = 1 To Len (str2)
            For i3 = 1 To Len (str3)
                c3ys (0) = Mid (str1, i1, 1)
                c3ys (1) = Mid (str2, i2, 1)
                c3ys (2) = Mid (str3, i3, 1)
                For j1 = 0 To 2
                    For j2 = 2 To j1 + 1 Step -1
                        If c3ys (j2) < c3ys (j2 - 1) Then
                            ls1 = c3ys (j2)
                            c3ys (j2) = c3ys (j2 - 1)
                            c3ys (j2 - 1) = ls1
                        End If
                    Next j2
                Next j1
                jj = c3ys (1) - c3ys (0)
                If jj > c3ys (2) - c3ys (1) Then jj = c3ys (2) - c3ys (1)
                kd = c3ys (2) - c3ys (0)
                If jj < jj0 Or jj > jj1 Then GoTo qqqq
                If kd < kd0 Or kd > kd1 Then GoTo qqqq
                strn = Mid (str1, i1, 1) & Mid (str2, i2, 1) & Mid (str3, i3, 1)
                Cells (hs, 1) = hs - 4
                Cells (hs, 2) = strn
                hs = hs + 1
qqqq:
            Next i3
        Next i2
    Next i1
End Sub
```

相应的的输入界面和输出结果如下：

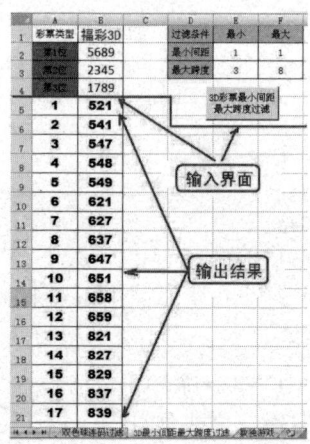

第 28 节　重码、隔码、断码过滤

重码、隔码、冷码过滤是 3D 彩票的彩民们经常使用的一种投注方法。

下面，先对照一下 3D 号码走势图，了解一下重码、隔码、断码的概念。

2013001	203	0		2	3				
2013002	670	0					6	7	
2013003	166		1				6		
2013004	760	0					6	7	
2013005	622			2			6		
2013006	457					4	5		7	
2013007	147		1			4			7	
2013008	556						5	6		
2013009	921		1	2						9
2013010	632			2	3			6		
2013011	209	0		2						9

2013012	688							6		8	
2013013	922			2							9
2013014	417		1			4			7		
2013015	228			2						8	
2013016	038	0			3					8	
2013017	380	0			3					8	
2013018	347				3	4			7		
2013019	866							6		8	
2013020	929			2							9
2013021	918		1							8	9
2013022	250	0		2			5				
2013023	807	0							7	8	
2013024	268			2				6		8	
2013025	540	0				4	5				
2013026	857						5		7	8	
2013027	308	0			3					8	
2013028	113		1		3						
2013029	149		1			4					9
2013030	732			2	3				7		
2013031	762			2				6	7		
2013032	849					4				8	9
2013033	277			2					7		
2013034	330	0			3						
2013035	632			2	3			6			
2013036	658						5	6		8	

在第 2013035 期的开奖号码中，数字 3 在上期开奖号码（即 2013034 期的 330）中出现过，我们可称之为重码，数字 2 在上上期（即 2013033 期的 277）中出现过但在上期没有出现，我们可以称之为隔码，数字 8 在上期和上上期开奖号码中均未出现过，我们可以称之为断码。有些 3D 彩票的彩民，非常喜欢购买 1 个重码+1 个隔码+1 个断

码的组合。而在以上36期的开奖号码中，我们统计出这种组合共7期，占20%左右。那么，本节就提供购买这种组合的宏代码。

其实，实现这种投注方式的方法有2种，一种是从开奖号码中直接"读出"哪些是重码、哪些是隔码、哪些是断码，然后直接设定出每一种码的出现次数，使用这种方式的前提条件是必须要有最近的连续数期的开奖号码且放在EXCEL表格中；第二种方式是用人工设置重码、隔码、断码，使用这种方式的前提条件是使用者需要知道重码、隔码、断码的概念，并能正确设置。

下面，我们根据2种不同情况分别给出相应的实现方法：

1. 从开奖号码表中直接读出重码、隔码、断码的投注方法

以下为界面设计：

在此界面设计中，我们对重码个数、隔码个数、断码个数的选择范围只用了一个单元格（前面的范围都是最小值、最大值各一个单元格，如果选择范围为1，则最小值和最大值分别为1），对于3D彩票的重码个数、隔码个数、断码个数的选择范围来说，因为它们的值只能为0、1、2、3这4个数，都是1位数，所以我们可以用一个单元格将它们全部列举出来，比如选择范围是1-3，则可以在此单元格中直接输入123即可，省去了一个单元格，也就省去了一个比较语句，从代码质量上来说更优、运行速度更快。而且，这种设置还有个好处：比如我只想设定断码的个数为0、2、3这3个值，用最小值、最大值的方法是无法表述的，而用一个单元格时只需输入"023"就可表述出来，达到我们想要的目的，因此，本人编写的《雨雪3D彩票智能投注软件》全是用这一方法选择范围。

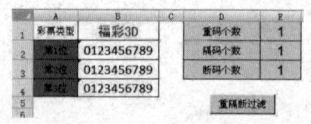

有了以上设计思路和设计界面，再给"重隔断过滤"按钮输入以

下宏代码，即可实现"从开奖号码表中直接读出重码、隔码、断码的投注"方法。

```
Sub 福彩3D重隔断码开奖读出方式过滤()
    hs = 5
    jj = Sheets("福彩3D组选号码间隔").UsedRange.Rows.Count
    zm = Cells(1, 5)      '重码范围
    gm = Cells(2, 5)      '隔码范围
    dm = Cells(3, 5)      '断码范围
    
    str1 = Cells(2, 2)    '百位选择
    str2 = Cells(3, 2)    '十位选择
    str3 = Cells(4, 2)    '个位选择
    
    zmstr = Sheets("福彩3D组选号码间隔").Cells(jj, 2)
    lsstr = Sheets("福彩3D组选号码间隔").Cells(jj - 1, 2)
    gmstr = ""
    dmstr = ""
    For i = 1 To 3
        ls2str = Mid(lsstr, i, 1)
        If InStr(zmstr, ls2str) = 0 Then gmstr = gmstr & ls2str
    Next
    For i = 0 To 9
        If InStr(gmstr, CStr(i)) = 0 And InStr(zmstr, CStr(i)) = 0 Then
            dmstr = dmstr & CStr(i)
        End If
    Next
    For i1 = 1 To Len(str1)
        For i2 = 1 To Len(str2)
            For i3 = 1 To Len(str3)
                c1 = Mid(str1, i1, 1)
                c2 = Mid(str2, i2, 1)
                c3 = Mid(str3, i3, 1)
                zmcount = ((InStr(zmstr, c1) > 0) - 0) + ((InStr(zmstr, c2) > 0) - 0) + ((InStr(zmstr, c3) > 0) - 0)
                gmcount = ((InStr(gmstr, c1) > 0) - 0) + ((InStr(gmstr, c2) > 0) - 0) + ((InStr(gmstr, c3) > 0) - 0)
                dmcount = ((InStr(dmstr, c1) > 0) - 0) + ((InStr(dmstr, c2) > 0) - 0) + ((InStr(dmstr, c3) > 0) - 0)
                If InStr(zm, CStr(-zmcount)) = 0 Then GoTo qqqq
                If InStr(gm, CStr(-gmcount)) = 0 Then GoTo qqqq
```

```
                If InStr (dm, CStr (-dmcount) ) = 0 Then GoTo qqqq
                    strn = c1 & c2 & c3
                    Cells (hs, 1) = hs - 4
                    Cells (hs, 2) = strn
                    hs = hs + 1
qqqq:
                Next i3
            Next i2
    Next i1
End Sub
```

以上代码中，又出现了一个新语句：

jj = Sheets ("福彩 3D 组选号码间隔") . UsedRange. Rows. Count

这个语句的含义是：从本 EXCEL 文件中取表名为"福彩 3D 组选号码间隔"的最大行数，赋值给变量 jj。本例中，为保持操作界面的完整性，所以将开奖号码和本界面分别放在不同的表格内。

以上代码在统计每一注号码的重码个数时用了以下语句：

zmcount = ((InStr (zmstr, c1) > 0) - 0) + ((InStr (zmstr, c2) > 0) - 0) + ((InStr (zmstr, c3) > 0) - 0)

这一语句在以前出现时，也介绍过，但为加深印象，再介绍一次：由于 InStr (zmstr, c1) > 0 是一个逻判断，返回的值有 2 个：True 和 False，在数值上，True 用 -1 表示，False 是 0 表示，用 (InStr (zmstr, c1) > 0) - 0) 处理后，则将逻辑运算转化成了数学运算，所以，最后得出的值就为 0、-1、-2、-3 这 4 个数，0 表示没出现重码、-1 表示出现了 1 个重码。

本例中宏代码自动统计出的重码为 2013323 期的 14，隔码为 2013322 期的 648 删除 2013323 期的 4 之后的 2 个胆码 68，断码则显然是除重码和隔码之外的其他胆码 023579。而我们选择的号码则百十个位全选了 0123456789，因此，未用重隔断码过滤时的投注总数应为 1000 注，但用以上条件过滤后，投注总额则变成了 161 注，比之前减少了 839 注。如果下期刚好出现了重隔断码各 1 个的情况，显示，161 注投注中将包含中奖号码。

如果我们百十个位的号码少选几个，投注数当然会更少。

以下为过滤后的界面：

	A	B	C	D	E
1	彩票类型	福彩3D		重码个数	1
2	第1位	0123456789		隔码个数	1
3	第2位	0123456789		断码个数	1
4	第3位	0123456789			
5	1	016		重隔断过滤	
6	2	018			
7	3	046			
8	4	048			
9	5	061			
10	6	064			
11	7	081			
12	8	084			
13	9	106			
14	10	108			
15	11	126			
16	12	128			
17	13	136			
18	14	138			
19	15	156			
20	16	158			

2. 手工输入重码、隔码、断码的投注方法

以上方法的重码、隔码、断码由宏代码自动获取，我们也可将这部分代码稍作变动，变成手工输入重码、隔码、断码，这样虽然操作起来麻烦一些，但可以更灵活：可以按自己的设想输入自己想要的号码，虽然我们将之定义为重码、隔码、断码，但我们可以完全不按照重码、隔码、断码的规定意义，进行重新定义。比如我们认为 1345 这 4 个号码最近很热，可能会出 1–2 个号码，而 07 这两个号码最近均有连续 10 期未出，两个一起出的可能性很小，我们就可将这 2 个号码的出号范围定义为 0–1，其他号码就随意，按以上思路，我们也可设置成以下界面：

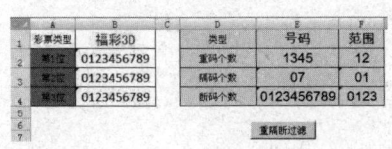

	A	B	C	D	E	F
1	彩票类型	福彩3D		类型	号码	范围
2	第1位	0123456789		重码个数	1345	12
3	第2位	0123456789		隔码个数	07	01
4	第3位	0123456789		断码个数	0123456789	0123
5						
6					重隔断过滤	
7						

再根据以上思路与界面，给出的该界面“重隔断过滤”按钮的宏代码如下：

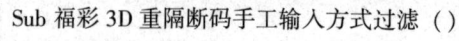

```
Sub 福彩3D重隔断码手工输入方式过滤()
        hs = 5
        zm = Cells(2, 6)       重码范围
        gm = Cells(3, 6)       隔码范围
        dm = Cells(4, 6)       断码范围

        str1 = Cells(2, 2)     百位选择
        str2 = Cells(3, 2)     十位选择
        str3 = Cells(4, 2)     个位选择

        zmstr = Cells(2, 5)    重码号码
        gmstr = Cells(3, 5)    隔码号码
        dmstr = Cells(4, 5)    断码号码
        For i1 = 1 To Len(str1)
            For i2 = 1 To Len(str2)
                For i3 = 1 To Len(str3)
                    c1 = Mid(str1, i1, 1)
                    c2 = Mid(str2, i2, 1)
                    c3 = Mid(str3, i3, 1)
                    zmcount = ((InStr(zmstr, c1) > 0) - 0) + ((InStr(zmstr, c2) > 0) - 0) + ((InStr(zmstr, c3) > 0) - 0)
                    gmcount = ((InStr(gmstr, c1) > 0) - 0) + ((InStr(gmstr, c2) > 0) - 0) + ((InStr(gmstr, c3) > 0) - 0)
                    dmcount = ((InStr(dmstr, c1) > 0) - 0) + ((InStr(dmstr, c2) > 0) - 0) + ((InStr(dmstr, c3) > 0) - 0)

                    If InStr(zm, CStr(-zmcount)) = 0 Then GoTo qqqq
                    If InStr(gm, CStr(-gmcount)) = 0 Then GoTo qqqq
                    If InStr(dm, CStr(-dmcount)) = 0 Then GoTo qqqq
                    strn = c1 & c2 & c3
                    Cells(hs, 1) = hs - 4
                    Cells(hs, 2) = strn
                    hs = hs + 1
qqqq:
                Next i3
            Next i2
        Next i1
End Sub
```

细心的读者也许会发现：这一方法实际上与前面介绍的"分组过滤"的思路完全相同，的确，这就是分组过滤中的一种特例。所以彩票中的很多问题，了解了它们的本质后，就会明白很多东西实际上都是相似的。有了一种功能后，很多想法都可以通过这一种功能实现。

第29节　利用开奖号码进行对比过滤

对于彩民来说，很多人都有这样一个共识：比如3D彩票，如果上期开奖号码是123，那么下期很多人就不会再购买123这个号码，甚至于124、125、133、143、153、223、323、423这些号码也不愿意购买了。为什么呢？因为123这个号码与上期的开奖号码三个位置完全相同，而124、125、133、143、153、223、323、423这些号码均与上期开奖号码的两个位置完全相同，大家凭经验和统计结果发现，这样重合的号码很少开出，所以大家都不愿意买这些号码。

而且，不仅与上期重复2-3个位置的号码不愿意购买，而且与上上期比较，甚至于前6期、前10期比较，重复2-3个位置的号码都很少开出。

这个思维方式就是"开奖号码比较过滤法"，也就是说，将自己选择的号码化为单式号码后，用每一注单式号码与近10期的开奖号码相比，发现有重复2-3位的，即删除。

大家可能会问：这种号码会有多少呢？

比如与上期的开奖号码123相比，重复3位的有1注号码，重复2位的有30注号码，二者共有31注号码。

如果我们选择近10期内的开奖号码作比较，则共有310注此类号码，占全部号码组合的31%。所以，这个比例也是非常巨大的。

我们通过统计还发现：如果上期开奖号码为123，那么本期开132、231、213这种号码的概率也是非常小的，所以说，我们可以按位与近期开奖号码进行比较过滤，还可不按位与近期开奖号码进行比较过滤。

这就是我们对3D类彩票"开奖号码对比过滤"的思路。

对于乐透型彩票，也可以用“开奖号码对比过滤法”，比如上期开奖号码为 01、02、03、04、05、06、07，那么下期开出 01、02、03、04、05、06、08 或者 01、02、03、04、05、06、09 或者 01、02、03、04、05、06、10 的概率非常小，因为与上期开奖号码相比按位重复了 6 个号码。

知道了“对比过滤”方法的原因，就可用 EXCEL 宏命令编写相应的功能了。

下面，以 3D 彩票为例，说明设计“开奖号码过滤”的整个过程。

由于“开奖号码过滤”必须将以前的开奖号码列出来，方便用户选择对比的起始期和结束期，因此，我们需要在 EXCEL 的输入界面插入 2 个“下拉框”，一个用于选择开始期，一个用于选择结束期。2 个下拉框都要将以前的开奖号码列表出来供用户选择，用户选择后，将选择结果反馈给 EXCEL 代码供程序判断使用。

下面，我们介绍插入“下拉框”的过程：

1. 在“开发工具”菜单下，选“插入”，在弹出的表单中选择“组合框（窗体控件）”，即可在界面插入一个下拉框了。

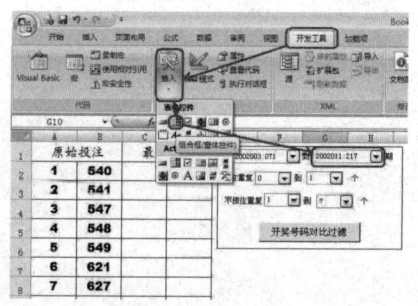

2. 鼠标放在该下拉框上，点按鼠标右键，在弹出的菜单中选择“设置控件格式”，然后在“数据源区域”选择“开奖期+开奖号码”这一列数据（此前，需要将这一项数据收集起来放到一列），同时在“单元格链接”中选择一个空白单元格，当用户从下接框中选择好开奖期以后，就会在该单元格中显示出用户选择的序号（注意是序号，不是实际内容）。

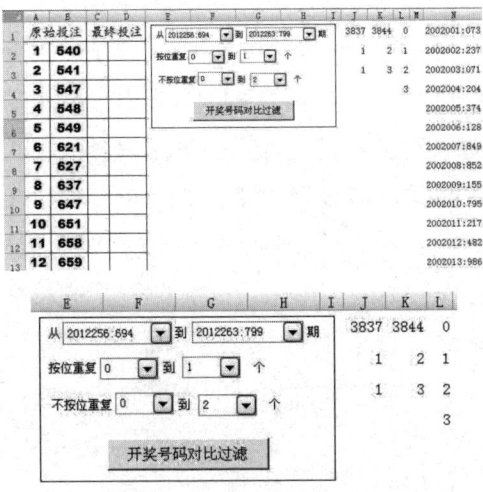

了解了一个下拉框的插入方法后，我们就可一个一个地将以下的界面设计出来：

其中，从……到……期的数据源为"开奖期+开奖号码"，而"按位重复……到……个"和"不按位重复……到……个"的数据源为0、1、2、3这4个选择项，因此我们在L1-L4单元格中预置了这一数据项，同时将6个下拉框的选择结果分别设置为J1、K1、J2、K2、J3、K3这6个单元格内。

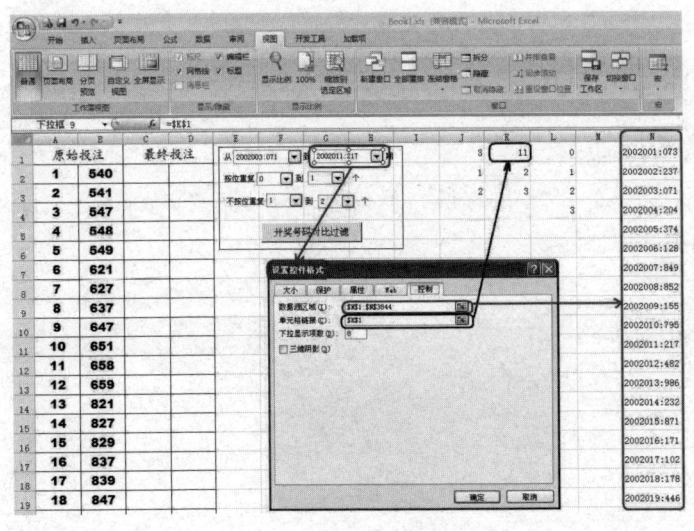

第 3 章　号码组合的筛选过滤

我们在前面所有的号码过滤的举例中,均是以选择复式号码,然后将复式转为单式后过滤的,在我们实际投注中,经常需要将几种方法混合使用,这样的需求就需要将处理后的投注内容保存为文件,然后在另一种过滤方法中将投注内容读取出来作为源投注内容去处理。为此,本节即以这种需求为例:我们可以将前面任何方法处理过的投注内容通过拷贝、粘贴、文件保存后打开等等方式,放到本表格中的第 1 列和第 2 列(第 1 列为投注序号、第 2 列为投注号码)。

经过这些考虑后,最终设计出的输入界面如下:

下面,我们即根据以上设计界面和我们的用户需求,设计出"开奖号码对比过滤"按钮的宏代码如下:

```
Sub 开奖号码对比过滤()
        ii1 = 2
        ii2 = 2
        qs1 = Cells (1, 10)
        qs2 = Cells (1, 11)
        If qs2 < qs1 Then MsgBox (" 选择的开始期比结束期大,请选择选择" ): Exit Sub
        awcf1 = Cells (2, 10)
        awcf2 = Cells (2, 11)
        If awcf2 < awcf1 Then MsgBox (" 选择的按位重复个数最小值比最大值大,请选择选择" ): Exit Sub
        bawcf1 = Cells (2, 10)
        bawcf2 = Cells (2, 11)
        If bawcf2 < bawcf1 Then MsgBox (" 选择的不按位重复个数最小值比最大值大,请选择选择" ): Exit Sub
        Do While True
            str1 = Cells (ii1, 2)
            If str1 = " " Then Exit Do
            bz = 0
            For i = qs1 To qs2
                awcf = 0
```

```
            For j = 1 To 3
                    If Mid(str1, j, 1) = Mid(Cells(i, 14), 8 + j, 1) Then awcf = awcf + 1
            Next j
            If awcf < Cells(awcf1, 12) Or awcf > Cells(awcf2, 12) Then bz = 1: Exit For
            bawcf = 0
            For j = 1 To 3
                    If InStr(Right(Cells(i, 14), 3), Mid(str1, j, 1)) > 0 Then bawcf = bawcf + 1
            Next j
            If bawcf < Cells(bawcf1, 12) Or bawcf > Cells(bawcf2, 12) Then bz = 1: Exit For
        Next i
        If bz = 0 Then
            Cells(ii2, 3) = ii2 - 1
            Cells(ii2, 4) = str1
            ii2 = ii2 + 1
        End If
        ii1 = ii1 + 1
    Loop
End Sub
```

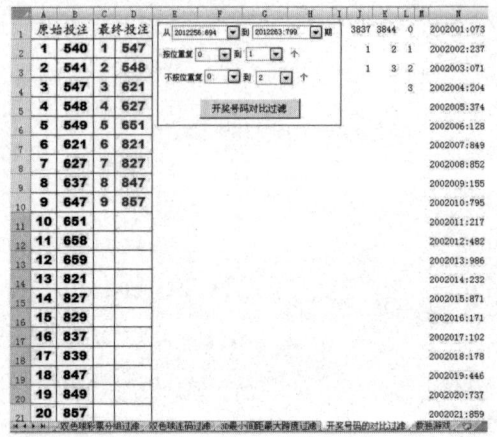

　　设计好以上内容后,我们即可进入使用状态了,点按"开奖号码对比过滤"按钮,就可将原始投注内容按我们设计的条件进行过滤,最后,26注投注号码变成了9注号码,显示在"最终投注"列内。

　　从以上代码可以看出,将原始投注号码作为过滤源文件,也是非常简单的,甚至于比复式号码化为单式更容易,所以,大家看懂例子后,就可将前面所有过滤的代码改变成可以读取源投注文件内容的代码。

　　当然,乐透型彩票的"开奖号码对比过滤"功能的宏代码,也可按此例进行微小改动:每次比较的位数由1位变成2位,仅此改动而已。

第4章 选择号码的旋转矩阵投注

第30节 选7型中7保6旋转矩阵

对于没接触过彩票的朋友来说,"旋转矩阵"仿佛是一个非常高深的数字名词,但对于经常购买彩票且有些技术性研究的彩民来说,"旋转矩阵"则是一个非常熟悉的东西,因为,很多人都用过"旋转矩阵"这种方法进行过彩票投注,只不过,他们借助的都是软件,对于"旋转矩阵"的涵义并没有深入的了解,只知道它们可以"节省投资",可以"中7保6"、"中7保5"等等。

这就是软件用户的特点:有懂行的人开发了软件,用户只需知道使用方法,了解使用效果就行了,具体为什么能达到这种效果,他们并不知道,也不需要知道。

但是,也有很多人希望知道这个为什么。因为,他们在用软件投注时也会遇到许多问题,比如,我选择10个号码出来,用软件进行"中7保6的旋转矩阵"处理后,有些组合全是小号、有些组合全是单号,看起来总是不象中奖号码那样分布,为此,我们可以借助于EXCEL宏命令的强大功能,自己动手,编写相应的处理代码,以便随心所欲地达到我们的目的。

为此,本书也将对"旋转矩阵"作一深入的介绍。

为了理解"旋转矩阵"是怎么回事,我们可以打这样的比喻:某军队打算这样安排某班上的十五名战士值班:值班时每3人为一组,共5组。问能否在一周内每日安排一次散步,使得每两战士在一周内一起值班最少一次?

回到彩票的问题,我们也可以作这样的理解:某彩民选择了15个

号码用于购买选 7 型的彩票（即每 7 个号码为一组），要求任何 6 个号码都有 1 次机会组成一组（因为这样的话，如果 15 个号码中选中了 6 个号码，不管是哪 6 个号码，都会保证有 1 组号码同时中出 6 个号码），怎样组合既能达到以上目的，又能有最少的组合数？

以上就是旋转矩阵要解决的问题。

但是，怎样解决这个问题，则是一个非常复杂的数学难题，难题之一是解决旋转矩阵的方法很多，但目前为止都没有一个最优的解；难题之二是根据各种不同的数学理论，可以推断出不同的"旋转矩阵"结果，结果的注数可能在不断减少，但目前为止也没有一个人敢说这就是目前最少的。

所以，作为普通的用户，我们完全不用考虑"旋转矩阵"中高深的数学知识，找出一种能解决问题的、自己又能够理解的方法即可。

本人目前已著有《抓住 500 万》、《攻克 500 万》、《实现 500 万》、《轻松 500 万》、《技夺 500 万》这 5 本书，其中《抓住 500 万》是 2000 年写成 2001 年出版的，其中的内容"小复式投注"实际上就能达到"旋转矩阵"的效果，且非常容易理解，可以说，这是中国最早出版的有关"旋转矩阵"的一本书，有兴趣的读者可找出这本书仔细阅读，可以非常系统地了解到"小复式投注"的整个思路和实现过程。

总结起来，"小复式投注"中"中 7 保 6 旋转矩阵"的思路就是：任何 2 组号码两两比较，最多只能有 5 个号码相同，高于这个标准的号码组合，则被删除。因此，10 个号码的选 7 型彩票，全包复式投注需要 120 注 240 元，用"小复式投注"的方法处理后，最终投注只有 10 注 20 元，且这 10 注号码的效果是：如果 10 个号码里有 7 个中奖号码，则最终投注可保证最少有 1 组号码可中 6 个号码。

基于这样的思路，我们设计出的选 7 型彩票中 7 保 6 旋转矩阵的 EXCEL 宏代码如下：

```
Sub 选 7 型中 7 保 6 旋转矩阵 ()
    Dim ls3 As Double
    ls3 = 6
    str1 = Cells (2, 2)
    lsc = Int ( (Len (str1) + 1) / 3)
    If lsc > 15 Then MsgBox (" 选择的号码个数太多！请重新选择" ): Exit Sub
    If lsc < 9 Then MsgBox (" 选择的号码个数太少！请重新选择" ): Exit Sub
    fzgs0 = Cells (2, 5)
    fzgs1 = Cells (2, 6)
    For i1 = 1 To lsc - 6
        For i2 = i1 + 1 To lsc - 5
            For i3 = i2 + 1 To lsc - 4
                For i4 = i3 + 1 To lsc - 3
                    For i5 = i4 + 1 To lsc - 2
                        For i6 = i5 + 1 To lsc - 1
                            For i7 = i6 + 1 To lsc - 0
                                bz = 0
                                str2 = Mid (str1, i1 * 3 - 2, 2) & " " & Mid (str1, i2 * 3 - 2, 2) & " " & Mid (str1, i3 * 3 - 2, 2) & " "
                                str2 = str2 & Mid (str1, i4 * 3 - 2, 2) & " " & Mid (str1, i5 * 3 - 2, 2) & " "
                                str2 = str2 & Mid (str1, i6 * 3 - 2, 2) & " " & Mid (str1, i7 * 3 - 2, 2)
                                bz = 0
                                For i = 6 To ls3 - 1
                                    ls1 = 0
                                    str3 = Cells (i, 2)
                                    For k = 1 To 7
                                        If InStr (str3, Mid (str2, k * 3 - 2, 2) ) > 0 Then ls1 = ls1 + 1
                                    Next k
```

```
                                If ls1 > 5 Then bz = 1: Exit For
                            Next i
                            If bz = 0 Then
                                Cells (ls3, 1) = ls3 - 5
                                Cells (ls3, 2) = str2
                                ls3 = ls3 + 1
                            End If
                        Next i7
                    Next i6
                Next i5
            Next i4
        Next i3
    Next i2
Next i1
End Sub
```

而以上代码的输入界面则非常简单：B2 单元用于输入选择的号码组合，点按功能按钮后，最后的投注号码放在 B 列从第 6 行开始的单元格内。

以下为处理结果：

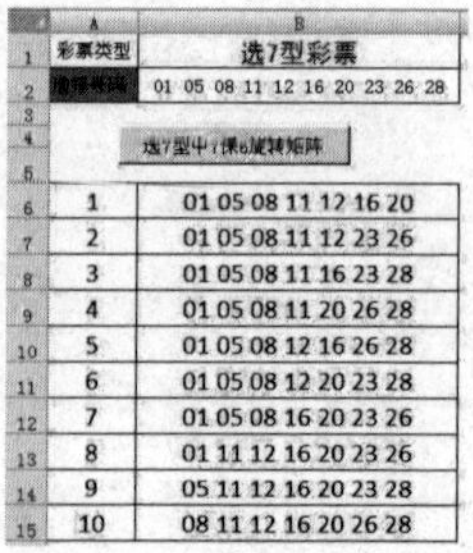

第 31 节　选 7 型中 7 保 5 旋转矩阵

有了"选 7 型彩票中 7 保 6 型旋转矩阵"的基础，要实现"选 7 型彩票中 7 保 5"已经是非常容易了。对于 EXCEL 宏代码，实际上也只需将上节代码中的

If ls1 > 5 Then bz = 1：Exit For

这一句改为

If ls1 > 4 Then bz = 1：Exit For

即可。

也就是说，将"最多 5 个号码重复"改为"最多 4 个号码重复"即可。

但是，很多时候，我们需要将已经处理好的投注内容进行"旋转"处理，此时，宏代码中的投注源内容就不是复式转单式的方式了，而是经过各种处理后的单式投注了，因此，相应的宏代码也应作一定的改动，以下即为从已有的单式投注实现"中 7 保 5"功能的旋转矩阵代码：

```
Sub 选 7 型中 7 保 5 旋转矩阵（）
    ii1 = 2
    ls3 = 2
    Do While True
        str2 = Cells（ii1, 2）
        If str2 = " " Then Exit Do
        bz = 0
        For i = 2 To ls3 - 1
            ls1 = 0
            str3 = Cells（i, 4）
            For k = 1 To 7
                If InStr（str3, Mid（str2, k * 3 - 2, 2））> 0 Then ls1 = ls1 + 1
            Next k
            If ls1 > 4 Then bz = 1：Exit For
```

```
    Next i
        If bz = 0 Then
            Cells (ls3, 3) = ls3 - 1
            Cells (ls3, 4) = str2
            ls3 = ls3 + 1
        End If
        ii1 = ii1 + 1
    Loop
End Sub
```

对比以上代码和上一节代码的长度可以看出：这种方法的代码更短、更容易理解。

序号	原始投注	序号	最终投注
1	01 05 08 11 12 16 20	1	01 05 08 11 12 16 20
2	01 05 08 11 12 16 23	2	01 05 08 11 23 26 28
3	01 05 08 11 12 16 26	3	01 12 16 20 23 26 28
4	01 05 08 11 12 16 28		
5	01 05 08 11 12 20 23		
6	01 05 08 11 12 20 26		
7	01 05 08 11 12 20 28		
8	01 05 08 11 12 23 26		
9	01 05 08 11 12 23 28		
10	01 05 08 11 12 26 28		
11	01 05 08 11 16 20 23		
12	01 05 08 11 16 20 26		

本功能的处理界面如下：

需要说明的是：由于本示例中的“原始投注”可能已经过各种过滤处理，所以，比如上例选出了 10 个号码并且选中了 7 个号码，最终投注并不能保证“中 7 保 5”，因为，那注“中 5”的号码有可能在过滤时即被处理掉了。

第 32 节　选 5 型中 5 保 4 旋转矩阵

上面 2 节分别介绍了选 7 型彩票两种不同投注源下的中 7 保 6 和中 7 保 5 的旋转矩阵，但如果我们需要将以上宏代码修改为选 5 型的彩票

（如22选5、15选5以及体彩大乐透的前区投注方式35选5等等），以及选6型彩票（如双色球），我们可以将宏代码作微小的改动即可。

改动后的投注源来自于复式转单式方式的中5保4宏代码：

```
Sub 选5型中5保4旋转矩阵（）
    Dim ls3 As Double
    ls3 = 6
    str1 = Cells（2, 2）
    lsc = Int（（Len（str1）+ 1）/ 3）
    If lsc > 15 Then MsgBox（"选择的号码个数太多！请重新选择"）: Exit Sub
    If lsc < 7 Then MsgBox（"选择的号码个数太少！请重新选择"）: Exit Sub
    fzgs0 = Cells（2, 5）
    fzgs1 = Cells（2, 6）
    For i1 = 1 To lsc - 4
        For i2 = i1 + 1 To lsc - 3
            For i3 = i2 + 1 To lsc - 2
                For i4 = i3 + 1 To lsc - 1
                    For i5 = i4 + 1 To lsc - 0
                        bz = 0
                        str2 = Mid（str1, i1 * 3 - 2, 2）& " " & Mid（str1, i2 * 3 - 2, 2）& " " & Mid（str1, i3 * 3 - 2, 2）& " "
                        str2 = str2 & Mid（str1, i4 * 3 - 2, 2）& " " & Mid（str1, i5 * 3 - 2, 2）
                        bz = 0
                        For i = 6 To ls3 - 1
                            ls1 = 0
                            str3 = Cells（i, 2）
                            For k = 1 To 5
                                If InStr（str3, Mid（str2, k * 3 - 2, 2））> 0 Then ls1 = ls1 + 1
                            Next k
                            If ls1 > 3 Then bz = 1: Exit For
                        Next i
```

```
                        If bz = 0 Then
                            Cells (ls3, 1) = ls3 − 5
                            Cells (ls3, 2) = str2
                            ls3 = ls3 + 1
                        End If
                    Next i5
                Next i4
            Next i3
        Next i2
    Next i1
End Sub
```

读者仔细对照本节的代码和上2节代码之间的区别，找出不同的地方加以体会，相信很快就可以很轻松地将这些代码变为其他各种要求的旋转矩阵代码了，如双色球的中6保5、中6保4等等。

第33节 用公式法投注旋转矩阵

前面讲了一些旋转矩阵的原理，以及用EXCEL宏命令的实现方法，实际上，这也是本人第一本彩票书《抓住500万》中介绍的"小复式投注"的方法。《抓住500万》在出版时，彩民中还没有"旋转矩阵"这个概念，所以，《抓住500万》出版后，读者对"小复式投注"非常感兴趣，其中有不少数学方面的"高手"与我探讨这方面的问题，提出可以用数学中的"旋转矩阵"达到这一效果的实现方法。后来，美国有本书在中国出版，里面讲到了"旋转矩阵"，广西有个在彩民中非常有影响力的彩票网站"广西彩票网"（此网站现已关闭）也力推旋转矩阵，因此，"旋转矩阵"这一高深的数学概念得以在彩民中广泛普及并应用。为此，本人也将自己研究"小复式投注"的结果加以扩展和深化，写成了《攻克500万》、《实现500万》这2本书。

与《攻克 500 万》、《实现 500 万》中推出的旋转矩阵公式相比，"小复式投注"的投注结果中奖效果很好但注数较多，为此，本人推出的"雨雪彩票智能投注软件"曾经同时使用过这 2 种选择提供给软件用户，但大多数彩民最终还是选择了注数少的旋转矩阵。

但是，注数少的旋转矩阵结果是在实现"小复式投注"的数学方法基本上，加入了很多优代算法和判断，不仅软件代码比较复杂，而且运算速度非常慢，操作时还需要临时调整很多参数，因此，本书中无法形成宏代码提供给广大读者。

但如同《雨雪智能彩票投注软件》一样，虽然我们不懂旋转矩阵的推算原理，但仍然可以运用旋转矩阵的结果。本节内容就是告诉广大读者，怎样运用旋转矩阵的推算结果。

要想使用旋转矩阵的结果进行投注，首先必须要用旋转矩阵的公式。比如我们选择了 10 个号码，需要用选 7 型彩票中 7 保 6 公式进行投注，公式内容如下：

1	01 02 03 04 05 06 07
2	01 02 03 06 08 09 10
3	01 02 06 07 08 09 10
4	01 03 06 07 08 09 10
5	01 04 05 06 08 09 10
6	02 03 04 05 07 08 09
7	02 03 04 05 07 08 10
8	02 03 04 05 07 09 10

我们可以将这组公式放进表名为"10-7-6"的 EXCEL 表中，然后在另一个表名为"公式法投注"的表格中设计如下操作界面：

同时,我们给"公式法投注"按钮加上如下的宏代码:

```
Sub 公式投注法()
        gsbm = Cells (1, 2)
        tzstr = Cells (2, 2)
        jj = 1
        kk = 7
        Do While True
            str1 = Sheets (gsbm) . Cells (jj, 2)
            If Len (str1) = 0 Then Exit Do
            ll = (Len (str1) + 1) / 3
            str2 = " "
            For i = 1 To ll
                l3 = Val (Mid (str1, i * 3 - 2, 2) )
                str2 = str2 & Mid (tzstr, l3 * 3 - 2, 2) & " "
            Next i
            Cells (kk + jj, 1) = jj
            Cells (kk + jj, 2) = str2
            jj = jj + 1
        Loop
End Sub
```

在以上界面中,公式表名后可输入已存放公式的 EXCEL 表名称,选择号码则为我们选择的投注号码。需要注意的是:选择的投注号码数一定要和"公式表名"中存放的公式中的号码个数相等。如果选择的投注号码数多于公式中的号码数,则多出的号码会被忽略;反之,如果选择的投注号码数少于公式中的号码数,则运行该宏命令时会出错。

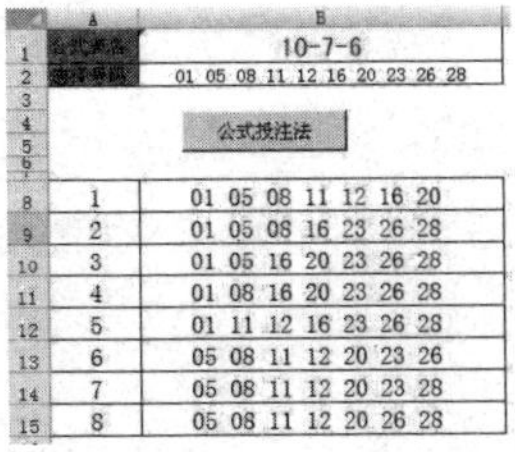

10-7-6
01 05 08 11 12 16 20 23 26 28
1 01 05 08 11 12 16 20
2 01 05 08 16 23 26 28
3 01 05 16 20 23 26 28
4 01 08 16 20 23 26 28
5 01 11 12 16 23 26 28
6 05 08 11 12 20 23 26
7 05 08 11 12 20 23 28
8 05 08 11 12 20 26 28

一切准备好之后，我们就可输入选择的投注号码，进行“公式法投注”了。比如，我们还是选择“选7型中7保6旋转矩阵”一节中所选择的10个号码：

下面，我们看看这10个号码的运行结果：

与“选7型中7保6旋转矩阵”一节中的投注结果相比，投注注数由10注减少到8注，减少了2注，但“中7保6”的保证没有变，在能够中出7个号码的情况下，这8注号码依仍然可以保证有1注号码中出6个号码。

而且，随着选择号码个数的增加，注数的减少数量更多，效果更明显。如果有人对此表示怀疑，那么可以参看下一节内容：投注数据的中奖验证。

第34节　投注数据的中奖验证

我们在上面几节分别介绍了旋转矩阵的各种投注方法，其中，同样是中7保6型的旋转矩阵，有2种方法可以实现，一种是通过数学运算法实现，10个号码的中7保6旋转矩阵需要10注，一种是通过公式法实现，10个号码的中7保6旋转矩阵需要8注。下面，我们即介绍检验这2种投注结果中奖效果的方法，这种方法也可用于对任何投注号码组合的中奖检验。

我们首先已经确定了我们选出的10个号码，但是，我们并不能确定这10个号码中哪些是中奖的号码，哪些是不中奖的号码。但根据“中7保6”的解释，我们可以先假定这10个号码中有7个号码是中奖号码，但具体是哪7个号码不确定。

由于10个号码按每7个号码为一组进行组合，共有120种组合，因此，这120种组合中任意1种组合都有可能是7个中奖号码的组合，下面，我们可以看看任意一种组合为7个中奖号码组合的前提条件下，以上"数字运算法"的10注号码，和"公式法"中的8注号码有着怎样的中奖效果？通过怎样的方法可以统计出这种中奖效果？

我们先设计出以下操作界面：

在以上界面中，放置了选择的10个投注号码。同时，为了保持界面的美观，且提高这一功能应用的灵活性，我们分别在另外2个表中放置了"数学运算法"和"公式法"的投注结果，并在这一界面中将这2个表的表名、列号、起始行号标示出来。

做好以上准备工作后，就可以对界面中"开始检验"的按钮增加进如下的宏代码：

```
Sub 投注数据的中奖检验（）
    Dim ls3 As Double
    ls3 = 9
    str1 = Cells (2, 2)
    ls1 = Int ( (Len (str1) + 1) / 3)
    If ls1 > 15 Then MsgBox (" 选择的号码个数太多！请重新选择" ): Exit Sub
    If ls1 < 7 Then MsgBox (" 选择的号码个数太少！请重新选择" ): Exit Sub
    For i1 = 1 To ls1 - 6
        For i2 = i1 + 1 To ls1 - 5
```

```
            For i3 = i2 + 1 To ls1 - 4
                For i4 = i3 + 1 To ls1 - 3
                    For i5 = i4 + 1 To ls1 - 2
                        For i6 = i5 + 1 To ls1 - 1
                            For i7 = i6 + 1 To ls1 - 0
                                str2 = Mid（str1, i1 * 3 - 2, 3）& Mid
（str1, i2 * 3 - 2, 3）& Mid（str1, i3 * 3 - 2, 3）& Mid（str1, i4 * 3 - 2, 3）&
Mid（str1, i5 * 3 - 2, 3）& Mid（str1, i6 * 3 - 2, 3）& Mid（str1, i7 * 3 - 2, 3）
                                Cells（ls3, 1）= ls3 - 8
                                Cells（ls3, 2）= str2
                                zgzjdj = 0
                                zgzjzs = 0
                                kk = 0
                                tt1 = Cells（5, 2）
                                ll1 = Cells（5, 3）
                                hh1 = Cells（5, 4）
                                Do While True
                                    str5 = Worksheets（tt1）.Cells（hh1 +
kk, ll1）
                                    If Len（str5）= 0 Then Exit Do
                                    zjcount = 0
                                    For i = 1 To 7
                                        If InStr（str5, Mid（str2, i * 3 -
2, 2））> 0 Then zjcount = zjcount + 1
                                    Next i
                                    If zgzjdj = zjcount Then zgzjzs = zgzjzs
+ 1
                                    If zgzjdj < zjcount Then zgzjdj = zjcount:
zgzjzs = 1
                                    kk = kk + 1
                                Loop
                                Cells（ls3, 3）= " 中" & CStr（zgzjzs）&
" 注" & CStr（zgzjdj）& " 码"

                                zgzjdj = 0
```

· 155 ·

```
                        zgzjzs = 0
                        kk = 0
                        tt1 = Cells (6, 2)
                        ll1 = Cells (6, 3)
                        hh1 = Cells (6, 4)
                        Do While True
                            str5 = Worksheets (tt1) . Cells (hh1 + kk, ll1)
                            If Len (str5) = 0 Then Exit Do
                            zjcount = 0
                            For i = 1 To 7
                                If InStr (str5, Mid (str2, i * 3 - 2, 2) ) > 0 Then zjcount = zjcount + 1
                            Next i
                            If zgzjdj = zjcount Then zgzjzs = zgzjzs + 1
                            If zgzjdj < zjcount Then zgzjdj = zjcount: zgzjzs = 1
                            kk = kk + 1
                        Loop
                        Cells (ls3, 4) = " 中" & CStr (zgzjzs) & " 注" & CStr (zgzjdj) & " 码"
                        ls3 = ls3 + 1
                    Next i7
                Next i6
            Next i5
        Next i4
      Next i3
    Next i2
  Next i1
End Sub
```

以下为该宏代码运行的检验结果：

序号	可能的中奖号码组合	数学运算法（10注）	公式法（8注）
1	01 05 08 11 12 16 20	中1注7码	中1注7码
2	01 05 08 11 12 16 23	中3注6码	中1注6码
3	01 05 08 11 12 16 26	中3注6码	中1注6码
4	01 05 08 11 12 16 28	中3注6码	中1注6码
5	01 05 08 11 12 20 23	中3注6码	中3注6码
6	01 05 08 11 12 20 26	中3注6码	中3注6码
7	01 05 08 11 12 20 28	中3注6码	中3注6码
8	01 05 08 11 12 23 26	中1注7码	中1注6码
9	01 05 08 11 12 23 28	中3注6码	中1注6码
10	01 05 08 11 12 26 28	中3注6码	中1注6码
11	01 05 08 11 16 20 23	中3注6码	中1注6码
12	01 05 08 11 16 20 26	中3注6码	中1注6码
13	01 05 08 11 16 20 28	中3注6码	中1注6码
14	01 05 08 11 16 23 26	中3注6码	中1注6码
15	01 05 08 11 16 23 28	中1注7码	中1注6码
16	01 05 08 11 16 26 28	中3注6码	中1注6码
17	01 05 08 11 20 23 26	中3注6码	中1注6码
18	01 05 08 11 20 23 28	中3注6码	中1注6码
19	01 05 08 11 20 26 28	中1注7码	中1注6码
20	01 05 08 11 23 26 28	中3注6码	中1注6码
21	01 05 08 12 16 20 23	中3注6码	中1注6码
22	01 05 08 12 16 20 26	中3注6码	中1注6码
23	01 05 08 12 16 20 28	中3注6码	中1注6码
24	01 05 08 12 16 23 26	中3注6码	中1注6码
25	01 05 08 12 16 23 28	中3注6码	中1注6码
26	01 05 08 12 16 26 28	中1注7码	中1注6码
27	01 05 08 12 20 23 26	中3注6码	中1注6码
28	01 05 08 12 20 23 28	中1注7码	中1注6码
29	01 05 08 12 20 26 28	中3注6码	中1注6码
30	01 05 08 12 23 26 28	中3注6码	中1注6码

31	01 05 08 16 20 23 26	中1注7码	中3注6码
32	01 05 08 16 20 23 28	中3注6码	中3注6码
33	01 05 08 16 20 26 28	中3注6码	中3注6码
34	01 05 08 16 23 26 28	中3注6码	中1注7码
35	01 05 08 20 23 26 28	中3注6码	中3注6码
36	01 05 11 12 16 20 23	中3注6码	中1注6码
37	01 05 11 12 16 20 26	中2注6码	中1注6码
38	01 05 11 12 16 20 28	中2注6码	中1注6码
39	01 05 11 12 16 23 26	中2注6码	中1注6码
40	01 05 11 12 16 23 28	中2注6码	中1注6码
41	01 05 11 12 16 26 28	中1注6码	中1注6码
42	01 05 11 12 20 23 26	中2注6码	中1注6码
43	01 05 11 12 20 23 28	中2注6码	中1注6码
44	01 05 11 12 20 26 28	中1注6码	中1注6码
45	01 05 11 12 23 26 28	中1注6码	中1注6码
46	01 05 11 16 20 23 26	中2注6码	中1注6码
47	01 05 11 16 20 23 28	中2注6码	中1注6码
48	01 05 11 16 20 26 28	中1注6码	中1注6码
49	01 05 11 16 23 26 28	中1注6码	中3注6码
50	01 05 11 20 23 26 28	中1注6码	中1注6码
51	01 05 12 16 20 23 26	中2注6码	中1注6码
52	01 05 12 16 20 23 28	中2注6码	中1注6码
53	01 05 12 16 20 26 28	中1注6码	中1注6码
54	01 05 12 16 23 26 28	中1注6码	中3注6码
55	01 05 12 20 23 26 28	中1注6码	中1注6码
56	01 05 16 20 23 26 28	中1注6码	中1注7码
57	01 08 11 12 16 20 23	中2注6码	中1注6码
58	01 08 11 12 16 20 26	中3注6码	中1注6码
59	01 08 11 12 16 20 28	中2注6码	中1注6码
60	01 08 11 12 16 23 26	中2注6码	中1注6码
61	01 08 11 12 16 23 28	中1注6码	中1注6码

62	01 08 11 12 16 26 28	中2注6码	中1注6码
63	01 08 11 12 20 23 26	中2注6码	中1注6码
64	01 08 11 12 20 23 28	中1注6码	中1注6码
65	01 08 11 12 20 26 28	中2注6码	中1注6码
66	01 08 11 12 23 26 28	中1注6码	中1注6码
67	01 08 11 16 20 23 26	中2注6码	中1注6码
68	01 08 11 16 20 23 28	中1注6码	中1注6码
69	01 08 11 16 20 26 28	中2注6码	中1注6码
70	01 08 11 16 23 26 28	中1注6码	中3注6码
71	01 08 11 20 23 26 28	中1注6码	中1注6码
72	01 08 12 16 20 23 26	中2注6码	中1注6码
73	01 08 12 16 20 23 28	中1注6码	中1注6码
74	01 08 12 16 20 26 28	中2注6码	中1注6码
75	01 08 12 16 23 26 28	中1注6码	中3注6码
76	01 08 12 20 23 26 28	中1注6码	中1注6码
77	01 08 16 20 23 26 28	中1注6码	中1注7码
78	01 11 12 16 20 23 26	中1注7码	中1注6码
79	01 11 12 16 20 23 28	中2注6码	中1注6码
80	01 11 12 16 20 26 28	中2注6码	中1注6码
81	01 11 12 16 23 26 28	中1注6码	中1注7码
82	01 11 12 20 23 26 28	中1注6码	中1注6码
83	01 11 16 20 23 26 28	中1注6码	中3注6码
84	01 12 16 20 23 26 28	中1注6码	中3注6码
85	05 08 11 12 16 20 23	中2注6码	中3注6码
86	05 08 11 12 16 20 26	中2注6码	中3注6码
87	05 08 11 12 16 20 28	中3注6码	中3注6码
88	05 08 11 12 16 23 26	中1注6码	中1注6码
89	05 08 11 12 16 23 28	中2注6码	中1注6码
90	05 08 11 12 16 26 28	中2注6码	中1注6码
91	05 08 11 12 20 23 26	中1注6码	中1注7码
92	05 08 11 12 20 23 28	中2注6码	中1注7码

93	05 08 11 12 20 26 28	中2注6码	中1注7码
94	05 08 11 12 23 26 28	中1注6码	中3注6码
95	05 08 11 16 20 23 26	中1注6码	中1注6码
96	05 08 11 16 20 23 28	中2注6码	中1注6码
97	05 08 11 16 20 26 28	中2注6码	中1注6码
98	05 08 11 16 23 26 28	中1注6码	中1注6码
99	05 08 11 20 23 26 28	中1注6码	中3注6码
100	05 08 12 16 20 23 26	中1注6码	中1注6码
101	05 08 12 16 20 23 28	中2注6码	中1注6码
102	05 08 12 16 20 26 28	中2注6码	中1注6码
103	05 08 12 16 23 26 28	中1注6码	中1注6码
104	05 08 12 20 23 26 28	中1注6码	中3注6码
105	05 08 16 20 23 26 28	中1注6码	中3注6码
106	05 11 12 16 20 23 26	中2注6码	中1注6码
107	05 11 12 16 20 23 28	中1注7码	中1注6码
108	05 11 12 16 20 26 28	中2注6码	中1注6码
109	05 11 12 16 23 26 28	中1注6码	中1注6码
110	05 11 12 20 23 26 28	中1注6码	中3注6码
111	05 11 16 20 23 26 28	中1注6码	中1注6码
112	05 12 16 20 23 26 28	中1注6码	中1注6码
113	08 11 12 16 20 23 26	中2注6码	中1注6码
114	08 11 12 16 20 23 28	中2注6码	中1注6码
115	08 11 12 16 20 26 28	中1注7码	中1注6码
116	08 11 12 16 23 26 28	中1注6码	中1注6码
117	08 11 12 20 23 26 28	中1注6码	中3注6码
118	08 11 16 20 23 26 28	中1注6码	中1注6码
119	08 12 16 20 23 26 28	中1注6码	中1注6码
120	11 12 16 20 23 26 28	中3注6码	中1注6码

以上运行结果中，只统计了中出最高等级的奖的中奖号码个数和中奖注数，小奖没有统计。从以上统计结果可以看出，不论是哪一种组合

中奖，用数学运算法投注的 10 注号码和用公式法投注的 8 注号码，均可保证最少有 1 注组合中出 6 个号码。

如果读者想对自己的投注结果进行检验，可以修改本节中部分宏代码或者修改界面中的部分设置，即可完成自己的检验。

第 35 节　各种旋转矩阵公式

我们在前面介绍了"公式法投注"的意义和使用方法。下面，即为大家介绍双色球彩票各种投注公式，读者需要哪种公式，只需要把相应的公式内容照搬进"公式法投注"界面中的指定位置，即可完成"公式法投注"。

一：双色球红球号码的出 6 保 5 公式

1. 9 码的中 6 保 5 公式：
01 02 03 04 05 06
01 02 03 05 06 07
01 02 04 07 08 09
01 03 04 05 06 07
01 03 05 06 08 09
02 04 05 07 08 09
03 04 06 07 08 09

2. 10 码的中 6 保 5 公式：
01 02 03 04 05 06
01 02 03 06 09 10
01 02 03 07 08 10
01 02 04 06 07 08
01 02 05 08 09 10
01 03 04 07 09 10
01 04 05 07 08 09
01 05 06 07 09 10
02 03 04 05 07 09

02 03 04 06 08 09
02 04 05 06 07 10
03 04 05 06 08 10
03 05 06 07 08 09
04 06 07 08 09 10

3. 11 码的中 6 保 5 公式：
01 02 03 04 05 06
01 02 03 07 09 10
01 02 04 05 09 11
01 02 04 08 09 10
01 02 05 06 08 10
01 02 06 07 08 11
01 03 04 05 07 08
01 03 04 07 09 11
01 03 05 08 10 11
01 03 06 08 09 11
01 04 06 07 10 11
01 05 06 07 09 10

02 03 04 08 10 11
02 03 05 06 07 11
02 03 05 07 08 09
02 03 06 09 10 11
02 04 05 07 10 11
02 04 06 07 08 09
03 04 05 06 09 10
03 04 06 07 08 10
04 05 06 08 09 11
05 07 08 09 10 11

4. 12 码的中 6 保 5 公式：

01 02 03 04 05 06
01 02 03 04 05 12
01 02 03 04 07 10
01 02 03 06 09 10
01 02 03 07 08 12
01 02 04 08 09 11
01 02 05 07 09 11
01 02 05 10 11 12
01 02 06 07 08 10
01 03 04 08 09 11
01 03 05 06 07 11
01 03 05 08 10 11
01 03 07 09 10 12
01 04 05 07 08 10
01 04 05 07 09 10
01 04 06 07 11 12
01 04 06 08 09 12
01 04 06 10 11 12
01 05 06 08 09 12
02 03 04 07 10 11

02 03 05 07 08 09
02 03 05 07 10 11
02 03 05 08 09 10
02 03 06 08 11 12
02 03 06 09 11 12
02 04 05 06 08 11
02 04 06 07 09 12
02 04 08 09 10 12
02 05 06 07 10 12
03 04 05 09 11 12
03 04 06 07 08 09
03 04 06 08 10 12
03 05 06 07 10 12
04 05 06 09 10 11
04 05 07 08 11 12
05 06 08 09 11 12
06 07 08 09 10 11
07 08 09 10 11 12

5. 13 码的中 6 保 5 公式：

01 02 03 04 05 06
01 02 03 04 08 10
01 02 03 06 07 11
01 02 03 09 12 13
01 02 04 05 08 12
01 02 04 06 08 13
01 02 04 06 10 12
01 02 04 07 08 09
01 02 05 07 10 13
01 02 05 09 10 11
01 02 06 08 09 13
01 02 07 08 11 12

01 03 04 05 11 13
01 03 04 06 08 12
01 03 04 07 09 12
01 03 04 10 11 12
01 03 04 10 11 13
01 03 05 07 08 13
01 03 05 07 10 12
01 03 05 08 09 11
01 03 06 09 10 13
01 04 05 06 08 10
01 04 07 09 11 13
01 04 10 11 12 13
01 05 06 07 09 10
01 05 06 07 12 13
01 05 06 09 11 12
01 06 07 08 10 11
01 08 09 10 12 13
02 03 04 06 09 11
02 03 04 07 12 13
02 03 05 06 07 09
02 03 05 11 12 13
02 03 07 08 09 10
02 03 08 10 11 13
02 04 05 07 10 11
02 04 05 09 10 13
02 04 06 07 08 13
02 04 08 09 11 12
02 05 06 07 08 09
02 05 06 08 11 13
02 05 07 08 09 12
02 06 07 09 10 12
02 06 07 09 11 13

02 06 10 11 12 13
03 04 05 07 08 11
03 04 05 08 09 13
03 04 05 09 10 12
03 04 06 07 10 13
03 05 06 08 10 12
03 05 06 10 11 13
03 06 07 08 09 12
03 06 08 11 12 13
03 07 09 10 11 12
03 07 09 11 12 13
04 05 06 07 11 12
04 05 06 09 12 13
04 06 08 09 10 11
04 07 08 10 12 13
05 07 08 09 10 13
05 08 10 11 12 13

6. 14码的中6保5公式:

01 02 03 04 05 06
01 02 03 05 07 10
01 02 03 08 09 11
01 02 03 08 11 14
01 02 03 12 13 14
01 02 04 06 08 13
01 02 04 07 09 12
01 02 04 10 11 13
01 02 05 08 11 12
01 02 05 09 13 14
01 02 05 11 12 14
01 02 06 07 11 13
01 02 06 09 10 12

01 02 07 08 10 13
01 03 04 05 07 14
01 03 04 07 08 11
01 03 04 09 10 14
01 03 04 10 12 13
01 03 05 06 08 10
01 03 05 08 09 12
01 03 05 09 11 13
01 03 06 07 09 14
01 03 06 07 12 13
01 03 06 10 11 14
01 03 08 11 12 14
01 04 05 07 08 13
01 04 05 10 11 12
01 04 06 07 10 14
01 04 06 08 12 14
01 04 06 09 11 13
01 04 07 11 13 14
01 04 08 09 10 13
01 05 06 07 11 12
01 05 06 10 13 14
01 05 08 09 12 14
01 06 07 08 09 13
01 06 08 10 11 13
01 07 08 10 12 14
01 07 09 10 11 13
01 08 09 11 12 14
02 03 04 06 11 12
02 03 04 07 09 13
02 03 04 08 10 12
02 03 04 10 12 14
02 03 05 08 11 13

02 03 05 09 12 14
02 03 05 11 13 14
02 03 06 07 08 12
02 03 06 07 12 14
02 03 06 09 10 13
02 03 07 10 11 12
02 04 05 06 12 13
02 04 05 07 09 11
02 04 05 08 09 10
02 04 05 08 10 14
02 04 06 07 10 11
02 04 06 09 11 14
02 04 07 08 09 14
02 05 06 07 08 09
02 05 06 07 08 14
02 05 06 09 10 11
02 05 07 10 12 13
02 06 08 09 10 14
02 07 09 10 11 14
02 08 09 11 12 13
02 08 11 12 13 14
03 04 05 07 08 12
03 04 05 10 11 13
03 04 06 08 09 12
03 04 06 08 13 14
03 04 07 11 12 14
03 04 09 10 11 12
03 05 06 07 11 13
03 05 06 10 12 14
03 05 08 09 13 14
03 06 07 09 11 12
03 06 08 10 11 12

03 07 08 09 10 12

03 07 08 10 13 14

03 08 09 11 13 14

04 05 06 07 09 10

04 05 06 08 09 11

04 05 06 09 11 14

04 05 06 09 12 13

04 05 07 12 13 14

04 05 08 10 11 14

04 06 07 08 10 12

04 06 07 10 13 14

04 07 08 11 12 13

04 09 10 12 13 14

05 06 07 08 11 14

05 06 08 10 12 13

05 07 08 09 10 11

05 07 09 10 11 14

05 07 09 10 12 13

05 08 09 11 13 14

06 07 09 12 13 14

06 10 11 12 13 14

7. 15 码的中 6 保 5 公式:

01 02 03 04 05 06

01 02 03 05 07 14

01 02 03 05 10 11

01 02 03 06 08 09

01 02 03 06 08 11

01 02 03 07 12 15

01 02 03 08 09 13

01 02 04 06 08 13

01 02 04 07 10 15

01 02 04 08 11 14

01 02 04 08 12 14

01 02 04 09 11 15

01 02 05 06 09 12

01 02 05 07 10 13

01 02 05 08 09 15

01 02 05 09 10 14

01 02 05 11 12 13

01 02 06 07 08 12

01 02 06 10 14 15

01 02 07 08 09 11

01 02 08 10 12 13

01 02 09 13 14 15

01 02 11 12 13 15

01 03 04 05 07 09

01 03 04 07 08 10

01 03 04 08 11 12

01 03 04 09 14 15

01 03 04 12 13 15

01 03 05 06 07 13

01 03 05 06 10 12

01 03 05 08 11 15

01 03 05 11 13 14

01 03 06 08 09 14

01 03 06 10 13 15

01 03 07 11 14 15

01 03 08 09 12 13

01 03 08 10 12 14

01 03 09 10 11 15

01 04 05 06 13 14

01 04 05 07 11 12

01 04 05 08 13 15

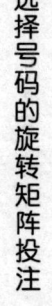

01 04 05 09 10 13
01 04 05 10 12 14
01 04 06 07 11 15
01 04 06 08 09 10
01 04 06 09 12 15
01 04 07 08 13 14
01 04 10 11 13 15
01 05 06 07 10 11
01 05 06 08 14 15
01 05 06 09 11 14
01 05 07 08 10 12
01 05 07 09 12 14
01 05 09 10 11 12
01 06 07 08 10 14
01 06 07 09 13 15
01 06 08 11 12 13
01 06 11 12 14 15
01 07 08 09 11 13
01 07 08 09 12 14
01 07 09 10 12 15
01 07 12 13 14 15
01 08 10 11 13 14
02 03 04 06 08 15
02 03 04 07 11 13
02 03 04 09 10 12
02 03 04 10 13 14
02 03 05 06 11 15
02 03 05 07 08 12
02 03 05 09 13 15
02 03 06 07 09 10
02 03 06 12 13 14
02 03 07 08 14 15

02 03 08 10 11 15
02 03 09 11 12 14
02 04 05 06 13 15
02 04 05 07 08 10
02 04 05 08 09 11
02 04 05 11 14 15
02 04 05 12 14 15
02 04 06 07 09 14
02 04 06 10 11 12
02 04 07 09 12 13
02 05 06 07 12 15
02 05 06 08 10 14
02 05 07 09 11 15
02 05 08 09 13 14
02 05 08 11 12 13
02 05 10 12 13 15
02 06 07 11 13 14
02 06 08 09 12 15
02 06 09 10 11 13
02 07 08 10 13 15
02 07 10 11 12 14
02 08 09 10 14 15
02 08 11 12 13 15
03 04 05 07 10 15
03 04 05 08 09 14
03 04 05 08 12 13
03 04 05 11 12 15
03 04 06 07 12 14
03 04 06 09 11 13
03 04 06 10 11 14
03 04 07 08 09 15
03 05 06 08 10 13

03 05 06 09 14 15
03 05 07 08 11 14
03 05 08 09 10 11
03 05 09 12 13 15
03 05 10 12 14 15
03 06 07 08 13 15
03 06 07 09 11 12
03 06 08 10 12 15
03 07 09 10 13 14
03 07 10 11 12 13
03 08 11 13 14 15
04 05 06 07 08 11
04 05 06 08 09 12
04 05 06 09 10 15
04 05 07 13 14 15
04 05 08 10 11 13
04 06 07 10 12 13
04 06 08 13 14 15
04 07 08 11 12 15
04 07 09 10 11 14
04 08 09 10 13 15
04 08 10 12 14 15
04 09 11 12 13 14
05 06 07 08 09 13
05 06 07 10 14 15
05 06 08 11 12 14
05 06 11 12 13 15
05 07 08 09 10 12
05 07 08 12 13 14
05 07 09 11 12 15
05 07 09 11 13 15
05 10 11 13 14 15

06 07 08 10 11 15
06 08 09 11 14 15
06 09 10 12 13 14
07 08 09 12 14 15
08 09 10 11 12 15

8. 16码的中6保5公式：

01 02 03 04 05 06
01 02 03 05 08 11
01 02 03 05 13 14
01 02 03 07 09 13
01 02 03 07 11 15
01 02 03 07 12 16
01 02 03 08 09 10
01 02 03 09 11 12
01 02 03 10 15 16
01 02 04 05 07 11
01 02 04 05 08 16
01 02 04 05 10 15
01 02 04 07 10 14
01 02 04 08 09 12
01 02 04 09 13 14
01 02 04 11 13 16
01 02 04 12 14 15
01 02 05 06 09 16
01 02 05 06 10 12
01 02 06 07 08 14
01 02 06 07 09 15
01 02 06 08 13 15
01 02 06 10 11 12
01 02 06 10 12 13
01 02 06 11 14 16

第 4 章　选择号码的旋转矩阵投注

·167·

01 02 07 12 13 15
01 02 08 09 11 16
01 03 04 05 09 16
01 03 04 05 10 12
01 03 04 07 08 14
01 03 04 07 09 15
01 03 04 08 13 15
01 03 04 10 11 12
01 03 04 10 12 13
01 03 04 11 14 16
01 03 05 06 07 11
01 03 05 06 08 16
01 03 05 06 10 15
01 03 06 07 10 14
01 03 06 08 09 12
01 03 06 09 13 14
01 03 06 11 13 16
01 03 06 12 14 15
01 03 07 12 13 15
01 03 08 09 11 16
01 04 05 06 08 11
01 04 05 06 13 14
01 04 06 07 09 13
01 04 06 07 11 15
01 04 06 07 12 16
01 04 06 08 09 10
01 04 06 09 11 12
01 04 06 10 15 16
01 04 07 12 13 15
01 04 08 09 11 16
01 05 07 08 09 13
01 05 07 08 10 15
01 05 07 09 12 14
01 05 07 10 13 16
01 05 07 14 15 16
01 05 08 09 10 14
01 05 08 09 12 15
01 05 08 11 14 15
01 05 08 12 13 16
01 05 08 12 14 16
01 05 09 10 11 14
01 05 09 10 12 13
01 05 09 10 14 15
01 05 09 11 13 15
01 05 10 11 13 16
01 05 11 12 15 16
01 06 07 12 13 15
01 06 08 09 11 16
01 07 08 10 11 12
01 07 08 10 11 13
01 07 08 11 13 16
01 07 08 14 15 16
01 07 09 10 11 16
01 07 09 10 12 15
01 07 09 11 14 16
01 07 11 12 13 14
01 08 09 11 14 15
01 08 10 11 14 15
01 08 10 12 15 16
01 08 10 13 14 16
01 08 11 12 13 14
01 09 10 11 13 15
01 09 10 12 14 16
01 09 12 13 15 16

01 10 13 14 15 16
02 03 04 06 07 15
02 03 04 06 08 16
02 03 04 06 09 11
02 03 04 06 10 14
02 03 05 07 09 10
02 03 05 07 11 16
02 03 05 08 10 13
02 03 05 08 14 16
02 03 05 09 13 15
02 03 05 10 12 15
02 03 05 11 12 14
02 03 06 12 13 15
02 03 07 08 09 11
02 03 07 08 14 15
02 03 07 09 12 13
02 03 07 10 15 16
02 03 08 10 12 14
02 03 08 11 12 15
02 03 08 12 13 16
02 03 09 14 15 16
02 03 10 11 13 14
02 03 10 11 13 16
02 04 05 07 08 15
02 04 05 07 09 14
02 04 05 08 09 12
02 04 05 09 10 11
02 04 05 10 14 16
02 04 05 11 12 13
02 04 05 13 15 16
02 04 07 08 10 13
02 04 07 09 15 16

02 04 07 10 12 14
02 04 07 11 12 16
02 04 08 09 13 14
02 04 08 10 11 15
02 04 08 11 14 16
02 04 09 10 11 15
02 04 09 10 12 16
02 04 11 13 14 15
02 04 12 13 14 15
02 05 06 07 08 12
02 05 06 07 13 14
02 05 06 08 11 13
02 05 06 09 12 16
02 05 06 10 14 15
02 05 06 11 15 16
02 06 07 08 10 16
02 06 07 09 11 13
02 06 07 10 11 12
02 06 07 11 14 15
02 06 07 13 14 16
02 06 08 09 10 14
02 06 08 09 13 15
02 06 08 12 15 16
02 06 09 10 13 16
02 06 09 11 12 14
02 06 09 12 14 15
02 06 10 12 13 15
02 06 12 13 14 16
03 04 05 07 08 12
03 04 05 07 13 14
03 04 05 08 11 13
03 04 05 09 12 16

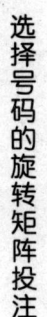

03 04 05 10 14 15
03 04 05 11 15 16
03 04 07 08 10 16
03 04 07 09 11 13
03 04 07 10 11 12
03 04 07 11 14 15
03 04 07 13 14 16
03 04 08 09 10 14
03 04 08 09 13 15
03 04 08 12 15 16
03 04 09 10 13 16
03 04 09 11 12 14
03 04 09 12 14 15
03 04 10 12 13 15
03 04 12 13 14 16
03 05 06 07 08 15
03 05 06 07 09 14
03 05 06 08 09 12
03 05 06 09 10 11
03 05 06 10 14 16
03 05 06 11 12 13
03 05 06 13 15 16
03 06 07 08 10 13
03 06 07 09 15 16
03 06 07 10 12 14
03 06 07 11 12 16
03 06 08 09 13 14
03 06 08 10 11 15
03 06 08 11 14 16
03 06 09 10 11 15
03 06 09 10 12 16
03 06 11 13 14 15

04 05 06 07 09 10
04 05 06 07 11 16
04 05 06 08 10 13
04 05 06 08 14 16
04 05 06 09 13 15
04 05 06 10 12 15
04 05 06 11 12 14
04 06 07 08 09 11
04 06 07 08 14 15
04 06 07 09 12 13
04 06 07 10 15 16
04 06 08 10 12 14
04 06 08 11 12 15
04 06 08 12 13 16
04 06 09 14 15 16
04 06 10 11 13 14
04 06 10 11 13 16
05 07 08 09 13 16
05 07 08 10 11 14
05 07 09 11 12 15
05 07 10 11 13 15
05 07 10 12 13 16
05 07 12 14 15 16
05 08 09 10 15 16
05 08 09 11 14 15
05 08 10 11 12 16
05 08 12 13 14 15
05 09 10 12 13 14
05 09 11 13 14 16
07 08 09 10 12 15
07 08 09 12 14 16
07 08 11 12 13 14

07 08 11 13 15 16
07 09 10 11 14 16
07 09 10 13 14 15
08 09 10 11 12 13
08 10 13 14 15 16
09 11 12 13 15 16
10 11 12 14 15 16

9. 17码的中6保5公式：

01 02 03 04 05 06
01 02 03 04 08 16
01 02 03 05 09 16
01 02 03 06 08 09
01 02 03 07 11 13
01 02 03 07 14 17
01 02 03 10 11 13
01 02 03 10 12 15
01 02 03 10 15 16
01 02 03 11 13 16
01 02 03 14 15 17
01 02 04 05 07 15
01 02 04 05 11 12
01 02 04 06 08 14
01 02 04 08 12 13
01 02 04 09 10 17
01 02 04 09 11 15
01 02 04 09 13 14
01 02 05 06 09 14
01 02 05 08 10 17
01 02 05 08 11 15
01 02 05 08 13 14
01 02 05 09 12 13

01 02 06 07 10 12
01 02 06 07 10 16
01 02 06 07 11 14
01 02 06 10 13 15
01 02 06 11 12 13
01 02 06 11 16 17
01 02 06 13 15 17
01 02 07 08 09 15
01 02 07 10 11 13
01 02 07 10 14 15
01 02 07 11 13 17
01 02 07 12 16 17
01 02 08 09 11 12
01 02 10 12 14 17
01 02 12 14 15 16
01 03 04 05 11 16
01 03 04 05 12 17
01 03 04 07 09 12
01 03 04 08 11 17
01 03 04 08 13 15
01 03 04 09 10 14
01 03 05 07 08 12
01 03 05 08 10 14
01 03 05 09 11 17
01 03 05 09 13 15
01 03 06 07 10 15
01 03 06 07 13 17
01 03 06 10 11 12
01 03 06 10 16 17
01 03 06 11 14 15
01 03 06 12 13 14
01 03 06 12 14 16

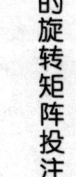

01 03 06 14 15 17
01 03 07 10 13 16
01 03 07 11 14 15
01 03 07 13 15 17
01 03 07 14 15 16
01 03 08 09 11 16
01 03 08 09 12 17
01 03 11 12 14 15
01 03 11 13 14 15
01 03 12 13 16 17
01 03 13 14 16 17
01 04 05 06 10 13
01 04 05 07 14 15
01 04 05 08 09 13
01 04 05 10 12 13
01 04 05 14 16 17
01 04 06 07 08 11
01 04 06 07 09 16
01 04 06 09 12 15
01 04 06 09 12 17
01 04 06 13 15 16
01 04 07 08 10 17
01 04 07 08 12 14
01 04 07 09 13 16
01 04 08 10 11 15
01 04 08 10 12 16
01 04 08 13 15 17
01 04 09 10 15 17
01 04 09 11 13 14
01 04 10 11 14 16
01 05 06 07 08 16
01 05 06 07 09 11

01 05 06 08 12 15
01 05 06 08 12 17
01 05 06 13 15 16
01 05 07 08 13 16
01 05 07 09 10 17
01 05 07 09 12 14
01 05 08 10 15 17
01 05 08 11 13 14
01 05 09 10 11 15
01 05 09 10 12 16
01 05 09 13 15 17
01 05 10 11 14 16
01 06 07 11 12 16
01 06 07 13 14 17
01 06 08 09 10 13
01 06 08 13 15 16
01 06 09 13 15 16
01 06 10 11 14 17
01 06 10 12 14 15
01 07 08 09 14 15
01 07 10 11 12 17
01 07 10 13 14 16
01 07 11 12 13 15
01 07 11 15 16 17
01 07 12 14 15 17
01 08 09 10 12 13
01 08 09 14 16 17
01 08 10 11 14 16
01 09 10 11 14 16
01 10 11 13 16 17
01 10 11 14 15 17
01 11 12 13 14 17

01 11 12 15 16 17
02 03 04 05 06 16
02 03 04 05 08 09
02 03 04 05 13 17
02 03 04 07 08 10
02 03 04 08 11 14
02 03 04 09 12 14
02 03 04 09 14 17
02 03 05 07 09 10
02 03 05 08 12 14
02 03 05 08 14 17
02 03 05 09 11 14
02 03 06 07 11 12
02 03 06 07 15 16
02 03 06 08 09 16
02 03 06 10 13 14
02 03 06 10 15 17
02 03 06 11 12 17
02 03 06 11 15 16
02 03 07 11 15 17
02 03 07 12 13 16
02 03 07 14 15 17
02 03 08 09 13 17
02 03 10 11 12 16
02 03 10 11 16 17
02 03 10 12 13 15
02 03 10 12 16 17
02 03 11 14 15 17
02 03 13 14 15 16
02 04 05 06 07 17
02 04 05 07 14 16
02 04 05 10 12 14
02 04 05 10 14 16
02 04 05 11 13 15
02 04 05 12 15 17
02 04 05 13 16 17
02 04 06 07 08 13
02 04 06 08 14 15
02 04 06 09 10 11
02 04 06 09 10 15
02 04 06 09 12 13
02 04 06 09 12 16
02 04 07 08 12 17
02 04 07 09 11 16
02 04 07 09 13 15
02 04 08 10 13 16
02 04 08 11 12 15
02 04 08 11 14 17
02 04 08 15 16 17
02 05 06 07 09 13
02 05 06 08 10 11
02 05 06 08 10 15
02 05 06 08 12 13
02 05 06 08 12 16
02 05 06 09 14 15
02 05 07 08 11 16
02 05 07 08 13 15
02 05 07 09 12 17
02 05 09 10 13 16
02 05 09 11 12 15
02 05 09 11 14 17
02 05 09 15 16 17
02 06 07 08 09 17
02 06 07 12 14 15

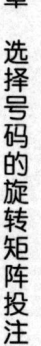

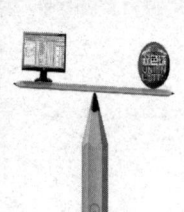

02 06 10 12 13 17
02 06 10 14 16 17
02 06 11 13 14 16
02 06 12 13 14 17
02 07 08 09 14 16
02 07 10 11 14 15
02 07 10 11 15 17
02 07 10 12 13 16
02 07 10 13 14 17
02 07 11 12 13 14
02 07 12 13 15 16
02 08 09 10 12 14
02 08 09 10 15 16
02 08 09 11 13 15
02 08 09 12 15 17
02 08 09 13 16 17
02 10 11 12 13 17
02 10 11 12 14 15
02 11 12 13 14 16
03 04 05 07 10 11
03 04 05 07 12 15
03 04 05 07 13 14
03 04 05 10 14 15
03 04 05 12 14 17
03 04 05 12 15 16
03 04 06 07 09 14
03 04 06 08 10 12
03 04 06 08 11 16
03 04 06 08 12 15
03 04 06 08 13 15
03 04 06 08 14 17
03 04 06 09 11 13

03 04 07 08 16 17
03 04 08 10 14 16
03 04 08 11 12 13
03 04 09 10 11 15
03 04 09 10 13 16
03 04 09 10 13 17
03 04 09 15 16 17
03 05 06 07 08 14
03 05 06 08 11 13
03 05 06 09 10 12
03 05 06 09 11 16
03 05 06 09 12 15
03 05 06 09 13 15
03 05 06 09 14 17
03 05 07 09 16 17
03 05 08 10 11 15
03 05 08 10 13 16
03 05 08 10 13 17
03 05 08 15 16 17
03 05 09 10 14 16
03 05 09 11 12 13
03 06 07 10 13 16
03 06 07 10 13 17
03 06 07 11 12 17
03 06 10 11 14 15
03 06 10 14 15 16
03 06 12 13 15 17
03 06 12 13 16 17
03 07 08 09 10 11
03 07 08 09 12 15
03 07 08 09 13 14
03 07 10 12 13 14

03 07 10 12 15 17
03 07 10 14 16 17
03 07 11 12 14 16
03 07 11 13 15 16
03 08 09 10 14 15
03 08 09 12 14 17
03 08 09 12 15 16
03 10 11 12 14 17
03 11 12 13 15 17
03 11 13 14 16 17
04 05 06 07 12 13
04 05 06 07 12 16
04 05 06 08 10 12
04 05 06 10 11 17
04 05 06 11 12 14
04 05 06 11 15 17
04 05 06 13 14 16
04 05 07 08 09 11
04 05 07 10 13 15
04 05 07 10 16 17
04 05 07 11 13 17
04 05 08 09 14 17
04 05 08 09 15 16
04 05 10 11 15 16
04 06 07 08 11 15
04 06 07 09 10 14
04 06 07 09 15 17
04 06 08 10 16 17
04 06 09 11 12 17
04 06 09 11 13 17
04 07 08 12 13 17
04 07 08 14 15 16

04 07 09 10 11 12
04 07 09 11 14 17
04 07 10 12 15 16
04 08 10 11 13 14
04 08 10 12 15 17
04 08 11 12 13 16
04 08 12 13 14 16
04 09 11 12 16 17
04 09 11 14 15 16
04 09 12 13 14 15
04 09 12 14 16 17
04 10 13 14 15 17
05 06 07 08 10 14
05 06 07 08 15 17
05 06 07 09 11 15
05 06 08 11 13 17
05 06 09 10 16 17
05 07 08 10 11 12
05 07 08 11 14 17
05 07 09 12 13 17
05 07 09 14 15 16
05 07 10 12 15 16
05 08 11 12 16 17
05 08 11 14 15 16
05 08 12 13 14 15
05 08 12 14 16 17
05 09 10 11 13 14
05 09 10 12 15 17
05 09 11 12 13 16
05 09 12 13 14 16
05 10 13 14 15 17
06 07 08 09 12 13

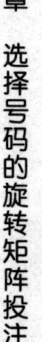

06 07 08 09 12 16
06 07 10 11 13 16
06 07 10 12 14 17
06 07 11 13 14 15
06 07 11 14 16 17
06 07 13 15 16 17
06 08 09 10 11 17
06 08 09 11 12 14
06 08 09 11 15 17
06 08 09 13 14 16
06 10 11 12 13 15
06 10 11 12 15 16
06 10 12 13 14 16
06 12 14 15 16 17
07 08 09 10 11 16
07 08 09 10 12 15
07 08 09 10 13 15
07 08 09 10 16 17
07 08 09 11 13 17
07 08 10 12 15 16
07 09 10 12 15 16
07 11 12 14 15 17
07 11 13 14 16 17
08 10 13 14 15 17
09 10 13 14 15 17
10 11 13 15 16 17
10 12 13 15 16 17

10. 18码的中6保5公式：

01 02 03 04 05 06
01 02 03 04 05 14
01 02 03 04 09 15

01 02 03 04 09 16
01 02 03 04 09 17
01 02 03 04 09 18
01 02 03 05 07 13
01 02 03 06 13 14
01 02 03 06 15 18
01 02 03 06 16 17
01 02 03 07 08 10
01 02 03 08 11 14
01 02 03 09 11 12
01 02 03 10 11 12
01 02 03 12 13 14
01 02 04 05 07 11
01 02 04 05 08 12
01 02 04 06 11 14
01 02 04 07 09 13
01 02 04 07 10 13
01 02 04 08 11 12
01 02 04 14 15 17
01 02 04 14 16 18
01 02 05 06 07 11
01 02 05 06 08 09
01 02 05 09 13 14
01 02 05 10 15 18
01 02 05 10 16 17
01 02 05 11 13 14
01 02 05 12 15 16
01 02 05 12 17 18
01 02 06 08 10 11
01 02 06 09 12 14
01 02 06 09 15 16
01 02 06 09 17 18

01 02 06 10 12 13
01 02 07 08 14 15
01 02 07 08 14 16
01 02 07 08 14 17
01 02 07 08 14 18
01 02 07 09 10 11
01 02 07 12 15 18
01 02 07 12 16 17
01 02 08 09 10 12
01 02 08 11 15 17
01 02 08 13 15 18
01 02 08 13 16 17
01 02 08 15 16 18
01 02 09 10 12 14
01 02 11 13 15 16
01 02 11 13 17 18
01 03 04 05 07 10
01 03 04 06 08 13
01 03 04 06 12 15
01 03 04 06 12 16
01 03 04 06 12 17
01 03 04 06 12 18
01 03 04 07 08 13
01 03 04 11 13 14
01 03 05 06 08 10
01 03 05 06 10 13
01 03 05 07 12 14
01 03 05 08 11 15
01 03 05 08 11 16
01 03 05 08 11 17
01 03 05 08 11 18
01 03 05 09 10 13

01 03 05 09 15 17
01 03 05 09 16 18
01 03 05 11 12 13
01 03 06 07 09 14
01 03 06 08 09 11
01 03 06 09 10 11
01 03 07 08 10 12
01 03 07 09 13 14
01 03 07 11 15 16
01 03 07 11 17 18
01 03 08 09 10 11
01 03 08 14 15 17
01 03 08 14 16 18
01 03 09 12 15 17
01 03 09 12 16 18
01 03 10 13 15 18
01 03 10 13 16 17
01 03 10 14 15 16
01 03 10 14 17 18
01 04 05 06 08 09
01 04 05 06 09 10
01 04 05 07 12 14
01 04 05 09 10 14
01 04 05 09 11 12
01 04 05 10 11 14
01 04 05 13 15 18
01 04 05 13 16 17
01 04 06 07 11 12
01 04 06 08 15 18
01 04 06 08 16 17
01 04 06 09 13 14
01 04 06 10 12 13

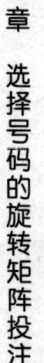

01 04 07 08 09 11
01 04 07 09 15 17
01 04 07 09 16 18
01 04 07 10 11 14
01 04 07 12 15 16
01 04 07 12 17 18
01 04 08 09 12 14
01 04 08 10 12 14
01 04 08 10 15 16
01 04 08 10 17 18
01 04 09 10 12 13
01 04 10 11 15 17
01 04 10 11 16 18
01 04 11 13 15 16
01 04 11 13 17 18
01 04 13 14 15 17
01 04 13 14 16 18
01 05 06 09 11 13
01 05 06 12 15 17
01 05 06 12 16 18
01 05 06 14 15 16
01 05 06 14 17 18
01 05 07 08 15 17
01 05 07 08 16 18
01 05 07 09 10 11
01 05 07 09 15 18
01 05 07 09 16 17
01 05 07 11 13 14
01 05 07 12 13 14
01 05 08 09 12 14
01 05 08 10 13 14
01 05 09 11 16 18

01 05 10 12 15 16
01 05 10 12 17 18
01 06 07 08 09 12
01 06 07 08 11 13
01 06 07 10 14 15
01 06 07 10 14 16
01 06 07 10 14 17
01 06 07 10 14 18
01 06 07 13 15 17
01 06 07 13 16 18
01 06 08 09 12 13
01 06 08 10 11 13
01 06 08 11 12 14
01 06 09 10 11 12
01 06 11 13 15 18
01 06 11 13 16 17
01 07 09 10 15 18
01 07 09 10 16 17
01 07 09 11 12 13
01 07 10 13 15 17
01 07 10 13 16 18
01 08 09 13 15 16
01 08 09 13 17 18
01 08 10 11 13 14
01 08 11 12 15 18
01 08 11 12 16 17
01 08 12 13 15 16
01 08 12 13 17 18
01 09 10 13 15 17
01 09 10 13 16 18
01 09 11 14 15 18
01 09 11 14 16 17

01 09 15 16 17 18
01 11 12 14 15 17
01 11 12 14 16 18
01 12 13 14 15 18
01 12 13 14 16 17
02 03 04 05 07 12
02 03 04 06 08 14
02 03 04 06 09 11
02 03 04 07 08 11
02 03 04 08 12 14
02 03 04 08 13 14
02 03 04 10 11 13
02 03 04 11 15 18
02 03 04 11 16 17
02 03 05 06 08 09
02 03 05 06 11 14
02 03 05 07 08 09
02 03 05 07 09 12
02 03 05 08 09 13
02 03 05 09 10 14
02 03 05 10 15 16
02 03 05 10 17 18
02 03 05 11 12 13
02 03 06 07 09 12
02 03 06 08 12 13
02 03 06 10 15 16
02 03 06 10 17 18
02 03 06 11 13 14
02 03 06 12 15 17
02 03 06 12 16 18
02 03 07 10 12 14
02 03 07 11 15 17

02 03 07 11 16 18
02 03 07 13 15 17
02 03 07 13 16 18
02 03 08 10 15 17
02 03 08 10 16 18
02 03 08 12 15 16
02 03 08 12 17 18
02 03 09 10 12 13
02 03 09 14 15 16
02 03 09 14 17 18
02 04 05 06 09 12
02 04 05 06 10 14
02 04 05 07 13 14
02 04 05 08 09 12
02 04 05 08 10 11
02 04 05 08 15 17
02 04 05 08 16 18
02 04 05 09 10 13
02 04 05 11 13 14
02 04 06 07 08 13
02 04 06 07 15 18
02 04 06 07 16 17
02 04 06 10 15 17
02 04 06 10 16 18
02 04 06 13 15 18
02 04 06 13 16 17
02 04 07 09 11 12
02 04 07 10 15 16
02 04 07 10 17 18
02 04 07 11 12 14
02 04 08 09 10 14
02 04 09 14 15 16

02 04 09 14 17 18
02 04 10 12 15 18
02 04 10 12 16 17
02 04 12 13 15 17
02 04 12 13 16 18
02 05 06 07 08 10
02 05 06 07 09 10
02 05 06 07 10 12
02 05 06 08 10 13
02 05 06 13 15 17
02 05 06 13 16 18
02 05 07 08 11 12
02 05 07 09 11 14
02 05 07 10 11 14
02 05 07 13 15 16
02 05 07 13 17 18
02 05 08 10 11 12
02 05 08 10 12 13
02 05 08 14 15 18
02 05 08 14 16 17
02 05 09 11 15 18
02 05 09 11 16 17
02 05 12 14 15 17
02 05 12 14 16 18
02 06 07 09 13 14
02 06 07 10 11 13
02 06 07 14 15 18
02 06 07 14 16 17
02 06 08 11 15 16
02 06 08 11 16 18
02 06 08 11 17 18
02 06 08 12 15 18
02 06 08 12 16 17
02 06 09 10 11 14
02 06 10 12 13 14
02 06 11 12 15 16
02 06 11 12 17 18
02 07 08 09 15 17
02 07 08 09 16 18
02 07 08 10 12 13
02 07 09 10 15 18
02 07 09 10 16 17
02 07 11 12 13 14
02 08 09 11 12 14
02 08 09 11 13 15
02 08 09 11 13 16
02 08 09 11 13 17
02 08 09 11 13 18
02 09 10 12 15 17
02 09 10 12 16 18
02 09 12 13 15 18
02 09 12 13 16 17
02 10 11 14 15 18
02 10 11 14 16 17
02 10 13 14 15 16
02 10 13 14 17 18
02 11 13 14 15 18
03 04 05 06 08 14
03 04 05 06 09 10
03 04 05 07 08 10
03 04 05 07 10 11
03 04 05 09 11 14
03 04 05 09 12 14
03 04 05 13 15 16

03 04 05 13 17 18
03 04 06 07 09 14
03 04 06 07 10 12
03 04 06 10 13 14
03 04 06 11 15 17
03 04 06 11 16 18
03 04 07 09 10 13
03 04 07 09 11 12
03 04 07 14 15 18
03 04 07 14 16 17
03 04 08 09 15 18
03 04 08 09 16 17
03 04 08 10 11 12
03 04 10 14 15 17
03 04 10 14 16 18
03 04 12 13 15 16
03 04 12 13 17 18
03 04 15 16 17 18
03 05 06 07 15 18
03 05 06 07 16 17
03 05 06 09 11 12
03 05 06 10 12 14
03 05 06 11 12 13
03 05 07 08 10 13
03 05 07 09 11 13
03 05 07 14 15 17
03 05 07 14 16 18
03 05 08 09 13 14
03 05 08 10 11 14
03 05 08 12 15 16
03 05 08 12 17 18
03 05 10 12 15 18

03 05 10 12 16 17
03 05 13 14 15 18
03 05 13 14 16 17
03 06 07 08 11 12
03 06 07 08 15 16
03 06 07 08 17 18
03 06 07 10 11 13
03 06 07 12 13 14
03 06 08 09 12 14
03 06 08 10 15 17
03 06 08 10 16 18
03 06 09 13 15 16
03 06 09 13 17 18
03 06 10 12 15 18
03 06 10 12 16 17
03 06 11 14 15 18
03 06 11 14 16 17
03 07 08 09 15 18
03 07 08 09 16 17
03 07 08 10 13 14
03 07 08 11 12 14
03 07 09 10 15 16
03 07 09 10 17 18
03 07 10 11 13 14
03 07 12 13 15 17
03 07 12 13 16 18
03 08 09 10 12 13
03 08 11 13 15 17
03 08 11 13 16 18
03 09 10 11 15 16
03 09 10 11 17 18
03 09 10 12 13 14

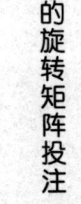

03 09 11 13 15 16
03 09 11 13 17 18
03 11 12 14 15 18
03 11 12 14 16 17
04 05 06 07 13 15
04 05 06 07 13 16
04 05 06 07 13 17
04 05 06 07 13 18
04 05 06 08 10 12
04 05 06 11 15 16
04 05 06 11 17 18
04 05 07 08 11 14
04 05 07 09 15 16
04 05 07 09 17 18
04 05 07 10 12 13
04 05 08 09 11 13
04 05 08 12 13 14
04 05 08 14 15 18
04 05 08 14 16 17
04 05 10 14 15 18
04 05 10 14 16 17
04 05 11 12 15 17
04 05 11 12 16 18
04 06 07 08 10 11
04 06 07 08 11 14
04 06 07 09 10 12
04 06 07 09 12 13
04 06 08 09 15 17
04 06 08 09 16 18
04 06 08 11 12 13
04 06 09 11 15 18
04 06 09 11 16 17
04 06 10 11 12 14
04 06 10 11 13 14
04 06 12 14 15 16
04 06 12 14 17 18
04 07 08 09 10 14
04 07 08 09 12 13
04 07 08 12 15 17
04 07 08 12 16 18
04 07 10 12 13 14
04 07 11 13 15 18
04 07 11 13 16 17
04 08 10 13 15 16
04 08 10 13 17 18
04 08 11 14 15 16
04 08 11 14 17 18
04 09 10 11 15 17
04 09 10 11 16 18
04 09 10 12 15 18
04 09 10 12 16 17
04 09 11 12 13 14
04 09 13 14 15 17
04 09 13 14 16 18
05 06 07 08 09 11
05 06 07 08 12 14
05 06 08 11 12 14
05 06 08 13 15 18
05 06 08 13 16 17
05 06 09 12 15 18
05 06 09 12 16 17
05 06 09 14 15 17
05 06 09 14 16 18
05 06 10 11 15 16

05 06 10 11 17 18

05 06 10 12 13 14

05 07 08 09 10 12

05 07 08 09 13 14

05 07 08 11 12 13

05 07 08 11 15 17

05 07 10 14 15 17

05 07 10 14 16 18

05 07 11 12 15 18

05 07 11 12 16 17

05 08 09 10 15 16

05 08 09 10 17 18

05 09 10 11 12 14

05 09 12 13 15 17

05 09 12 13 16 18

05 10 11 13 15 17

05 10 11 13 16 18

05 11 13 14 15 16

05 11 13 14 17 18

05 11 15 16 17 18

06 07 08 09 10 13

06 07 09 11 15 17

06 07 09 11 16 18

06 07 11 14 15 17

06 07 11 14 16 18

06 07 12 13 15 16

06 07 12 13 17 18

06 08 09 10 14 15

06 08 09 10 14 16

06 08 09 10 14 17

06 08 09 10 14 18

06 08 10 12 15 17

06 08 10 12 16 18

06 08 13 14 15 17

06 08 13 14 16 18

06 09 10 13 15 16

06 09 10 13 17 18

06 09 11 12 13 14

06 10 15 16 17 18

07 08 10 11 15 18

07 08 10 11 16 17

07 08 13 14 15 16

07 08 13 14 17 18

07 09 10 13 15 18

07 09 10 13 16 17

07 09 11 14 15 16

07 09 11 14 17 18

07 09 12 14 15 16

07 09 12 14 17 18

07 10 11 12 15 16

07 10 11 12 17 18

07 14 15 16 17 18

08 09 11 12 15 16

08 09 11 12 17 18

08 09 11 14 15 17

08 09 11 14 16 18

08 10 12 14 15 18

08 10 12 14 16 17

08 12 13 14 15 18

08 12 13 14 16 17

09 10 13 14 15 18

09 10 13 14 16 17

10 11 12 13 15 17

10 11 12 13 16 18

12 13 15 16 17 18

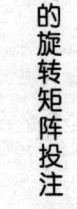

二、双色球红球号码含 1 个胆码的出 6 保 5 公式

1. 1 胆 9 码的中 6 保 5 公式：

01 02 03 04 05 06
01 02 06 07 08 09
01 03 04 07 08 09
01 03 05 07 08 09
01 04 05 07 08 09

2. 1 胆 10 码的中 6 保 5 公式：

01 02 03 04 05 06
01 02 03 07 08 09
01 02 04 07 09 10
01 02 05 08 09 10
01 02 06 08 09 10
01 03 04 08 09 10
01 03 05 06 07 09
01 03 05 06 07 10
01 04 05 06 07 08
01 04 05 06 07 09

3. 1 胆 11 码的中 6 保 5 公式：

01 02 03 04 05 06
01 02 03 07 10 11
01 02 03 08 09 10
01 02 04 05 08 11
01 02 04 06 09 11
01 02 05 07 09 10
01 02 06 07 08 10
01 03 04 05 07 08
01 03 04 06 07 09

01 03 05 09 10 11
01 03 06 08 10 11
01 04 07 08 09 11
01 05 06 07 10 11
01 05 06 08 09 10

4. 1 胆 12 码的中 6 保 5 公式：

01 02 03 04 05 06
01 02 03 04 07 08
01 02 03 07 11 12
01 02 03 09 10 12
01 02 04 05 10 11
01 02 04 08 09 12
01 02 05 06 08 12
01 02 05 07 09 10
01 02 06 07 09 11
01 02 06 08 10 11
01 03 04 06 11 12
01 03 04 09 10 11
01 03 05 06 07 10
01 03 05 08 09 11
01 03 05 08 10 12
01 03 06 07 08 09
01 04 05 07 08 11
01 04 05 07 09 12
01 04 06 07 10 12
01 04 06 08 09 10
01 05 06 09 11 12
01 07 08 10 11 12

5. 1 胆 13 码的中 6 保 5 公式：

01 02 03 04 05 06

01 02 03 04 10 13
01 02 03 05 08 10
01 02 03 06 09 11
01 02 03 07 12 13
01 02 04 05 11 12
01 02 04 06 08 10
01 02 04 07 08 09
01 02 05 06 10 13
01 02 05 07 09 13
01 02 05 07 10 11
01 02 05 09 10 12
01 02 06 07 08 12
01 02 08 11 12 13
01 03 04 07 08 11
01 03 04 08 09 12
01 03 05 06 07 12
01 03 05 07 09 13
01 03 05 11 12 13
01 03 06 07 09 10
01 03 06 08 09 13
01 03 06 10 11 12
01 03 07 10 12 13
01 04 05 07 08 09
01 04 05 07 10 12
01 04 05 08 12 13
01 04 05 09 10 11
01 04 06 07 11 13
01 04 06 09 12 13
01 04 09 10 11 13
01 05 06 08 09 11
01 05 07 08 10 13
01 06 08 10 11 12
01 07 08 09 11 12
01 08 09 10 11 13

6. 1胆14码的中6保5公式：

01 02 03 04 05 06
01 02 03 05 11 14
01 02 03 07 08 10
01 02 03 07 12 13
01 02 03 08 09 14
01 02 03 09 11 12
01 02 04 06 08 12
01 02 04 07 11 14
01 02 04 09 10 13
01 02 05 07 08 13
01 02 05 07 10 12
01 02 05 08 09 11
01 02 05 09 12 14
01 02 06 07 09 13
01 02 06 10 11 13
01 02 06 10 13 14
01 02 08 11 12 13
01 02 08 11 12 14
01 03 04 05 07 09
01 03 04 08 10 11
01 03 04 08 13 14
01 03 04 10 12 14
01 03 04 11 12 13
01 03 05 06 10 14
01 03 05 06 11 13
01 03 05 08 12 14
01 03 05 09 10 13
01 03 05 09 13 14

01 03 06 07 08 11
01 03 06 07 12 14
01 03 06 08 09 13
01 03 06 09 10 12
01 04 05 08 10 14
01 04 05 08 11 13
01 04 05 10 11 12
01 04 05 12 13 14
01 04 06 07 10 13
01 04 06 09 11 14
01 04 07 08 09 12
01 05 06 07 08 14
01 05 06 07 11 12
01 05 06 08 09 10
01 05 06 09 12 13
01 05 07 10 11 12
01 06 08 11 12 14
01 07 08 10 12 13
01 07 09 10 11 14
01 07 09 11 13 14
01 07 10 11 13 14
01 08 09 10 12 13

7. 1胆15码的中6保5公式：

01 02 03 04 05 06
01 02 03 05 06 11
01 02 03 06 08 13
01 02 03 07 10 15
01 02 03 07 12 14
01 02 03 08 09 14
01 02 03 08 11 12
01 02 03 09 13 15

01 02 04 05 06 11
01 02 04 06 14 15
01 02 04 07 08 10
01 02 04 07 12 13
01 02 04 08 09 13
01 02 04 09 10 12
01 02 05 06 07 09
01 02 05 06 08 12
01 02 05 06 08 15
01 02 05 06 12 15
01 02 05 10 13 14
01 02 06 10 11 12
01 02 06 10 13 14
01 02 07 08 11 14
01 02 07 11 13 15
01 02 09 10 11 15
01 02 09 11 12 14
01 03 04 07 09 11
01 03 04 08 11 15
01 03 04 08 12 15
01 03 04 10 11 14
01 03 04 10 12 13
01 03 04 11 12 15
01 03 04 11 13 14
01 03 05 07 08 13
01 03 05 07 10 12
01 03 05 08 09 10
01 03 05 09 12 13
01 03 05 11 14 15
01 03 06 07 08 14
01 03 06 07 13 15
01 03 06 08 11 12

01 03 06 09 10 15
01 03 06 09 12 14
01 03 10 11 13 14
01 04 05 07 09 14
01 04 05 07 09 15
01 04 05 08 12 14
01 04 05 10 13 15
01 04 06 07 08 13
01 04 06 07 10 12
01 04 06 08 09 10
01 04 06 09 12 13
01 04 07 09 14 15
01 04 08 10 11 13
01 04 08 11 12 15
01 05 06 10 13 14
01 05 07 08 10 11
01 05 07 09 14 15
01 05 07 11 12 13
01 05 08 09 11 13
01 05 09 10 11 12
01 06 07 10 11 15
01 06 07 11 12 14
01 06 08 09 11 14
01 06 09 11 13 15
01 07 08 09 12 15
01 07 09 10 13 14
01 08 10 12 13 15
01 08 10 12 14 15
01 08 12 13 14 15

8. 1胆16码的中6保5公式：

01 02 03 04 05 06
01 02 03 04 11 12
01 02 03 04 11 13
01 02 03 04 12 13
01 02 03 04 14 15
01 02 03 04 14 16
01 02 03 04 15 16
01 02 03 05 08 10
01 02 03 06 07 10
01 02 03 07 08 09
01 02 04 05 06 10
01 02 04 07 08 09
01 02 05 07 12 16
01 02 05 07 13 15
01 02 05 08 11 16
01 02 05 08 13 14
01 02 05 09 11 14
01 02 05 09 12 15
01 02 06 07 11 16
01 02 06 07 13 14
01 02 06 08 12 15
01 02 06 09 11 15
01 02 06 09 12 14
01 02 06 09 13 16
01 02 07 10 11 15
01 02 07 10 12 14
01 02 08 10 11 14
01 02 08 10 13 16
01 02 08 11 12 13
01 02 08 14 15 16
01 02 09 10 12 16
01 02 09 10 13 15
01 03 04 05 06 10

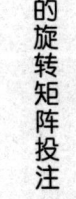

01 03 04 07 08 09
01 03 04 09 10 13
01 03 05 07 11 14
01 03 05 08 12 16
01 03 05 08 13 15
01 03 05 09 11 15
01 03 05 09 12 14
01 03 05 09 13 16
01 03 06 07 12 16
01 03 06 07 13 15
01 03 06 08 11 16
01 03 06 08 13 14
01 03 06 09 11 14
01 03 06 09 12 15
01 03 07 10 12 15
01 03 07 10 13 16
01 03 07 11 12 13
01 03 07 14 15 16
01 03 08 10 11 15
01 03 08 10 12 14
01 03 09 10 11 16
01 03 09 10 13 14
01 04 05 07 11 15
01 04 05 07 12 14
01 04 05 07 13 16
01 04 05 08 11 14
01 04 05 08 12 15
01 04 05 09 11 16
01 04 05 09 13 14
01 04 06 07 11 14
01 04 06 07 12 15
01 04 06 08 11 15
01 04 06 08 12 14

01 04 06 08 13 16
01 04 06 09 12 16
01 04 06 09 13 15
01 04 07 10 11 16
01 04 07 10 13 14
01 04 08 10 12 16
01 04 08 10 13 15
01 04 09 10 11 14
01 04 09 10 12 15
01 04 09 11 12 13
01 04 09 14 15 16
01 05 06 07 08 10
01 05 06 07 09 10
01 05 06 08 09 10
01 05 06 10 14 15
01 05 06 10 14 16
01 05 06 10 15 16
01 05 06 11 12 13
01 05 10 11 12 13
01 06 10 11 12 13
01 07 08 09 11 12
01 07 08 09 11 13
01 07 08 09 12 13
01 07 08 09 14 15
01 07 08 09 14 16
01 07 08 09 15 16
01 11 12 14 15 16
01 11 13 14 15 16
01 12 13 14 15 16

9. 1胆17码的中6保5公式：
01 02 03 04 05 06
01 02 03 04 05 13

01 02 03 04 08 10
01 02 03 05 06 12
01 02 03 05 08 09
01 02 03 05 09 10
01 02 03 06 08 13
01 02 03 07 12 13
01 02 03 07 14 16
01 02 03 07 15 17
01 02 03 09 14 17
01 02 03 09 15 16
01 02 03 10 11 12
01 02 03 11 14 15
01 02 03 11 16 17
01 02 04 05 07 09
01 02 04 05 10 11
01 02 04 06 07 08
01 02 04 06 11 13
01 02 04 07 08 13
01 02 04 07 10 11
01 02 04 08 10 11
01 02 04 09 10 11
01 02 04 12 14 17
01 02 04 12 15 16
01 02 05 06 07 10
01 02 05 06 08 11
01 02 05 07 09 11
01 02 05 07 14 15
01 02 05 07 16 17
01 02 05 08 10 12
01 02 05 08 12 13
01 02 05 09 12 13
01 02 06 07 10 12

01 02 06 07 11 12
01 02 06 08 10 12
01 02 06 09 14 16
01 02 06 09 15 17
01 02 07 08 14 17
01 02 07 08 15 16
01 02 07 09 11 13
01 02 08 09 10 12
01 02 08 09 11 13
01 02 09 11 12 13
01 02 10 13 14 16
01 02 10 13 15 17
01 03 04 05 07 10
01 03 04 05 09 11
01 03 04 05 09 12
01 03 04 06 07 12
01 03 04 06 08 11
01 03 04 06 08 13
01 03 04 06 09 10
01 03 04 07 10 13
01 03 04 07 14 17
01 03 04 07 15 16
01 03 04 10 11 13
01 03 04 10 12 13
01 03 05 06 07 09
01 03 05 06 08 10
01 03 05 07 08 13
01 03 05 07 10 12
01 03 05 11 12 13
01 03 05 11 14 15
01 03 05 11 16 17
01 03 06 07 08 10

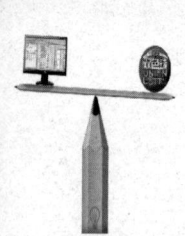

01 03 06 08 11 13
01 03 06 09 11 12
01 03 06 10 14 16
01 03 06 10 15 17
01 03 07 08 09 11
01 03 07 11 14 15
01 03 07 11 16 17
01 03 08 09 10 11
01 03 08 12 14 17
01 03 08 12 15 16
01 03 09 13 14 16
01 03 09 13 15 17
01 04 05 06 07 11
01 04 05 06 09 12
01 04 05 06 10 12
01 04 05 07 12 13
01 04 05 08 09 10
01 04 05 08 14 16
01 04 05 08 15 17
01 04 06 07 09 11
01 04 06 10 14 15
01 04 06 10 16 17
01 04 07 08 10 12
01 04 07 08 11 13
01 04 08 09 14 17
01 04 08 09 15 16
01 04 08 12 14 15
01 04 08 12 16 17
01 04 09 13 14 15
01 04 09 13 16 17
01 04 11 12 14 16
01 04 11 12 15 17

01 05 06 07 08 12
01 05 06 09 10 11
01 05 06 13 14 17
01 05 06 13 15 16
01 05 07 08 09 13
01 05 07 08 10 11
01 05 08 09 11 12
01 05 10 13 14 17
01 05 10 13 15 16
01 05 11 12 14 16
01 05 11 12 15 17
01 05 11 13 14 17
01 05 11 13 15 16
01 06 07 08 11 16
01 06 07 13 14 16
01 06 07 13 15 17
01 06 08 09 14 15
01 06 08 09 16 17
01 06 09 10 11 13
01 06 10 11 14 17
01 06 10 11 15 16
01 06 12 13 14 15
01 06 12 13 16 17
01 07 08 09 12 13
01 07 09 10 14 16
01 07 09 10 15 17
01 07 09 12 14 17
01 07 09 12 15 16
01 07 10 11 12 13
01 08 10 13 14 15
01 08 10 13 16 17
01 08 11 12 14 16

01 08 11 12 15 17

01 09 10 12 14 15

01 09 10 12 16 17

01 09 14 15 16 17

10. 1胆18码的中6保5公式：

01 02 03 04 05 06

01 02 03 04 07 13

01 02 03 05 08 11

01 02 03 05 09 14

01 02 03 05 10 16

01 02 03 05 17 18

01 02 03 06 15 18

01 02 03 07 08 17

01 02 03 10 13 14

01 02 03 10 15 17

01 02 03 12 13 16

01 02 03 14 15 18

01 02 04 05 07 15

01 02 04 06 07 10

01 02 04 06 10 18

01 02 04 06 13 15

01 02 04 07 08 18

01 02 04 07 11 14

01 02 04 08 09 12

01 02 04 08 10 14

01 02 04 09 10 11

01 02 04 09 16 18

01 02 04 11 16 17

01 02 04 12 14 17

01 02 05 06 13 18

01 02 05 07 08 17

01 02 05 10 13 17

01 02 05 10 14 15

01 02 05 12 15 16

01 02 05 13 14 18

01 02 06 07 09 10

01 02 06 07 11 17

01 02 06 07 14 16

01 02 06 08 09 16

01 02 06 08 12 14

01 02 06 09 12 18

01 02 06 09 16 17

01 02 06 10 11 12

01 02 06 11 12 14

01 02 06 14 17 18

01 02 07 08 13 17

01 02 07 08 15 17

01 02 07 08 16 18

01 02 07 09 10 12

01 02 07 09 11 18

01 02 07 09 16 17

01 02 07 10 11 18

01 02 07 11 12 18

01 02 08 10 17 18

01 02 08 11 13 15

01 02 09 11 12 17

01 02 09 13 14 15

01 02 10 13 15 16

01 02 11 14 16 17

01 02 13 15 17 18

01 03 04 05 07 17

01 03 04 05 12 18

01 03 04 07 09 15

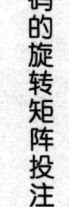

01 03 04 08 15 16
01 03 04 09 13 17
01 03 04 10 12 13
01 03 04 11 12 15
01 03 04 11 13 18
01 03 04 13 14 16
01 03 05 06 07 12
01 03 05 06 07 18
01 03 05 06 12 17
01 03 05 08 09 10
01 03 05 08 14 16
01 03 05 09 11 16
01 03 05 10 11 14
01 03 05 13 15 16
01 03 06 08 10 13
01 03 06 09 11 13
01 03 06 10 14 15
01 03 06 11 16 18
01 03 06 13 17 18
01 03 06 15 16 17
01 03 07 08 12 15
01 03 07 10 13 16
01 03 07 11 15 16
01 03 07 12 13 14
01 03 08 09 11 15
01 03 08 09 13 18
01 03 08 10 12 18
01 03 08 11 13 17
01 03 09 10 15 18
01 03 09 12 15 16
01 03 14 15 17 18
01 04 05 07 09 13

01 04 05 08 13 16
01 04 05 09 15 17
01 04 05 10 12 15
01 04 05 11 12 13
01 04 05 11 15 18
01 04 05 14 15 16
01 04 06 07 08 11
01 04 06 07 08 14
01 04 06 07 12 16
01 04 06 08 09 12
01 04 06 08 17 18
01 04 06 09 10 16
01 04 06 09 14 18
01 04 06 10 11 17
01 04 06 11 14 17
01 04 06 12 14 18
01 04 07 08 10 11
01 04 07 10 14 18
01 04 07 11 16 18
01 04 07 13 15 17
01 04 08 09 11 14
01 04 08 10 14 17
01 04 08 12 14 18
01 04 08 12 16 17
01 04 09 10 12 14
01 04 10 11 12 16
01 04 10 16 17 18
01 04 12 13 15 18
01 05 06 08 10 15
01 05 06 09 11 15
01 05 06 10 13 14
01 05 06 11 16 18

01 05 06 13 16 17

01 05 06 15 17 18

01 05 07 08 12 13

01 05 07 10 15 16

01 05 07 11 13 16

01 05 07 12 14 15

01 05 08 09 11 13

01 05 08 09 15 18

01 05 08 10 12 18

01 05 08 11 15 17

01 05 09 10 13 18

01 05 09 12 13 16

01 05 13 14 17 18

01 06 07 08 09 16

01 06 07 08 12 18

01 06 07 09 14 17

01 06 07 10 11 14

01 06 07 10 17 18

01 06 07 12 13 15

01 06 07 13 15 18

01 06 08 09 14 17

01 06 08 10 11 12

01 06 08 10 12 16

01 06 08 11 14 18

01 06 09 10 12 17

01 06 09 12 14 16

01 06 11 13 16 18

01 06 11 15 16 18

01 06 12 13 15 17

01 07 08 09 10 14

01 07 08 09 10 17

01 07 08 11 14 18

01 07 09 10 11 12

01 07 09 11 14 17

01 07 09 12 17 18

01 07 09 14 16 18

01 07 10 11 12 17

01 07 10 14 16 17

01 07 11 12 17 18

01 07 12 16 17 18

01 08 09 10 13 15

01 08 09 10 14 18

01 08 09 12 14 17

01 08 09 16 17 18

01 08 10 11 16 17

01 08 10 12 13 18

01 08 10 12 15 18

01 08 11 12 14 16

01 08 13 14 15 16

01 09 10 11 17 18

01 09 10 14 16 17

01 09 11 12 14 18

01 09 11 13 15 16

01 10 11 13 14 15

01 10 12 14 16 17

01 10 12 14 16 18

01 11 12 14 16 17

三、双色球红球号码含 1 个胆码的出6保6公式

1. 1胆8码的中6保6公式：

01 02 03 04 05 06

01 02 03 04 05 07

01 02 03 04 05 08

01 02 03 04 06 07
01 02 03 04 06 08
01 02 03 04 07 08
01 02 03 05 06 07
01 02 03 05 06 08
01 02 03 05 07 08
01 02 03 06 07 08
01 02 04 05 06 07
01 02 04 05 06 08
01 02 04 05 07 08
01 02 04 06 07 08
01 02 05 06 07 08
01 03 04 05 06 07
01 03 04 05 06 08
01 03 04 05 07 08
01 03 04 06 07 08
01 03 05 06 07 08
01 04 05 06 07 08

2. 1胆9码的中6保6公式：

01 02 03 04 05 06
01 02 03 04 05 07
01 02 03 04 05 08
01 02 03 04 05 09
01 02 03 04 06 07
01 02 03 04 06 08
01 02 03 04 06 09
01 02 03 04 07 08
01 02 03 04 07 09
01 02 03 04 08 09
01 02 03 05 06 07
01 02 03 05 06 08

01 02 03 05 06 09
01 02 03 05 07 08
01 02 03 05 07 09
01 02 03 05 08 09
01 02 03 06 07 08
01 02 03 06 07 09
01 02 03 06 08 09
01 02 03 07 08 09
01 02 04 05 06 07
01 02 04 05 06 08
01 02 04 05 06 09
01 02 04 05 07 08
01 02 04 05 07 09
01 02 04 05 08 09
01 02 04 06 07 08
01 02 04 06 07 09
01 02 04 06 08 09
01 02 04 07 08 09
01 02 05 06 07 08
01 02 05 06 07 09
01 02 05 06 08 09
01 02 05 07 08 09
01 02 06 07 08 09
01 03 04 05 06 07
01 03 04 05 06 08
01 03 04 05 06 09
01 03 04 05 07 08
01 03 04 05 07 09
01 03 04 05 08 09
01 03 04 06 07 08
01 03 04 06 07 09
01 03 04 06 08 09

01 03 04 07 08 09
01 03 05 06 07 08
01 03 05 06 07 09
01 03 05 06 08 09
01 03 05 07 08 09
01 03 06 07 08 09
01 04 05 06 07 08
01 04 05 06 07 09
01 04 05 06 08 09
01 04 05 07 08 09
01 04 06 07 08 09
01 05 06 07 08 09

3. 1胆10码的中6保6公式：

01 02 03 04 05 06
01 02 03 04 05 07
01 02 03 04 05 08
01 02 03 04 05 09
01 02 03 04 05 10
01 02 03 04 06 07
01 02 03 04 06 08
01 02 03 04 06 09
01 02 03 04 06 10
01 02 03 04 07 08
01 02 03 04 07 09
01 02 03 04 07 10
01 02 03 04 08 09
01 02 03 04 08 10
01 02 03 04 09 10
01 02 03 05 06 07
01 02 03 05 06 08
01 02 03 05 06 09

01 02 03 05 06 10
01 02 03 05 07 08
01 02 03 05 07 09
01 02 03 05 07 10
01 02 03 05 08 09
01 02 03 05 08 10
01 02 03 05 09 10
01 02 03 06 07 08
01 02 03 06 07 09
01 02 03 06 07 10
01 02 03 06 08 09
01 02 03 06 08 10
01 02 03 06 09 10
01 02 03 07 08 09
01 02 03 07 08 10
01 02 03 07 09 10
01 02 03 08 09 10
01 02 04 05 06 07
01 02 04 05 06 08
01 02 04 05 06 09
01 02 04 05 06 10
01 02 04 05 07 08
01 02 04 05 07 09
01 02 04 05 07 10
01 02 04 05 08 09
01 02 04 05 08 10
01 02 04 05 09 10
01 02 04 06 07 08
01 02 04 06 07 09
01 02 04 06 07 10
01 02 04 06 08 09
01 02 04 06 08 10

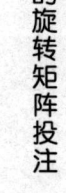

01 02 04 06 09 10
01 02 04 07 08 09
01 02 04 07 08 10
01 02 04 07 09 10
01 02 04 08 09 10
01 02 05 06 07 08
01 02 05 06 07 09
01 02 05 06 07 10
01 02 05 06 08 09
01 02 05 06 08 10
01 02 05 06 09 10
01 02 05 07 08 09
01 02 05 07 08 10
01 02 05 07 09 10
01 02 05 08 09 10
01 02 06 07 08 09
01 02 06 07 08 10
01 02 06 07 09 10
01 02 06 08 09 10
01 02 07 08 09 10
01 03 04 05 06 07
01 03 04 05 06 08
01 03 04 05 06 09
01 03 04 05 06 10
01 03 04 05 07 08
01 03 04 05 07 09
01 03 04 05 07 10
01 03 04 05 08 09
01 03 04 05 08 10
01 03 04 05 09 10
01 03 04 06 07 08
01 03 04 06 07 09
01 03 04 06 07 10
01 03 04 06 08 09
01 03 04 06 08 10
01 03 04 06 09 10
01 03 04 07 08 09
01 03 04 07 08 10
01 03 04 07 09 10
01 03 04 08 09 10
01 03 05 06 07 08
01 03 05 06 07 09
01 03 05 06 07 10
01 03 05 06 08 09
01 03 05 06 08 10
01 03 05 06 09 10
01 03 05 07 08 09
01 03 05 07 08 10
01 03 05 07 09 10
01 03 05 08 09 10
01 03 06 07 08 09
01 03 06 07 08 10
01 03 06 07 09 10
01 03 06 08 09 10
01 03 07 08 09 10
01 04 05 06 07 08
01 04 05 06 07 09
01 04 05 06 07 10
01 04 05 06 08 09
01 04 05 06 08 10
01 04 05 06 09 10
01 04 05 07 08 09
01 04 05 07 08 10
01 04 05 07 09 10

01 04 05 08 09 10
01 04 06 07 08 09
01 04 06 07 08 10
01 04 06 07 09 10
01 04 06 08 09 10
01 04 07 08 09 10
01 05 06 07 08 09
01 05 06 07 08 10
01 05 06 07 09 10
01 05 06 08 09 10
01 05 07 08 09 10
01 06 07 08 09 10

4. 1胆11码的中6保6公式：

01 02 03 04 05 06
01 02 03 04 05 07
01 02 03 04 05 08
01 02 03 04 05 09
01 02 03 04 05 10
01 02 03 04 05 11
01 02 03 04 06 07
01 02 03 04 06 08
01 02 03 04 06 09
01 02 03 04 06 10
01 02 03 04 06 11
01 02 03 04 07 08
01 02 03 04 07 09
01 02 03 04 07 10
01 02 03 04 07 11
01 02 03 04 08 09
01 02 03 04 08 10
01 02 03 04 08 11

01 02 03 04 09 10
01 02 03 04 09 11
01 02 03 04 10 11
01 02 03 05 06 07
01 02 03 05 06 08
01 02 03 05 06 09
01 02 03 05 06 10
01 02 03 05 06 11
01 02 03 05 07 08
01 02 03 05 07 09
01 02 03 05 07 10
01 02 03 05 07 11
01 02 03 05 08 09
01 02 03 05 08 10
01 02 03 05 08 11
01 02 03 05 09 10
01 02 03 05 09 11
01 02 03 05 10 11
01 02 03 06 07 08
01 02 03 06 07 09
01 02 03 06 07 10
01 02 03 06 07 11
01 02 03 06 08 09
01 02 03 06 08 10
01 02 03 06 08 11
01 02 03 06 09 10
01 02 03 06 09 11
01 02 03 06 10 11
01 02 03 07 08 09
01 02 03 07 08 10
01 02 03 07 08 11
01 02 03 07 09 10

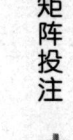

01 02 03 07 09 11
01 02 03 07 10 11
01 02 03 08 09 10
01 02 03 08 09 11
01 02 03 08 10 11
01 02 03 09 10 11
01 02 04 05 06 07
01 02 04 05 06 08
01 02 04 05 06 09
01 02 04 05 06 10
01 02 04 05 06 11
01 02 04 05 07 08
01 02 04 05 07 09
01 02 04 05 07 10
01 02 04 05 07 11
01 02 04 05 08 09
01 02 04 05 08 10
01 02 04 05 08 11
01 02 04 05 09 10
01 02 04 05 09 11
01 02 04 05 10 11
01 02 04 06 07 08
01 02 04 06 07 09
01 02 04 06 07 10
01 02 04 06 07 11
01 02 04 06 08 09
01 02 04 06 08 10
01 02 04 06 08 11
01 02 04 06 09 10
01 02 04 06 09 11
01 02 04 06 10 11
01 02 04 07 08 09

01 02 04 07 08 10
01 02 04 07 08 11
01 02 04 07 09 10
01 02 04 07 09 11
01 02 04 07 10 11
01 02 04 08 09 10
01 02 04 08 09 11
01 02 04 08 10 11
01 02 04 09 10 11
01 02 05 06 07 08
01 02 05 06 07 09
01 02 05 06 07 10
01 02 05 06 07 11
01 02 05 06 08 09
01 02 05 06 08 10
01 02 05 06 08 11
01 02 05 06 09 10
01 02 05 06 09 11
01 02 05 06 10 11
01 02 05 07 08 09
01 02 05 07 08 10
01 02 05 07 08 11
01 02 05 07 09 10
01 02 05 07 09 11
01 02 05 07 10 11
01 02 05 08 09 10
01 02 05 08 09 11
01 02 05 08 10 11
01 02 05 09 10 11
01 02 06 07 08 09
01 02 06 07 08 10
01 02 06 07 08 11

01 02 06 07 09 10
01 02 06 07 09 11
01 02 06 07 10 11
01 02 06 08 09 10
01 02 06 08 09 11
01 02 06 08 10 11
01 02 06 09 10 11
01 02 07 08 09 10
01 02 07 08 09 11
01 02 07 08 10 11
01 02 07 09 10 11
01 02 08 09 10 11
01 03 04 05 06 07
01 03 04 05 06 08
01 03 04 05 06 09
01 03 04 05 06 10
01 03 04 05 06 11
01 03 04 05 07 08
01 03 04 05 07 09
01 03 04 05 07 10
01 03 04 05 07 11
01 03 04 05 08 09
01 03 04 05 08 10
01 03 04 05 08 11
01 03 04 05 09 10
01 03 04 05 09 11
01 03 04 05 10 11
01 03 04 06 07 08
01 03 04 06 07 09
01 03 04 06 07 10
01 03 04 06 07 11
01 03 04 06 08 09

01 03 04 06 08 10
01 03 04 06 08 11
01 03 04 06 09 10
01 03 04 06 09 11
01 03 04 06 10 11
01 03 04 07 08 09
01 03 04 07 08 10
01 03 04 07 08 11
01 03 04 07 09 10
01 03 04 07 09 11
01 03 04 07 10 11
01 03 04 08 09 10
01 03 04 08 09 11
01 03 04 08 10 11
01 03 04 09 10 11
01 03 05 06 07 08
01 03 05 06 07 09
01 03 05 06 07 10
01 03 05 06 07 11
01 03 05 06 08 09
01 03 05 06 08 10
01 03 05 06 08 11
01 03 05 06 09 10
01 03 05 06 09 11
01 03 05 06 10 11
01 03 05 07 08 09
01 03 05 07 08 10
01 03 05 07 08 11
01 03 05 07 09 10
01 03 05 07 09 11
01 03 05 07 10 11
01 03 05 08 09 10

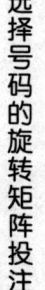

第 4 章 选择号码的旋转矩阵投注

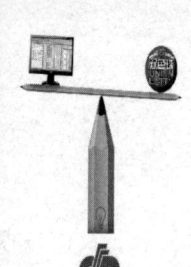

01 03 05 08 09 11

01 03 05 08 10 11

01 03 05 09 10 11

01 03 06 07 08 09

01 03 06 07 08 10

01 03 06 07 08 11

01 03 06 07 09 10

01 03 06 07 09 11

01 03 06 07 10 11

01 03 06 08 09 10

01 03 06 08 09 11

01 03 06 08 10 11

01 03 06 09 10 11

01 03 07 08 09 10

01 03 07 08 09 11

01 03 07 08 10 11

01 03 07 09 10 11

01 03 08 09 10 11

01 04 05 06 07 08

01 04 05 06 07 09

01 04 05 06 07 10

01 04 05 06 07 11

01 04 05 06 08 09

01 04 05 06 08 10

01 04 05 06 08 11

01 04 05 06 09 10

01 04 05 06 09 11

01 04 05 06 10 11

01 04 05 07 08 09

01 04 05 07 08 10

01 04 05 07 08 11

01 04 05 07 09 10

01 04 05 07 09 11

01 04 05 07 10 11

01 04 05 08 09 10

01 04 05 08 09 11

01 04 05 08 10 11

01 04 05 09 10 11

01 04 06 07 08 09

01 04 06 07 08 10

01 04 06 07 08 11

01 04 06 07 09 10

01 04 06 07 09 11

01 04 06 07 10 11

01 04 06 08 09 10

01 04 06 08 09 11

01 04 06 08 10 11

01 04 06 09 10 11

01 04 07 08 09 10

01 04 07 08 09 11

01 04 07 08 10 11

01 04 07 09 10 11

01 04 08 09 10 11

01 05 06 07 08 09

01 05 06 07 08 10

01 05 06 07 08 11

01 05 06 07 09 10

01 05 06 07 09 11

01 05 06 07 10 11

01 05 06 08 09 10

01 05 06 08 09 11

01 05 06 08 10 11

01 05 06 09 10 11

01 05 07 08 09 10

01 05 07 08 09 11
01 05 07 08 10 11
01 05 07 09 10 11
01 05 08 09 10 11
01 06 07 08 09 10
01 06 07 08 09 11
01 06 07 08 10 11
01 06 07 09 10 11
01 06 08 09 10 11
01 07 08 09 10 11

四、双色球红球号码含 2 胆的出 6 保 5 公式

1. 2 胆 9 码的中 6 保 5 公式：
01 02 03 04 05 06
01 02 03 07 08 09
01 02 04 05 06 08
01 02 04 05 06 09

2. 2 胆 10 码的中 6 保 5 公式：
01 02 03 04 05 06
01 02 03 05 07 09
01 02 03 06 08 10
01 02 04 05 07 10
01 02 04 06 07 08
01 02 04 08 09 10
01 02 05 06 07 09

3. 2 胆 11 码的中 6 保 5 公式：
01 02 03 04 05 06
01 02 03 05 09 11
01 02 03 07 08 11

01 02 03 07 09 10
01 02 03 08 10 11
01 02 04 05 08 09
01 02 04 06 08 09
01 02 04 07 10 11
01 02 05 06 08 10
01 02 06 07 09 11

4. 2 胆 12 码的中 6 保 5 公式：
01 02 03 04 05 06
01 02 03 04 10 11
01 02 03 05 07 12
01 02 03 05 11 12
01 02 03 06 09 12
01 02 03 08 11 12
01 02 04 05 07 12
01 02 04 05 08 12
01 02 04 06 09 11
01 02 04 07 08 09
01 02 05 06 07 11
01 02 05 08 09 10
01 02 06 07 08 10
01 02 06 09 10 12
01 02 07 09 10 11

5. 2 胆 13 码的中 6 保 5 公式：
01 02 03 04 05 06
01 02 03 04 07 09
01 02 03 05 08 12
01 02 03 05 09 11
01 02 03 06 08 13
01 02 03 07 10 11

01 02 03 10 12 13
01 02 04 05 09 10
01 02 04 06 11 13
01 02 04 07 08 10
01 02 04 08 09 11
01 02 04 11 12 13
01 02 05 06 10 12
01 02 05 07 08 12
01 02 05 07 11 13
01 02 05 08 09 13
01 02 06 07 09 10
01 02 06 07 09 12
01 02 06 08 11 12
01 02 08 09 10 11

6. 2胆14码的中6保5公式：

01 02 03 04 05 06
01 02 03 04 05 08
01 02 03 04 09 14
01 02 03 05 11 12
01 02 03 06 11 14
01 02 03 07 08 13
01 02 03 07 10 12
01 02 03 08 09 10
01 02 03 09 10 13
01 02 04 05 07 09
01 02 04 05 11 12
01 02 04 06 08 14
01 02 04 07 10 11
01 02 04 08 09 12
01 02 04 09 11 13
01 02 04 12 13 14

01 02 05 06 08 12
01 02 05 06 10 13
01 02 05 07 09 11
01 02 05 07 10 14
01 02 05 09 13 14
01 02 06 07 08 09
01 02 06 07 12 13
01 02 06 09 10 12
01 02 07 09 11 14
01 02 08 10 11 13
01 02 08 11 12 14

7. 2胆15码的中6保5公式：

01 02 03 04 05 06
01 02 03 04 09 12
01 02 03 04 14 15
01 02 03 05 07 11
01 02 03 05 09 10
01 02 03 05 09 14
01 02 03 06 07 10
01 02 03 07 11 15
01 02 03 08 09 15
01 02 03 08 11 14
01 02 03 08 12 13
01 02 03 10 11 13
01 02 04 05 11 14
01 02 04 05 13 15
01 02 04 06 07 15
01 02 04 06 08 10
01 02 04 07 08 11
01 02 04 07 10 13
01 02 04 09 13 14

01 02 04 11 12 13
01 02 05 06 08 11
01 02 05 06 10 14
01 02 05 07 08 09
01 02 05 07 12 15
01 02 05 08 12 14
01 02 05 10 12 13
01 02 06 07 08 12
01 02 06 07 13 14
01 02 06 09 11 12
01 02 06 09 13 15
01 02 06 12 14 15
01 02 07 09 11 13
01 02 07 09 14 15
01 02 07 10 12 14
01 02 08 09 10 14
01 02 08 10 12 15
01 02 08 13 14 15
01 02 09 10 11 15

8. 2胆16码的中6保5公式：

01 02 03 04 05 06
01 02 03 04 12 13
01 02 03 05 08 09
01 02 03 05 09 10
01 02 03 06 10 13
01 02 03 07 08 09
01 02 03 07 10 15
01 02 03 07 11 16
01 02 03 07 12 14
01 02 03 07 13 14
01 02 03 08 11 12

01 02 03 08 15 16
01 02 03 09 14 16
01 02 03 11 14 15
01 02 04 05 07 08
01 02 04 05 10 14
01 02 04 06 07 13
01 02 04 06 08 14
01 02 04 07 14 15
01 02 04 08 10 11
01 02 04 09 10 16
01 02 04 09 11 12
01 02 04 09 13 15
01 02 04 10 12 16
01 02 05 06 07 10
01 02 05 06 11 14
01 02 05 08 12 15
01 02 05 08 13 16
01 02 05 09 10 15
01 02 05 09 11 16
01 02 05 09 12 13
01 02 05 11 13 15
01 02 05 12 15 16
01 02 06 08 12 16
01 02 06 09 11 13
01 02 06 09 12 15
01 02 06 10 14 15
01 02 06 11 15 16
01 02 07 08 11 15
01 02 07 09 14 16
01 02 07 10 11 12
01 02 07 10 13 16
01 02 08 09 10 14

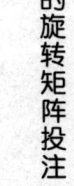

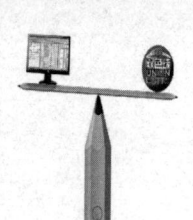

01 02 08 12 13 15
01 02 10 12 13 14
01 02 11 13 14 16

9. 2胆17码的中6保5公式：

01 02 03 04 06 07
01 02 03 04 11 15
01 02 03 05 09 16
01 02 03 05 10 17
01 02 03 05 13 15
01 02 03 06 09 14
01 02 03 06 12 13
01 02 03 07 08 13
01 02 03 07 08 16
01 02 03 07 11 12
01 02 03 08 09 10
01 02 03 08 10 12
01 02 03 10 13 14
01 02 03 10 14 15
01 02 03 14 16 17
01 02 04 05 06 08
01 02 04 05 09 17
01 02 04 05 12 14
01 02 04 06 08 16
01 02 04 06 09 12
01 02 04 06 13 14
01 02 04 07 10 11
01 02 04 08 09 13
01 02 04 08 14 17
01 02 04 09 14 15
01 02 04 10 15 16
01 02 04 11 13 16

01 02 04 12 13 17
01 02 04 12 15 16
01 02 05 06 07 11
01 02 05 06 15 17
01 02 05 07 08 15
01 02 05 07 12 13
01 02 05 07 14 16
01 02 05 08 11 12
01 02 05 08 11 14
01 02 05 09 10 13
01 02 05 12 16 17
01 02 06 07 09 15
01 02 06 07 10 12
01 02 06 08 11 17
01 02 06 08 14 15
01 02 06 10 11 16
01 02 06 10 14 17
01 02 06 13 15 16
01 02 07 08 10 12
01 02 07 09 11 14
01 02 07 09 16 17
01 02 07 13 15 17
01 02 08 10 13 16
01 02 08 13 15 17
01 02 09 11 13 17
01 02 09 11 15 16
01 02 09 12 14 16
01 02 09 12 15 17
01 02 10 11 12 15
01 02 11 12 14 15
01 02 12 13 14 17

10. 2胆18码的中6保5公式：

01 02 03 04 05 06
01 02 03 04 09 12
01 02 03 04 11 13
01 02 03 05 09 13
01 02 03 05 11 12
01 02 03 06 09 11
01 02 03 06 12 13
01 02 03 07 08 14
01 02 03 07 10 16
01 02 03 07 14 18
01 02 03 07 15 17
01 02 03 07 16 18
01 02 03 08 10 15
01 02 03 08 15 18
01 02 03 08 16 17
01 02 03 10 14 17
01 02 03 11 17 18
01 02 03 14 15 16
01 02 04 05 07 15
01 02 04 05 08 14
01 02 04 05 11 16
01 02 04 05 14 18
01 02 04 06 07 09
01 02 04 06 07 14
01 02 04 06 08 12
01 02 04 06 15 16
01 02 04 07 12 17
01 02 04 08 10 16
01 02 04 08 13 15
01 02 04 09 14 16
01 02 04 09 17 18

01 02 04 10 11 16
01 02 04 10 13 18
01 02 04 11 12 15
01 02 04 13 14 17
01 02 05 06 07 14
01 02 05 06 08 15
01 02 05 06 13 18
01 02 05 07 08 18
01 02 05 09 10 18
01 02 05 09 12 17
01 02 05 10 11 17
01 02 05 10 12 14
01 02 05 11 13 15
01 02 05 12 13 16
01 02 05 16 17 18
01 02 06 07 08 14
01 02 06 07 12 15
01 02 06 09 10 16
01 02 06 09 13 18
01 02 06 10 11 13
01 02 06 10 17 18
01 02 06 11 16 17
01 02 06 11 16 18
01 02 06 14 15 17
01 02 07 08 10 13
01 02 07 08 11 12
01 02 07 09 11 14
01 02 07 09 13 17
01 02 07 09 15 16
01 02 07 11 15 18
01 02 07 13 14 16
01 02 08 09 11 17

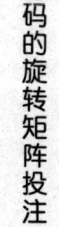

01 02 08 09 13 16
01 02 08 11 12 15
01 02 08 11 14 18
01 02 08 12 13 17
01 02 09 10 12 18
01 02 09 10 14 15
01 02 09 11 12 14
01 02 10 15 16 17
01 02 12 13 15 18
01 02 12 14 16 18

11. 2胆19码的中6保5公式：
01 02 03 04 05 06
01 02 03 04 07 15
01 02 03 04 09 17
01 02 03 04 18 19
01 02 03 05 08 14
01 02 03 05 09 18
01 02 03 06 09 15
01 02 03 06 12 17
01 02 03 07 08 16
01 02 03 07 11 15
01 02 03 07 12 15
01 02 03 07 14 18
01 02 03 08 09 19
01 02 03 09 10 12
01 02 03 10 11 14
01 02 03 10 13 18
01 02 03 11 12 13
01 02 03 13 14 17
01 02 03 13 16 19
01 02 03 14 16 18

01 02 04 05 07 13
01 02 04 05 07 16
01 02 04 05 10 15
01 02 04 05 12 19
01 02 04 06 07 12
01 02 04 06 07 16
01 02 04 06 08 11
01 02 04 06 08 17
01 02 04 06 10 16
01 02 04 06 17 18
01 02 04 07 10 19
01 02 04 07 14 15
01 02 04 08 10 18
01 02 04 08 12 17
01 02 04 08 13 15
01 02 04 09 11 16
01 02 04 09 13 14
01 02 04 11 17 18
01 02 04 12 14 16
01 02 04 13 17 19
01 02 04 15 18 19
01 02 05 06 08 13
01 02 05 06 09 12
01 02 05 06 11 14
01 02 05 07 08 09
01 02 05 07 10 18
01 02 05 07 17 19
01 02 05 10 14 17
01 02 05 10 16 19
01 02 05 11 15 19
01 02 05 11 16 17
01 02 05 12 13 16

01 02 05 13 15 17
01 02 05 14 18 19
01 02 05 15 16 18
01 02 06 07 09 10
01 02 06 07 11 19
01 02 06 07 13 15
01 02 06 08 10 15
01 02 06 08 12 18
01 02 06 09 13 19
01 02 06 10 13 14
01 02 06 10 14 19
01 02 06 11 14 17
01 02 06 11 16 18
01 02 06 15 16 17
01 02 07 08 14 19
01 02 07 09 13 17
01 02 07 09 18 19
01 02 07 10 16 17
01 02 07 11 12 14
01 02 07 12 16 19
01 02 08 09 14 16
01 02 08 10 11 17
01 02 08 10 12 13
01 02 08 11 12 15
01 02 08 11 13 18
01 02 08 15 17 18
01 02 08 16 17 19
01 02 09 10 11 13
01 02 09 10 15 16
01 02 09 11 12 15
01 02 09 12 17 18
01 02 09 14 15 18

01 02 10 11 12 18
01 02 10 15 17 19
01 02 11 13 14 16
01 02 11 14 17 19
01 02 12 13 16 18
01 02 12 14 15 19

12. 2胆20码的中6保5公式：

01 02 03 04 05 06
01 02 03 04 05 10
01 02 03 04 09 14
01 02 03 04 11 15
01 02 03 04 13 20
01 02 03 05 08 18
01 02 03 05 09 12
01 02 03 05 09 18
01 02 03 05 11 14
01 02 03 05 19 20
01 02 03 06 09 19
01 02 03 06 10 18
01 02 03 06 11 12
01 02 03 06 14 20
01 02 03 07 08 09
01 02 03 07 10 13
01 02 03 07 12 15
01 02 03 07 17 19
01 02 03 08 10 17
01 02 03 08 11 19
01 02 03 09 15 16
01 02 03 10 11 12
01 02 03 11 14 16
01 02 03 12 13 16

第4章 选择号码的旋转矩阵投注

·207·

01 02 03 12 15 17

01 02 03 13 14 15

01 02 03 15 16 20

01 02 03 16 17 18

01 02 04 05 08 19

01 02 04 05 09 20

01 02 04 05 12 16

01 02 04 06 07 09

01 02 04 06 08 10

01 02 04 06 10 11

01 02 04 06 10 15

01 02 04 06 13 16

01 02 04 07 08 16

01 02 04 07 10 13

01 02 04 07 15 19

01 02 04 07 17 18

01 02 04 08 11 14

01 02 04 08 12 20

01 02 04 08 13 14

01 02 04 09 10 16

01 02 04 09 12 15

01 02 04 11 17 19

01 02 04 12 14 17

01 02 04 12 18 19

01 02 04 14 15 18

01 02 04 16 19 20

01 02 05 06 07 14

01 02 05 06 12 20

01 02 05 06 13 19

01 02 05 07 08 12

01 02 05 07 11 15

01 02 05 07 16 19

01 02 05 08 10 16

01 02 05 08 19 20

01 02 05 09 10 15

01 02 05 09 12 19

01 02 05 09 13 17

01 02 05 09 16 20

01 02 05 10 11 17

01 02 05 11 13 18

01 02 05 11 17 18

01 02 05 12 14 18

01 02 05 13 15 20

01 02 05 14 15 17

01 02 06 07 09 13

01 02 06 07 10 19

01 02 06 07 12 16

01 02 06 07 16 17

01 02 06 08 09 17

01 02 06 08 11 16

01 02 06 08 13 18

01 02 06 08 15 20

01 02 06 08 16 20

01 02 06 09 10 14

01 02 06 09 11 14

01 02 06 11 17 19

01 02 06 12 14 19

01 02 06 13 15 17

01 02 06 15 16 18

01 02 06 17 18 20

01 02 07 08 11 20

01 02 07 08 13 15

01 02 07 09 10 15

01 02 07 09 14 19

01 02 07 10 14 18
01 02 07 10 18 20
01 02 07 11 12 13
01 02 07 11 16 18
01 02 07 12 18 20
01 02 07 14 17 20
01 02 08 09 11 19
01 02 08 09 12 14
01 02 08 09 12 18
01 02 08 10 11 15
01 02 08 12 13 19
01 02 08 14 18 19
01 02 08 15 16 17
01 02 09 10 13 20
01 02 09 11 12 17
01 02 09 11 13 16
01 02 09 11 18 20
01 02 09 13 18 19
01 02 09 14 17 18
01 02 09 15 17 20
01 02 10 11 14 20
01 02 10 12 13 18
01 02 10 12 17 20
01 02 10 13 14 19
01 02 10 14 15 16
01 02 10 15 18 19
01 02 10 16 17 19
01 02 11 12 14 20
01 02 11 12 15 19
01 02 11 13 17 20
01 02 13 14 16 20
01 02 13 15 19 20

五、双色球红球号码含2胆的出6保6公式

1. 2胆8码的中6保6公式：

01 02 03 04 05 06
01 02 03 04 05 07
01 02 03 04 05 08
01 02 03 04 06 07
01 02 03 04 06 08
01 02 03 04 07 08
01 02 03 05 06 07
01 02 03 05 06 08
01 02 03 05 07 08
01 02 03 06 07 08
01 02 04 05 06 07
01 02 04 05 06 08
01 02 04 05 07 08
01 02 04 06 07 08
01 02 05 06 07 08

2. 2胆9码的中6保6公式：

01 02 03 04 05 06
01 02 03 04 05 07
01 02 03 04 05 08
01 02 03 04 05 09
01 02 03 04 06 07
01 02 03 04 06 08
01 02 03 04 06 09
01 02 03 04 07 08
01 02 03 04 07 09
01 02 03 04 08 09
01 02 03 05 06 07

01 02 03 05 06 08
01 02 03 05 06 09
01 02 03 05 07 08
01 02 03 05 07 09
01 02 03 05 08 09
01 02 03 06 07 08
01 02 03 06 07 09
01 02 03 06 08 09
01 02 03 07 08 09
01 02 04 05 06 07
01 02 04 05 06 08
01 02 04 05 06 09
01 02 04 05 07 08
01 02 04 05 07 09
01 02 04 05 08 09
01 02 04 06 07 08
01 02 04 06 07 09
01 02 04 06 08 09
01 02 04 07 08 09
01 02 05 06 07 08
01 02 05 06 07 09
01 02 05 06 08 09
01 02 05 07 08 09
01 02 06 07 08 09

3. 2胆10码的中6保6公式：

01 02 03 04 05 06
01 02 03 04 05 07
01 02 03 04 05 08
01 02 03 04 05 09
01 02 03 04 05 10
01 02 03 04 06 07
01 02 03 04 06 08
01 02 03 04 06 09
01 02 03 04 06 10
01 02 03 04 07 08
01 02 03 04 07 09
01 02 03 04 07 10
01 02 03 04 08 09
01 02 03 04 08 10
01 02 03 04 09 10
01 02 03 05 06 07
01 02 03 05 06 08
01 02 03 05 06 09
01 02 03 05 06 10
01 02 03 05 07 08
01 02 03 05 07 09
01 02 03 05 07 10
01 02 03 05 08 09
01 02 03 05 08 10
01 02 03 05 09 10
01 02 03 06 07 08
01 02 03 06 07 09
01 02 03 06 07 10
01 02 03 06 08 09
01 02 03 06 08 10
01 02 03 06 09 10
01 02 03 07 08 09
01 02 03 07 08 10
01 02 03 07 09 10
01 02 03 08 09 10
01 02 04 05 06 07
01 02 04 05 06 08
01 02 04 05 06 09

01 02 04 05 06 10
01 02 04 05 07 08
01 02 04 05 07 09
01 02 04 05 07 10
01 02 04 05 08 09
01 02 04 05 08 10
01 02 04 05 09 10
01 02 04 06 07 08
01 02 04 06 07 09
01 02 04 06 07 10
01 02 04 06 08 09
01 02 04 06 08 10
01 02 04 06 09 10
01 02 04 07 08 09
01 02 04 07 08 10
01 02 04 07 09 10
01 02 04 08 09 10
01 02 05 06 07 08
01 02 05 06 07 09
01 02 05 06 07 10
01 02 05 06 08 09
01 02 05 06 08 10
01 02 05 06 09 10
01 02 05 07 08 09
01 02 05 07 08 10
01 02 05 07 09 10
01 02 05 08 09 10
01 02 06 07 08 09
01 02 06 07 08 10
01 02 06 07 09 10
01 02 06 08 09 10
01 02 07 08 09 10

4. 2胆11码的中6保6公式：

01 02 03 04 05 06
01 02 03 04 05 07
01 02 03 04 05 08
01 02 03 04 05 09
01 02 03 04 05 10
01 02 03 04 05 11
01 02 03 04 06 07
01 02 03 04 06 08
01 02 03 04 06 09
01 02 03 04 06 10
01 02 03 04 06 11
01 02 03 04 07 08
01 02 03 04 07 09
01 02 03 04 07 10
01 02 03 04 07 11
01 02 03 04 08 09
01 02 03 04 08 10
01 02 03 04 08 11
01 02 03 04 09 10
01 02 03 04 09 11
01 02 03 04 10 11
01 02 03 05 06 07
01 02 03 05 06 08
01 02 03 05 06 09
01 02 03 05 06 10
01 02 03 05 06 11
01 02 03 05 07 08
01 02 03 05 07 09
01 02 03 05 07 10
01 02 03 05 07 11

01 02 03 05 08 09
01 02 03 05 08 10
01 02 03 05 08 11
01 02 03 05 09 10
01 02 03 05 09 11
01 02 03 05 10 11
01 02 03 06 07 08
01 02 03 06 07 09
01 02 03 06 07 10
01 02 03 06 07 11
01 02 03 06 08 09
01 02 03 06 08 10
01 02 03 06 08 11
01 02 03 06 09 10
01 02 03 06 09 11
01 02 03 06 10 11
01 02 03 07 08 09
01 02 03 07 08 10
01 02 03 07 08 11
01 02 03 07 09 10
01 02 03 07 09 11
01 02 03 07 10 11
01 02 03 08 09 10
01 02 03 08 09 11
01 02 03 08 10 11
01 02 03 09 10 11
01 02 04 05 06 07
01 02 04 05 06 08
01 02 04 05 06 09
01 02 04 05 06 10
01 02 04 05 06 11
01 02 04 05 07 08
01 02 04 05 07 09
01 02 04 05 07 10
01 02 04 05 07 11
01 02 04 05 08 09
01 02 04 05 08 10
01 02 04 05 08 11
01 02 04 05 09 10
01 02 04 05 09 11
01 02 04 05 10 11
01 02 04 06 07 08
01 02 04 06 07 09
01 02 04 06 07 10
01 02 04 06 07 11
01 02 04 06 08 09
01 02 04 06 08 10
01 02 04 06 08 11
01 02 04 06 09 10
01 02 04 06 09 11
01 02 04 06 10 11
01 02 04 07 08 09
01 02 04 07 08 10
01 02 04 07 08 11
01 02 04 07 09 10
01 02 04 07 09 11
01 02 04 07 10 11
01 02 04 08 09 10
01 02 04 08 09 11
01 02 04 08 10 11
01 02 04 09 10 11
01 02 05 06 07 08
01 02 05 06 07 09
01 02 05 06 07 10

01 02 05 06 07 11
01 02 05 06 08 09
01 02 05 06 08 10
01 02 05 06 08 11
01 02 05 06 09 10
01 02 05 06 09 11
01 02 05 06 10 11
01 02 05 07 08 09
01 02 05 07 08 10
01 02 05 07 08 11
01 02 05 07 09 10
01 02 05 07 09 11
01 02 05 07 10 11
01 02 05 08 09 10
01 02 05 08 09 11
01 02 05 08 10 11
01 02 05 09 10 11
01 02 06 07 08 09
01 02 06 07 08 10
01 02 06 07 08 11
01 02 06 07 09 10
01 02 06 07 09 11
01 02 06 07 10 11
01 02 06 08 09 10
01 02 06 08 09 11
01 02 06 08 10 11
01 02 06 09 10 11
01 02 07 08 09 10
01 02 07 08 09 11
01 02 07 08 10 11
01 02 07 09 10 11
01 02 08 09 10 11

5. 2胆12码的中6保6公式：

01 02 03 04 05 06
01 02 03 04 05 07
01 02 03 04 05 08
01 02 03 04 05 09
01 02 03 04 05 10
01 02 03 04 05 11
01 02 03 04 05 12
01 02 03 04 06 07
01 02 03 04 06 08
01 02 03 04 06 09
01 02 03 04 06 10
01 02 03 04 06 11
01 02 03 04 06 12
01 02 03 04 07 08
01 02 03 04 07 09
01 02 03 04 07 10
01 02 03 04 07 11
01 02 03 04 07 12
01 02 03 04 08 09
01 02 03 04 08 10
01 02 03 04 08 11
01 02 03 04 08 12
01 02 03 04 09 10
01 02 03 04 09 11
01 02 03 04 09 12
01 02 03 04 10 11
01 02 03 04 10 12
01 02 03 04 11 12
01 02 03 05 06 07
01 02 03 05 06 08
01 02 03 05 06 09

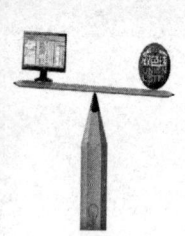

01 02 03 05 06 10
01 02 03 05 06 11
01 02 03 05 06 12
01 02 03 05 07 08
01 02 03 05 07 09
01 02 03 05 07 10
01 02 03 05 07 11
01 02 03 05 07 12
01 02 03 05 08 09
01 02 03 05 08 10
01 02 03 05 08 11
01 02 03 05 08 12
01 02 03 05 09 10
01 02 03 05 09 11
01 02 03 05 09 12
01 02 03 05 10 11
01 02 03 05 10 12
01 02 03 05 11 12
01 02 03 06 07 08
01 02 03 06 07 09
01 02 03 06 07 10
01 02 03 06 07 11
01 02 03 06 07 12
01 02 03 06 08 09
01 02 03 06 08 10
01 02 03 06 08 11
01 02 03 06 08 12
01 02 03 06 09 10
01 02 03 06 09 11
01 02 03 06 09 12
01 02 03 06 10 11
01 02 03 06 10 12

01 02 03 06 11 12
01 02 03 07 08 09
01 02 03 07 08 10
01 02 03 07 08 11
01 02 03 07 08 12
01 02 03 07 09 10
01 02 03 07 09 11
01 02 03 07 09 12
01 02 03 07 10 11
01 02 03 07 10 12
01 02 03 07 11 12
01 02 03 08 09 10
01 02 03 08 09 11
01 02 03 08 09 12
01 02 03 08 10 11
01 02 03 08 10 12
01 02 03 08 11 12
01 02 03 09 10 11
01 02 03 09 10 12
01 02 03 09 11 12
01 02 03 10 11 12
01 02 04 05 06 07
01 02 04 05 06 08
01 02 04 05 06 09
01 02 04 05 06 10
01 02 04 05 06 11
01 02 04 05 06 12
01 02 04 05 07 08
01 02 04 05 07 09
01 02 04 05 07 10
01 02 04 05 07 11
01 02 04 05 07 12

01 02 04 05 08 09
01 02 04 05 08 10
01 02 04 05 08 11
01 02 04 05 08 12
01 02 04 05 09 10
01 02 04 05 09 11
01 02 04 05 09 12
01 02 04 05 10 11
01 02 04 05 10 12
01 02 04 05 11 12
01 02 04 06 07 08
01 02 04 06 07 09
01 02 04 06 07 10
01 02 04 06 07 11
01 02 04 06 07 12
01 02 04 06 08 09
01 02 04 06 08 10
01 02 04 06 08 11
01 02 04 06 08 12
01 02 04 06 09 10
01 02 04 06 09 11
01 02 04 06 09 12
01 02 04 06 10 11
01 02 04 06 10 12
01 02 04 06 11 12
01 02 04 07 08 09
01 02 04 07 08 10
01 02 04 07 08 11
01 02 04 07 08 12
01 02 04 07 09 10
01 02 04 07 09 11
01 02 04 07 09 12

01 02 04 07 10 11
01 02 04 07 10 12
01 02 04 07 11 12
01 02 04 08 09 10
01 02 04 08 09 11
01 02 04 08 09 12
01 02 04 08 10 11
01 02 04 08 10 12
01 02 04 08 11 12
01 02 04 09 10 11
01 02 04 09 10 12
01 02 04 09 11 12
01 02 04 10 11 12
01 02 05 06 07 08
01 02 05 06 07 09
01 02 05 06 07 10
01 02 05 06 07 11
01 02 05 06 07 12
01 02 05 06 08 09
01 02 05 06 08 10
01 02 05 06 08 11
01 02 05 06 08 12
01 02 05 06 09 10
01 02 05 06 09 11
01 02 05 06 09 12
01 02 05 06 10 11
01 02 05 06 10 12
01 02 05 06 11 12
01 02 05 07 08 09
01 02 05 07 08 10
01 02 05 07 08 11
01 02 05 07 08 12

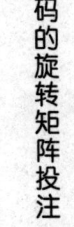

01 02 05 07 09 10
01 02 05 07 09 11
01 02 05 07 09 12
01 02 05 07 10 11
01 02 05 07 10 12
01 02 05 07 11 12
01 02 05 08 09 10
01 02 05 08 09 11
01 02 05 08 09 12
01 02 05 08 10 11
01 02 05 08 10 12
01 02 05 08 11 12
01 02 05 09 10 11
01 02 05 09 10 12
01 02 05 09 11 12
01 02 05 10 11 12
01 02 06 07 08 09
01 02 06 07 08 10
01 02 06 07 08 11
01 02 06 07 08 12
01 02 06 07 09 10
01 02 06 07 09 11
01 02 06 07 09 12
01 02 06 07 10 11
01 02 06 07 10 12
01 02 06 07 11 12
01 02 06 08 09 10
01 02 06 08 09 11
01 02 06 08 09 12
01 02 06 08 10 11
01 02 06 08 10 12
01 02 06 08 11 12

01 02 06 09 10 11
01 02 06 09 10 12
01 02 06 09 11 12
01 02 06 10 11 12
01 02 07 08 09 10
01 02 07 08 09 11
01 02 07 08 09 12
01 02 07 08 10 11
01 02 07 08 10 12
01 02 07 08 11 12
01 02 07 09 10 11
01 02 07 09 10 12
01 02 07 09 11 12
01 02 07 10 11 12
01 02 08 09 10 11
01 02 08 09 10 12
01 02 08 09 11 12
01 02 08 10 11 12
01 02 09 10 11 12

6. 2胆13码的中6保6公式：

01 02 03 04 05 06
01 02 03 04 05 07
01 02 03 04 05 08
01 02 03 04 05 09
01 02 03 04 05 10
01 02 03 04 05 11
01 02 03 04 05 12
01 02 03 04 05 13
01 02 03 04 06 07
01 02 03 04 06 08
01 02 03 04 06 09
01 02 03 04 06 10

01 02 03 04 06 11
01 02 03 04 06 12
01 02 03 04 06 13
01 02 03 04 07 08
01 02 03 04 07 09
01 02 03 04 07 10
01 02 03 04 07 11
01 02 03 04 07 12
01 02 03 04 07 13
01 02 03 04 08 09
01 02 03 04 08 10
01 02 03 04 08 11
01 02 03 04 08 12
01 02 03 04 08 13
01 02 03 04 09 10
01 02 03 04 09 11
01 02 03 04 09 12
01 02 03 04 09 13
01 02 03 04 10 11
01 02 03 04 10 12
01 02 03 04 10 13
01 02 03 04 11 12
01 02 03 04 11 13
01 02 03 04 12 13
01 02 03 05 06 07
01 02 03 05 06 08
01 02 03 05 06 09
01 02 03 05 06 10
01 02 03 05 06 11
01 02 03 05 06 12
01 02 03 05 06 13
01 02 03 05 07 08

01 02 03 05 07 09
01 02 03 05 07 10
01 02 03 05 07 11
01 02 03 05 07 12
01 02 03 05 07 13
01 02 03 05 08 09
01 02 03 05 08 10
01 02 03 05 08 11
01 02 03 05 08 12
01 02 03 05 08 13
01 02 03 05 09 10
01 02 03 05 09 11
01 02 03 05 09 12
01 02 03 05 09 13
01 02 03 05 10 11
01 02 03 05 10 12
01 02 03 05 10 13
01 02 03 05 11 12
01 02 03 05 11 13
01 02 03 05 12 13
01 02 03 06 07 08
01 02 03 06 07 09
01 02 03 06 07 10
01 02 03 06 07 11
01 02 03 06 07 12
01 02 03 06 07 13
01 02 03 06 08 09
01 02 03 06 08 10
01 02 03 06 08 11
01 02 03 06 08 12
01 02 03 06 08 13
01 02 03 06 09 10

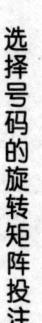

01 02 03 06 09 11
01 02 03 06 09 12
01 02 03 06 09 13
01 02 03 06 10 11
01 02 03 06 10 12
01 02 03 06 10 13
01 02 03 06 11 12
01 02 03 06 11 13
01 02 03 06 12 13
01 02 03 07 08 09
01 02 03 07 08 10
01 02 03 07 08 11
01 02 03 07 08 12
01 02 03 07 08 13
01 02 03 07 09 10
01 02 03 07 09 11
01 02 03 07 09 12
01 02 03 07 09 13
01 02 03 07 10 11
01 02 03 07 10 12
01 02 03 07 10 13
01 02 03 07 11 12
01 02 03 07 11 13
01 02 03 07 12 13
01 02 03 08 09 10
01 02 03 08 09 11
01 02 03 08 09 12
01 02 03 08 09 13
01 02 03 08 10 11
01 02 03 08 10 12
01 02 03 08 10 13
01 02 03 08 11 12

01 02 03 08 11 13
01 02 03 08 12 13
01 02 03 09 10 11
01 02 03 09 10 12
01 02 03 09 10 13
01 02 03 09 11 12
01 02 03 09 11 13
01 02 03 09 12 13
01 02 03 10 11 12
01 02 03 10 11 13
01 02 03 10 12 13
01 02 03 11 12 13
01 02 04 05 06 07
01 02 04 05 06 08
01 02 04 05 06 09
01 02 04 05 06 10
01 02 04 05 06 11
01 02 04 05 06 12
01 02 04 05 06 13
01 02 04 05 07 08
01 02 04 05 07 09
01 02 04 05 07 10
01 02 04 05 07 11
01 02 04 05 07 12
01 02 04 05 07 13
01 02 04 05 08 09
01 02 04 05 08 10
01 02 04 05 08 11
01 02 04 05 08 12
01 02 04 05 08 13
01 02 04 05 09 10
01 02 04 05 09 11

01 02 04 05 09 12
01 02 04 05 09 13
01 02 04 05 10 11
01 02 04 05 10 12
01 02 04 05 10 13
01 02 04 05 11 12
01 02 04 05 11 13
01 02 04 05 12 13
01 02 04 06 07 08
01 02 04 06 07 09
01 02 04 06 07 10
01 02 04 06 07 11
01 02 04 06 07 12
01 02 04 06 07 13
01 02 04 06 08 09
01 02 04 06 08 10
01 02 04 06 08 11
01 02 04 06 08 12
01 02 04 06 08 13
01 02 04 06 09 10
01 02 04 06 09 11
01 02 04 06 09 12
01 02 04 06 09 13
01 02 04 06 10 11
01 02 04 06 10 12
01 02 04 06 10 13
01 02 04 06 11 12
01 02 04 06 11 13
01 02 04 06 12 13
01 02 04 07 08 09
01 02 04 07 08 10
01 02 04 07 08 11

01 02 04 07 08 12
01 02 04 07 08 13
01 02 04 07 09 10
01 02 04 07 09 11
01 02 04 07 09 12
01 02 04 07 09 13
01 02 04 07 10 11
01 02 04 07 10 12
01 02 04 07 10 13
01 02 04 07 11 12
01 02 04 07 11 13
01 02 04 07 12 13
01 02 04 08 09 10
01 02 04 08 09 11
01 02 04 08 09 12
01 02 04 08 09 13
01 02 04 08 10 11
01 02 04 08 10 12
01 02 04 08 10 13
01 02 04 08 11 12
01 02 04 08 11 13
01 02 04 08 12 13
01 02 04 09 10 11
01 02 04 09 10 12
01 02 04 09 10 13
01 02 04 09 11 12
01 02 04 09 11 13
01 02 04 09 12 13
01 02 04 10 11 12
01 02 04 10 11 13
01 02 04 10 12 13
01 02 04 11 12 13

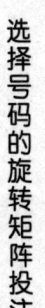

01 02 05 06 07 08
01 02 05 06 07 09
01 02 05 06 07 10
01 02 05 06 07 11
01 02 05 06 07 12
01 02 05 06 07 13
01 02 05 06 08 09
01 02 05 06 08 10
01 02 05 06 08 11
01 02 05 06 08 12
01 02 05 06 08 13
01 02 05 06 09 10
01 02 05 06 09 11
01 02 05 06 09 12
01 02 05 06 09 13
01 02 05 06 10 11
01 02 05 06 10 12
01 02 05 06 10 13
01 02 05 06 11 12
01 02 05 06 11 13
01 02 05 06 12 13
01 02 05 07 08 09
01 02 05 07 08 10
01 02 05 07 08 11
01 02 05 07 08 12
01 02 05 07 08 13
01 02 05 07 09 10
01 02 05 07 09 11
01 02 05 07 09 12
01 02 05 07 09 13
01 02 05 07 10 11
01 02 05 07 10 12

01 02 05 07 10 13
01 02 05 07 11 12
01 02 05 07 11 13
01 02 05 07 12 13
01 02 05 08 09 10
01 02 05 08 09 11
01 02 05 08 09 12
01 02 05 08 09 13
01 02 05 08 10 11
01 02 05 08 10 12
01 02 05 08 10 13
01 02 05 08 11 12
01 02 05 08 11 13
01 02 05 08 12 13
01 02 05 09 10 11
01 02 05 09 10 12
01 02 05 09 10 13
01 02 05 09 11 12
01 02 05 09 11 13
01 02 05 09 12 13
01 02 05 10 11 12
01 02 05 10 11 13
01 02 05 10 12 13
01 02 05 11 12 13
01 02 06 07 08 09
01 02 06 07 08 10
01 02 06 07 08 11
01 02 06 07 08 12
01 02 06 07 08 13
01 02 06 07 09 10
01 02 06 07 09 11
01 02 06 07 09 12

01 02 06 07 09 13
01 02 06 07 10 11
01 02 06 07 10 12
01 02 06 07 10 13
01 02 06 07 11 12
01 02 06 07 11 13
01 02 06 07 12 13
01 02 06 08 09 10
01 02 06 08 09 11
01 02 06 08 09 12
01 02 06 08 09 13
01 02 06 08 10 11
01 02 06 08 10 12
01 02 06 08 10 13
01 02 06 08 11 12
01 02 06 08 11 13
01 02 06 08 12 13
01 02 06 09 10 11
01 02 06 09 10 12
01 02 06 09 10 13
01 02 06 09 11 12
01 02 06 09 11 13
01 02 06 09 12 13
01 02 06 10 11 12
01 02 06 10 11 13
01 02 06 10 12 13
01 02 06 11 12 13
01 02 07 08 09 10
01 02 07 08 09 11
01 02 07 08 09 12
01 02 07 08 09 13

01 02 07 08 10 11
01 02 07 08 10 12
01 02 07 08 10 13
01 02 07 08 11 12
01 02 07 08 11 13
01 02 07 08 12 13
01 02 07 09 10 11
01 02 07 09 10 12
01 02 07 09 10 13
01 02 07 09 11 12
01 02 07 09 11 13
01 02 07 09 12 13
01 02 07 10 11 12
01 02 07 10 11 13
01 02 07 10 12 13
01 02 07 11 12 13
01 02 08 09 10 11
01 02 08 09 10 12
01 02 08 09 10 13
01 02 08 09 11 12
01 02 08 09 11 13
01 02 08 09 12 13
01 02 08 10 11 12
01 02 08 10 11 13
01 02 08 10 12 13
01 02 08 11 12 13
01 02 09 10 11 12
01 02 09 10 11 13
01 02 09 10 12 13
01 02 09 11 12 13
01 02 10 11 12 13

第36节　足球彩票的旋转矩阵

足球彩票是一种竞猜游戏，但从游戏设计的原理上来看，它与数字型彩票其实有很多的相同之处。对于目前国内的足球彩票胜负彩来说，选14场的玩法也就是14位号码，每一位号码的备选号码有3个（3、1、0），购买彩票时需要从每一位3个号码中选出1个号码即可。兑奖时，14个位置全部选中则中一等奖，选中任意13个位置则中二等奖。

足球彩票还有一种玩法叫"进球彩"，玩法为选8支球队的进球数（备选号码为0、1、2、3共4种选择），也相当于8位号码，每一位号码有4种选择，购买时，从每一位置选出1个号码即可。

与以上足球彩票游戏规则匹配度最高的，就是东方6+1。东方6+1属数字型彩票范畴，由江苏省、浙江省、上海市、安徽省、江西省和福建省（简称华东六省市）在各自所属行政区域内联合销售。东方6+1彩票投注区分为基本号码区和生肖码区。东方6+1每注投注号码由一个6位自然数的基本号码和1个生肖码排列组成。基本号码从六位自然数000000—999999中选择；生肖码从十二个生肖中选择。其中奖规定中最低奖为投注号码（含基本号码和生肖码）有3位与当期开奖号码按位相符，或投注号码有1位基本号码与当期开奖基本号码按位相符且生肖码相符，即中奖。

所以，本节介绍的中14保13旋转矩阵，不仅适用于足球彩票的胜负彩，还可适用于东方6+1等非兑猜类彩票。

中国体育彩票联网游戏七星彩与东方6+1相似，但是，七星彩低等奖的中奖条件要求"中奖号码必须连续"，如最低将要求"按位置连续中2个号码"，因为中奖条件不同，所以，本节介绍的中14保13旋转矩阵的方法，不适用于七星彩。

为了完成足球彩票中14保13的功能，我们首先需要建立如下图所示的输入界面：

然后，根据我们的需要，编写相应功能的 EXCEL 宏命令代码如下：

```
Sub 足彩中14保13（）
    hs1 = 2
    For i1 = 1 To Len（Cells（2, 5））
     For i2 = 1 To Len（Cells（3, 5））
      For i3 = 1 To Len（Cells（4, 5））
       For i4 = 1 To Len（Cells（5, 5））
        For i5 = 1 To Len（Cells（6, 5））
         For i6 = 1 To Len（Cells（7, 5））
          For i7 = 1 To Len（Cells（8, 5））
           For i8 = 1 To Len（Cells（9, 5））
            For i9 = 1 To Len（Cells（10, 5））
             For i10 = 1 To Len（Cells（11, 5））
              For i11 = 1 To Len（Cells（12, 5））
               For i12 = 1 To Len（Cells（13, 5））
                For i13 = 1 To Len（Cells（14, 5））
                 For i14 = 1 To Len（Cells（15, 5））
                   str1 = Mid（Cells（2, 5）, i1, 1）& Mid（Cells（3, 5）, i2, 1）& Mid（Cells（4, 5）, i3, 1）
                   str1 = str1 & Mid（Cells（5, 5）, i4, 1）& Mid（Cells（6, 5）, i5, 1）& Mid（Cells（7, 5）, i6, 1）
                   str1 = str1 & Mid（Cells（8, 5）, i7, 1）& Mid（Cells（9, 5）, i8, 1）& Mid（Cells（10, 5）, i9, 1）
                   str1 = str1 & Mid（Cells（11, 5）, i10, 1）& Mid（Cells（12, 5）, i11, 1）& Mid（Cells（13, 5）, i12, 1）
```

```
                              str1 = str1 & Mid（Cells（14, 5）, i13, 1）&
Mid（Cells（15, 5）, i14, 1）
                                          bz = 0
                                          For k1 = 1 To hs1 - 2
                                              ls1 = 0
                                              str2 = Cells（hs1 - 1, 2）
                                              For k2 = 1 To 14
                                                  If Mid（str1, k2, 1）= Mid
（str2, k2, 1）Then ls1 = ls1 + 1
                                              Next k2
                                              If ls1 > 12 Then bz = 1: Exit For
                                          Next k1
                                          If bz = 0 Then
                                              Cells（hs1, 1）= hs1 - 1
                                              Cells（hs1, 2）= str1
                                              hs1 = hs1 + 1
                                          End If
                                      Next i14
                                  Next i13
                              Next i12
                          Next i11
                      Next i10
                  Next i9
              Next i8
          Next i7
        Next i6
      Next i5
    Next i4
  Next i3
 Next i2
Next i1
End Sub
```

做好以上工作后，在每一场次输入好选择结果，点按“足彩中 14 保 13”按钮，就会实现以上结果的“中 14 保 13”效果，以下为运行后的界面：

	A	B	C	D	E
1	序号	最终投注		场次	结果
2	1	33311333300311		第1场	310
3	2	33311333300101		第2场	3
4	3	33311333300011		第3场	31
5	4	33311333100311		第4场	1
6	5	33311333100101		第5场	10
7	6	33311333100011		第6场	3
8	7	33311303300311		第7场	30
9	8	33311303300101		第8场	3
10	9	33311303300011		第9场	31
11	10	33311303100311		第10场	0
12	11	33311303100101		第11场	0
13	12	33311303100011		第12场	310
14	13	33310333300311		第13场	10
15	14	33310333300101		第14场	1
16	15	33310333300011			
17	16	33310333100311		足彩中14保13	
18	17	33310333100101			
19	18	33310333100011			
20	19	33310303300311			

由于足球彩票胜负彩只有 2 个奖级，因此，只能做出“中 14 保 13”的旋转矩阵，如按此方法应用到东方 6+1，则可做好很多种旋转矩阵，如“中 6 保 5”、“中 6 保 4”、“中 6 保 3”等，而且，“中”和“保”的数值差越大，旋转矩阵的“缩水”比例越高，可以极大地节省投注资金。

彩票 Excel 全攻略

第 5 章 胆拖投注和分段式投注

第 37 节 怎样实现胆拖投注

所谓"胆拖投注"可以作这样的理解：将你认为肯定会出的号码称为"胆"，认为可能会出但不敢肯定的号码称为拖。如下所示：

红球胆：01、02、03、04、05

拖：30、31、32、33

蓝球：16

以上的投注可以在支持"胆拖投注"的投注系统用一张彩票直接投注出来，投注额为 8 元。如果我们把它分解出来，就是以下几注：

01、02、03、04、05、30+16

01、02、03、04、05、31+16

01、02、03、04、05、32+16

01、02、03、04、05、33+16

以上的红球号码是 5 胆 4 拖的例子，共选有 9 个号码，如果我们同样选这 9 个红球号码，我们也可选 1-4 个胆，比如我们只选 1 个胆 8 个拖，则投注额会有 56 注，比目前的 4 注投注高出许多倍，也就是说胆码越多投注额越少，拖码越多则投注额越多。

实际上，单式投注就是胆码多的一个极端，相当于 6 个胆码 0 个拖码。

而复式投注就是拖码多的一个极端，相当于 0 个胆码，其余都是拖码，所以 0 胆 9 拖的投注额即 9 个号码的复式投注，共 84 注。

以上是不同胆码和拖码的投注额的区别。

为读者方便，我们列出 9 个号码中不同胆码数和拖码数的投注额表如下：

胆码数	0	1	2	3	4	5	6
拖码数	9	8	7	6	5	4	3
投注额	84	56	35	20	10	4	1

对于胆码投注，除投注额差别很大外，在中奖效果上也有很大的差别。

比如以上 9 个号码全部中奖了，而且我们选出的 5 个胆码也全部中奖，显而易见，全部投注中会有 1 注一等奖（假设蓝球号码也中奖）。

但如果 9 个号码全部中奖了，但 5 个胆码只中了 2 个，而 4 个拖码则全部中奖，那么全部投注中就只能中 4 注 3+1（同样假设蓝码中奖）。

但如果我们选择的是 1 胆 8 拖，即使中奖号码全部在拖码中，也会有 1 注中 5+1。

若选择的是 1 胆 8 拖，但胆码中奖，则全部投注中会有 1 注中 6+1，即中一等奖。

因此，即使选出的号码全中，但投注时选择了几个胆码几个拖码，其中的胆码有几个中奖号码、拖码有几个中奖号码，会对中奖效果有很大的影响。而且这种影响会比较复杂，复杂到没法用一张表格完全列举出来。

但如果我们将胆拖投注的实际内容分解出来，列出每一个单式投注，那么，中奖效果如何就会一目了然了。

为此，我们给出 EXCEL 的将胆拖投注分解成单注的宏命令如下：

```
Sub 胆拖投注( )
        Dim ls3 As Double
        ls3 = 2
        dm1 = Cells ( 2, 5 )        '胆码
        tm1 = Cells ( 3, 5 )        '拖码
        str1 = tm1
        ls1 = Int ( ( Len ( str1 ) + 1 ) / 3 ) : ls2 = Int ( ( Len ( dm1 ) + 1 ) / 3 ) :
        If ls2 > 5 Then MsgBox ( " 选择的胆码个数太多! 请重新选择" ) : Exit Sub
        If ( ls1+ls2 ) < 7 Then MsgBox ( " 选择的号码个数太少! 请重新选择" ) :
Exit Sub
        For i1 = 1 To ls1 - 4
            For i2 = i1 + 1 To ls1 - 3
                For i3 = i2 + 1 To ls1 - 2
                    For i4 = i3 + 1 To ls1 - 1
                        For i5 = i4 + 1 To ls1 - 0
                            str2 = dm1 & " " & Mid ( str1, i1 * 3 - 2, 3 ) & Mid
( str1, i2 * 3 - 2, 3 ) & Mid ( str1, i3 * 3 - 2, 3 ) & Mid ( str1, i4 * 3 - 2, 3 ) & Mid
( str1, i5 * 3 - 2, 3 )
                            Cells ( ls3, 1 ) = ls3 - 1
                            Cells ( ls3, 2 ) = str2
                            ls3 = ls3 + 1
                        Next i5
                    Next i4
                Next i3
            Next i2
        Next i1
        End Sub
```

以下为胆拖投注的设计界面和运行结果：

在以上胆拖投注界面中，胆码的可选数为 1-5 个，拖码+胆码的个数要大于 7 个。

通过以上宏命令，将胆拖投注的内容分解成单注后，中奖情况如何就能一目了然了，读者可试着假设胆码中几个、拖码中几个，来统计出最后的中奖效果，如有必要，还可自己建立一张中奖效果表，以此来增加对胆拖投注的深入了解。

第38节　怎样实现先定胆后旋转的投注

旋转矩阵我们在前面的章节已经介绍过了，胆拖投注我们也在上一章节介绍过了。但不论是旋转矩阵，还是胆拖投注，仍然不能满足很多彩民的需求，不能满足的主要原因只有一条：投注额太大。

如果我们有足够的投注资金，我们当然可以看上多少个号就买多少个号。如果我们看上２０个号就买２０个号的复式投注，看上３０个号就买３０个号的复式投注，这样当然省事省力，但我们很多时候没这么多资金来购买彩票，而且，选择的号码多到一定程度时，即使中大奖，也可能中得的奖金低于投入的资金，得不偿失，所以，我们必须要做到"好钢只用在刀刃上"，将有限的资金用在我们认为最有可能中奖的号码上。复式投注是如此，胆拖投注是如此，旋转矩阵是如此，先定胆后旋转和先旋转后定胆的投注也是如此。

所谓的先定胆后旋转的投注就是将胆拖投注和旋转矩阵投注的方法结合起来，先如同胆拖投注一样确定好胆码（每注必须有的号码），然后再将拖码进行旋转矩阵，也就是：

胆码：固定

拖码：旋转

因此，先定胆后旋转会比胆拖投注有更少的投注额，但又比旋转矩阵有更高的号码集中度，而且，先定胆后旋转的投注方式更适用于选定的胆码较少的情况。如对于上一章节所示例的 5 胆 4 拖的投注，没有任何意义。对于双色球彩票来说，仅适用于胆码选择 1 –3 个的投注。

以下为先定胆后投注的 EXCEL 的宏代码：

```
Sub 先定胆后旋转 ( )
        Dim ls3 As Double
        ls3 = 2
        dm1 = Cells ( 2, 5 )
        str1 = Cells ( 3, 5 )
        lsc = Int ( ( Len ( str1 ) + 1 ) / 3 )
        If lsc > 15 Then MsgBox ( " 选择的号码个数太多! 请重新选择" ) : Exit Sub
        If lsc < 7 Then MsgBox ( " 选择的号码个数太少! 请重新选择" ) : Exit Sub
        For i1 = 1 To lsc - 4
            For i2 = i1 + 1 To lsc - 3
                For i3 = i2 + 1 To lsc - 2
                    For i4 = i3 + 1 To lsc - 1
                        For i5 = i4 + 1 To lsc - 0
                            bz = 0
                            str2 = Mid ( str1, i1 * 3 - 2, 2 ) & " " & Mid ( str1, i2 * 3 - 2, 2 ) & " " & Mid ( str1, i3 * 3 - 2, 2 ) & " "
                            str2 = str2 & Mid ( str1, i4 * 3 - 2, 2 ) & " " & Mid ( str1, i5 * 3 - 2, 2 )
                            str2 = dm1 & " " & str2
                            bz = 0
```

```
                    For i = 2 To ls3 - 1
                        ls1 = 0
                        str3 = Cells ( i, 2 )
                        For k = 1 To 7
                            If InStr ( str3, Mid ( str2, k * 3 - 2 + 6, 2 ) ) > 0 Then ls1 = ls1 + 1
                        Next k
                        If ls1 > 5 Then bz = 1: Exit For
                    Next i
                    If bz = 0 Then
                        Cells ( ls3, 1 ) = ls3 - 1
                        Cells ( ls3, 2 ) = str2
                        ls3 = ls3 + 1
                    End If
                Next i5
            Next i4
        Next i3
    Next i2
Next i1
End Sub
```

本宏命令的运行界面和运行结果如下：

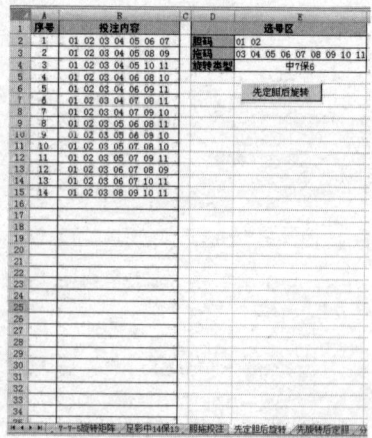

如果是选择11个号码的旋转矩阵，投注额需要26注，如果是2胆+9拖的胆拖投注，投注额需要126注，而先定胆后旋转的投注，投注额仅14注，如果2个胆码全部中奖，9个拖码中奖5个（共中7个），那么旋转矩阵可保证至少有1注号码中6个号码，胆拖投注可保证有1注中7个号码（即一等奖），而先定胆后旋转的投注也可保证至少有1注号码中6个号码。

但如果2个胆码中有1个中奖号码，而9个拖码有6个中奖号码，则旋转矩阵可保证至少有1注中6个号码（也有可能有1注中7个号码），但胆拖投注则只有1注中6个号码（不可能出现中7个号码的组合），而先定胆后旋转的投注则可能保证至少有1注中5个号码（可能有1注中6个号码，但不可能出现中7个号码的组合）。

第39节　怎样实现先旋转后定胆的投注

顾名思义，先旋转后定胆就是先将选定的号码进行旋转矩阵处理，然后从处理结果中选出含有全部胆码的投注，因此，实现这一功能的宏命令如下：

```
Sub 先旋转后定胆( )
    Dim ls3 As Double
    ls3 = 2
    dm1 = Cells ( 2, 5 )
    str1 = dm1 & " " & Cells ( 3, 5 )
    lsc = Int ( ( Len ( str1 ) + 1 ) / 3 )
    If lsc > 15 Then MsgBox ( " 选择的号码个数太多! 请重新选择" ) : Exit Sub
    If lsc < 7 Then MsgBox ( " 选择的号码个数太少! 请重新选择" ) : Exit Sub
    For i1 = 1 To lsc - 6
        For i2 = i1 + 1 To lsc - 5
            For i3 = i2 + 1 To lsc - 4
                For i4 = i3 + 1 To lsc - 3
                    For i5 = i4 + 1 To lsc - 2
```

```
                        For i6 = i5 + 1 To lsc - 1
                            For i7 = i6 + 1 To lsc - 0
                                bz = 0
                                str2 = Mid ( str1, i1 * 3 - 2, 2 ) & " " & Mid
( str1, i2 * 3 - 2, 2 ) & " " & Mid ( str1, i3 * 3 - 2, 2 ) & " "
                                str2 = str2 & Mid ( str1, i4 * 3 - 2, 2 ) & " "
& Mid ( str1, i5 * 3 - 2, 2 ) & " "
                                str2 = str2 & Mid ( str1, i6 * 3 - 2, 2 ) & " "
& Mid ( str1, i7 * 3 - 2, 2 )
                                bz = 0
                                For i = 2 To ls3 - 1
                                    ls1 = 0
                                    str3 = Cells ( i, 7 )
                                    For k = 1 To 7
                                        If InStr ( str2, Mid ( str3, k * 3 - 2,
2 ) ) > 0 Then ls1 = ls1 + 1
                                    Next k
                                    If ls1 > 5 Then bz = 1: Exit For
                                Next i
                                If bz = 0 Then
                                    Cells ( ls3, 7 ) = str2
                                    ls3 = ls3 + 1
                                End If
                            Next i7
                        Next i6
                    Next i5
                Next i4
            Next i3
        Next i2
    Next i1
    ls3 = 2
    Do While True
        str2 = Cells ( ls3, 7 )
        If str2 = " " Then Exit Do
        If InStr ( str2, dm1 ) > 0 Then
            Cells ( ls3, 1 ) = ls3 - 1
            Cells ( ls3, 2 ) = str2
        End If
        ls3 = ls3 + 1
    Loop
End Sub
```

在以上代码中，前一部分为旋转矩阵的代码，后一部分为挑选出含有全部胆码的代码，由于这 2 个步骤不能同时进行，因此，只能将这 2 步的处理结果分别放在不同的地方：旋转矩阵的处理结果通过 Cells (ls3, 7) = str2 语句放置在第 7 列，挑选胆码通过 Cells (ls3, 2) = str2 语句放在第 2 列，并作为最终的投注结果。

从理论上说，先旋转后定胆的投注方式不能有任何中奖保证，也就是说，如果选中了 5 个、6 个号码，先旋转后定胆的投注方式也许没有一注号码中奖，而且，先旋转后定胆的投注方式应该比先定胆后旋转投注方式有着更少的投注额。但实际情况却是：先旋转后定胆的投注方式和先定胆后旋转投注方式投注额相同，投注内容也相同，这一点出乎本人的意料之外。

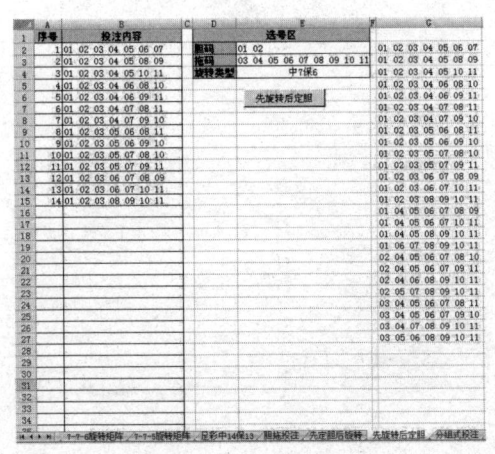

以上为先旋转后定胆的投注界面和投注结果。

第 40 节　怎样实现分组式投注

分组式投注是个非常有用，而且一直有很多人用的投注方式。

比如我们认为上一期的号码会有 1－2 个号码重复出现，那么就可以将上一期的号码作为一个分组。

有些人喜欢看斜码，也可将斜码作为一个分组。

有些人喜欢按除3 余数、除4 余数将号码分类，当然也可将这些号码作为一个分组。

有些人对自己看的号码特别有感觉，而且认为自己选的号码经常会中3－5 个号，当然也可将这些号码当作一个分组。

也有些人喜欢参考别人的号码。比如某个"专家"推荐的号码经常会中3－4 个，也可将这些号码作为一个分组。

有些人对号码段特别有感觉，比如认为1 字头的号码（10－19）可能会出2 个，这一段连续的号码段也可作为一个分组。

因此，分组的方法非常多，而且因人而异，各有不同。

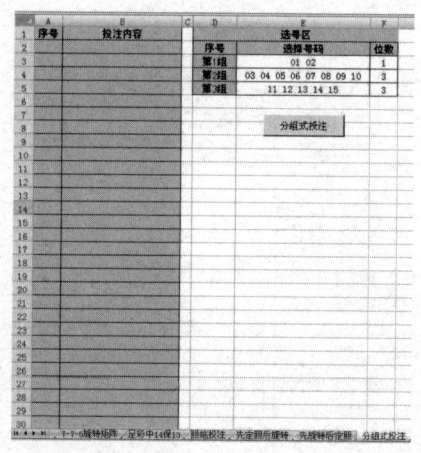

但不论是用哪种方法进行分组，表现出来的投注方法都是一样。我们可以用下面的界面作为分组投注的输入界面：

以上示例，需求比较简单：只需要从第1组中取出1 个号码，再从第2组中取出3 个号码，再从第3组中取出3 个号码，因此，可以用以下宏命令实现以上投注需求：

```
Sub 分组式投注 ( )
    Dim ls00 As Double
    ls00 = 2
    d1z = Cells ( 3, 5 ) & " "
    d2z = Cells ( 4, 5 ) & " "
    d3z = Cells ( 5, 5 ) & " "
    ls1 = Int ( ( Len ( d1z ) + 1 ) / 3 )
    ls2 = Int ( ( Len ( d2z ) + 1 ) / 3 )
    ls3 = Int ( ( Len ( d3z ) + 1 ) / 3 )
    For i1 = 1 To ls1
        For j1 = 1 To ls2 - 2
            For j2 = j1 + 1 To ls2 - 1
                For j3 = j2 + 1 To ls2 - 0
                    For k1 = 1 To ls3 - 2
                        For k2 = k1 + 1 To ls3 - 1
                            For k3 = k2 + 1 To ls3 - 0
    str2 = Mid ( d1z, i1 * 3 - 2, 3 ) & Mid ( d2z, j1 * 3 - 2, 3 ) & Mid ( d2z, j2 * 3 - 2, 3 ) & Mid ( d2z, j3 * 3 - 2, 3 )
    str2 = str2 & Mid ( d3z, k1 * 3 - 2, 3 ) & Mid ( d3z, k2 * 3 - 2, 3 ) & Mid ( d3z, k3 * 3 - 2, 3 )
    Cells ( ls00, 1 ) = ls00 - 1
    Cells ( ls00, 2 ) = str2
    ls00 = ls00 + 1
                            Next k3
                        Next k2
                    Next k1
                Next j3
            Next j2
        Next j1
    Next i1
End Sub
```

该宏命令的运行结果如下：

以上宏命令只是针对界面所示这种需求而设计，如果改变需求，宏命令也要做相应改动，如果需要做适应于各种"分组投注"功能需求的宏，宏的内容可能很多，所以，本书不作介绍。

第41节　双色球、大乐透等双区选号投注

我们前面讲到的双色球各种投注方法，都是只谈到红球，没谈到蓝球，但在投注时，又必须选蓝球，所以就要求投注时将红球的投注内容和蓝球的投注内容组合在一起，组成一注完整的投注。

有时候，选出的蓝球号码不只1个号码，可能有多个号码，比如红球选了10注号码，蓝球选了3个号码，我们在对双区号码进行合成时有两种选择：一种选择是每一个蓝球号码分别和每一组红球号码组合，那么10注红球号码+3个蓝球号码就会产生30注投注号码，这样组合的优点是如果红球号码有1注中6个号码，蓝球号码也在选出的3个蓝球号码中，那么30注的投注号码可以保证中6+1即一等奖，缺点则是投注额增加到3倍，我们可以把这种选择叫"全部组合法"。另一种选择是3个蓝球号码轮流与红球组合相组合，每一组红

球号码只组合一次，那么，1 0 注红球号码+3 个蓝球号码就只会产生1 0 注投注号码，这种选择的优点是投注注数和红球的组合注数相同，没有增加，缺点是即使红球号码有1 注中6 个号码，蓝球号码也在选出的3 个蓝球号码中，最终的投注组合则只有1 / 3 的可能会中6 +1 即一等奖，而有2 / 3 的可能会中6 +0 即二等奖，我们可以把这种选择叫“轮流组合法”。

由于双色球的蓝球区只有1 个号码，所以用人工的方法将红球组合和蓝球号码合成也是很容易的，但对于体彩大乐透，后区有2 个号码，组合起来就比较复杂，为此，我们介绍体彩大乐透的“轮流组合法”的输入界面如下：

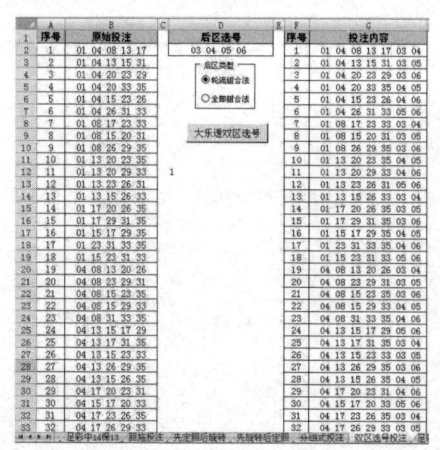

序号	原始投注	序号	投注内容
1	01 04 08 13 17	1	01 04 08 13 17 03 04
2	01 04 13 15 31	2	01 04 13 15 31 03 05
3	01 04 20 23 29	3	01 04 20 23 29 03 06
4	01 04 20 33 35	4	01 04 20 33 35 04 05
5	01 04 15 23 26	5	01 04 15 23 26 04 06
6	01 04 26 31 33	6	01 04 26 31 33 05 06
7	01 08 17 23 33	7	01 08 17 23 33 03 04
8	01 08 15 20 31	8	01 08 15 20 31 03 05
9	01 08 26 29 35	9	01 08 26 29 35 03 06
10	01 13 20 23 35	10	01 13 20 23 35 04 05
11	01 13 20 29 33	11	01 13 20 29 33 04 06
12	01 13 23 26 31	12	01 13 23 26 31 05 06
13	01 13 15 26 33	13	01 13 15 26 33 03 04
14	01 17 20 26 35	14	01 17 20 26 35 03 05
15	01 17 29 31 35	15	01 17 29 31 35 03 06
16	01 15 17 29 35	16	01 15 17 29 35 04 05
17	01 23 31 33 35	17	01 23 31 33 35 04 06
18	01 15 23 31 33	18	01 15 23 31 33 05 06
19	04 08 13 20 26	19	04 08 13 20 26 03 04
20	04 08 23 29 31	20	04 08 23 29 31 03 05
21	04 08 15 23 35	21	04 08 15 23 35 03 06
22	04 08 15 29 33	22	04 08 15 29 33 04 05
23	04 08 31 33 35	23	04 08 31 33 35 04 06
24	04 13 15 17 29	24	04 13 15 17 29 05 06
25	04 13 17 31 35	25	04 13 17 31 35 03 04
26	04 13 15 23 33	26	04 13 15 23 33 03 05
27	04 13 26 29 35	27	04 13 26 29 35 03 06
28	04 13 15 26 35	28	04 13 15 26 35 04 05
29	04 17 20 23 31	29	04 17 20 23 31 04 06
30	04 15 17 20 33	30	04 15 17 20 33 05 06
31	04 17 23 26 35	31	04 17 23 26 35 03 04
32	04 17 26 29 33	32	04 17 26 29 33 03 05

相应的宏代码如下：

```
Sub 大乐透双区选号投注 ( )
    Dim str00 ( 100 ) As String
    ls00 = 0
    str0 = Cells ( 2, 4 ) & " "
    ls3 = Len ( str0 ) / 3
    For i1 = 1 To ls3 - 1
        For i2 = i1 + 1 To ls3
            str00 ( ls00 ) = Mid ( str0, i1 * 3 - 2, 3 ) & Mid ( str0, i2 * 3 - 2, 2 )
            ls00 = ls00 + 1
        Next i2
    Next i1
    ls1 = 2
    ls2 = 2
    lj = 0
    Do While True
        str1 = Cells ( ls2, 2 )
        If Len ( str1 ) = 0 Then Exit Do
        If Cells ( 12, 4 ) = 1 Then
            Cells ( ls1, 6 ) = ls1 - 1
            Cells ( ls1, 7 ) = str1 & str00 ( lj Mod ls00 )
            lj = lj + 1
            ls1 = ls1 + 1
        Else
            For i1 = 0 To ls00 - 1
                Cells ( ls1, 6 ) = ls1 - 1
                Cells ( ls1, 7 ) = str1 & str00 ( i1 )
                lj = lj + 1
                ls1 = ls1 + 1
            Next i1
        End If
        ls2 = ls2 + 1
    Loop
End Sub
```

说明：本功能设计界面中使用了“选项按钮”这一控件，在操作时，用户可以自由选择“轮流组合法”和“全部组合法”这 2 个选项中的任一选项，并将选择结果反应在（12，4）这一单元格内，因此，宏代码中“If Cells (12, 4) = 1 Then …………”这一语句即是对用户的选项做出判断。有关“选项按钮”这一控件以及其他常用控件，我们已在前面章节作过详细介绍。

第 42 节 检验投注号码的中奖情况

我们前面已经介绍了很多种投注彩票的方法。

但我们完成彩票投注后，最希望知道我们的投注号码是否可以中奖。因此，本节内容即介绍怎样用 EXCEL 宏命令自动检索出中奖情况的方法：

首先，建立如下图所示的表格。表格中，C1 单元格准备放开奖号码，从 B4 列开始的第 2 列放我们的投注号码。

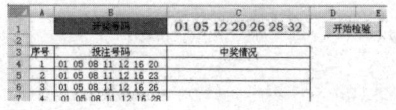

	A	B	C	D	E
1		开奖号码	01 05 12 20 26 28 32	开始检验	
2					
3	序号	投注号码	中奖情况		
4	1	01 05 08 11 12 16 20			
5	2	01 05 08 11 12 16 23			
6	3	01 05 08 11 12 16 26			
7	4	01 05 08 11 12 16 28			

同时，我们为“开始检验”按钮建立以下的宏命令：

```
Sub 检验投注号码的中奖情况 ( )
    i = 4
    zjhmstr = Cells ( 1, 3 )
    Do While True
        Str1 = Cells ( i, 2 )
        If Str1 = " " Then Exit Do
        jcount = 0
        For j = 1 To 7
            hmstr = Mid ( Str1, j *  3 - 2, 2 )
            If InStr ( zjhmstr, hmstr ) > 0 Then jcount = jcount + 1
        Next
        Cells ( i, 3 ) = " 中" & CStr ( jcount )
        i = i + 1
    Loop
End Sub
```

以上工作全部完成后，就已经建立好了“检验投注号码中奖情况”的功能。

	A	B	C	D
1		开奖号码	01 05 12 20 26 28 32	开始检验
2				
3	序号	投注号码	中奖情况	
4	1	01 05 08 11 12 16 20	中4	
5	2	01 05 08 11 12 16 23	中3	
6	3	01 05 08 11 12 16 26	中4	
7	4	01 05 08 11 12 16 28	中4	
8	5	01 05 08 11 12 20 23	中4	
9	6	01 05 08 11 12 20 26	中5	
10	7	01 05 08 11 12 20 28	中5	
11	8	01 05 08 11 12 23 26	中4	
12	9	01 05 08 11 12 23 28	中4	
13	10	01 05 08 11 12 26 28	中5	
14	11	01 05 08 11 16 20 23	中3	
15	12	01 05 08 11 16 20 26	中4	
16	13	01 05 08 11 16 20 28	中4	
17	14	01 05 08 11 16 23 26	中3	
18	15	01 05 08 11 16 23 28	中3	
19	16	01 05 08 11 16 26 28	中4	
20	17	01 05 08 11 20 23 26	中4	
21	18	01 05 08 11 20 23 28	中4	
22	19	01 05 08 11 20 26 28	中5	
23	20	01 05 08 11 23 26 28	中4	
24	21	01 05 08 12 16 20 23	中4	
25	22	01 05 08 12 16 20 26	中5	
26	23	01 05 08 12 16 20 28	中5	
27	24	01 05 08 12 16 23 26	中4	

当开奖结果出来后，我们就可将开奖号码输入到 C2 的位置，然后点按“开始检验”按钮，中奖结果则顺序显示到从 C4 开始的第 3 列的表格内。

以上宏命令是其于选 7 型彩票的，如果需要改成选 6 型彩票或者选 5 型彩票，可将以上宏命令中的“For j = 1 To 7”改为“For j = 1 To 6”或者“For j = 1 To 5”即可。

在表格中的“中奖情况”列，我们已经将每一注的中奖情况全部标示出来，如果我们只需标示可以中奖的投注，未中奖的投注不标注，可以将以上宏命令修改如下：

比如选 7 型彩票中 4 个号码及以上才能有奖，因此我们可以将

Cells (i, 3) = " 中" & CStr (jcount)　　这一语句修改为

If jcount> = 4 then Cells (i, 3) = " 中" & CStr (jcount)

以上示例是“单区投注”，如果我们还想再增加“双区投注”格式的检验，如加上双色球的蓝球中奖情况的检验、或者大乐透后区号码的检验，则可以将以上宏命令修改如下（以大乐透为例）

```
Sub 检验投注号码的中奖情况( )
    i = 4
    zjhmstr = Cells ( 1, 3 )        '放前区号码
    zjhmstrhq = cells ( 1, 4 )      '放后区号码
        Do While True
            Str1 = Cells ( i, 2 )
            If Str1 = " " Then Exit Do
            jcount = 0              '前区号码中奖数
            jcount2 = 0             '后区号码的中奖数
            For j = 1 To 5
                hmstr = Mid ( Str1, j * 3 - 2, 2 )
                If InStr ( zjhmstr, hmstr ) > 0 Then jcount = jcount + 1
            Next
            For j = 6 To 7
                hmstr = Mid ( Str1, j * 3 - 2, 2 )
                If InStr ( zjhmstrhq, hmstr ) > 0 Then jcount2 = jcount2 + 1
            Next
            Cells ( i, 3 ) = " 中" & CStr ( jcount ) & "+" & cstr ( jcount2 )
            i = i + 1
        Loop
End Sub
```

以上示例中，大乐透的前区号码和后区号码分别放在 C1 和 D1 的单元格中，所以测试时务必意要注意，否则就会出错。

对比以上 2 种宏命令，就会发现其中的变化。

如果将第二个宏命令变成双色球的，也需要在 C1 单元格和 D1 单元格分开放置红球号码和蓝球号码，同时将宏命令中的"For j = 1 To 5"和"For j = 6 To 7"分别修改为"For j = 1 To 6"和"For j = 7 To 7"即可。

第6章 统计得出彩票游戏的惊天奥秘

第43节 大乐透研究得出的惊天奥秘

也许，我们说本节的内容是"大乐透的惊天秘密"有些夸张，但如果说你看完本节内容后一定会有助于你购买大乐透，提高你大乐透选号的准确率，则一定也不夸张。下面，我们先看看大乐透的近期开奖号码走势及各号码的开出次数统计，同样地，为方便排版，我们将一张表格横向分成几段：

203120	06 14 15 22 26				06			
203121	03 18 19 20 24		03					
203122	15 17 20 24 35							
203123	02 09 10 33 34	02					09	10
203124	05 07 18 21 32			05		07		
203125	04 08 14 23 28			04			08	
203126	09 10 15 18 30						09	10
203127	03 14 16 19 32		03					
203128	11 13 27 33 35							
203129	11 23 29 30 33							
203130	08 09 15 19 30						08	09
203131	12 15 29 30 31							
203132	23 26 28 31 34							
203133	02 08 10 16 17	02					08	10
203134	02 13 19 23 32	02						
203135	04 13 19 25 26			04				
203136	05 11 15 25 28				05			

203137	04 12 32 33 34				04						
203138	03 08 13 17 24			03					08		
	开出次数	127	118	120	87	131	127	126	104	123	136

203120				14	15							22	
203121								18	19	20			
203122					15		17			20			
203123													
203124								18			21		
203125				14									23
203126					15			18					
203127				14		16			19				
203128	11		13										
203129	11												23
203130					15				19				
203131		12			15								
203132													23
203133						16	17						
203134			13						19				23
203135			13						19				
203136	11				15								
203137		12											
203138			13				17						
开出次数	131	118	137	119	98	90	118	117	140	109	119	148	137

203120				26									
203121		24											
203122		24											35
203123											33	34	

203124								32			
203125	23				28						
203126						30					
203127								32			
203128				27				33			35
203129	23				29	30		33			
203130						30					
203131					29	30	31				
203132	23		26		28		31		34		
203133											
203134	23							32			
203135			25	26							
203136			25		28						
203137								32	33	34	
203138	24										
开出次数	137	136	140	122	141	113	193	178	169	192	207	162	196

++我们把以上表格数据中的各号码开出次数绘制成一张柱状图：

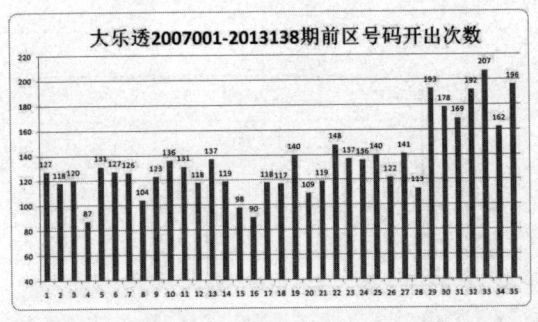

从上图大家发现了什么问题没有？

大乐透的开出次数较多的号码全部集中在 29-35 这一区域，而且，开出次数差别很大：最大的为号码 33，946 期的开奖中共开出了 207

期，平均每 4.57 期开出 1 次，而号码 04 则仅开出了 87 期，平均每 10.87 期才开出一次，35 个号码的平均开出次数为 135 次，因此，各号码开出次数的差异系统 =（207-87）/135 = 88.81%，差异系数如此之大，如果我们不进行这种统计，是无法预料得到的。因此，如果我们购买大乐透彩票，用"追冷"的思维购买，发现哪些号码开出较少就追哪些号码，可能会比经过这种统计后多选热号码，成功概率要低得多。

我们从前面的统计可以看出，29-35 这 7 个号码开出较多，如果我们将 35 个号码中每 7 个号码分成一组，共可以分成 5 组，每一个组可视为一个号码区间，下面我们看看大乐透前区号码的区间走势情况：

开奖期	开奖号码	01-07	08-14	15-21	22-28	29-35
203110	07 16 18 32 33	1	0	2	0	2
203111	07 12 13 20 27	1	2	1	1	0
203112	02 10 20 22 29	1	1	1	1	1
203113	19 21 23 28 30	0	0	2	2	1
203114	06 17 21 23 33	1	0	2	1	1
203115	05 16 29 32 34	1	0	1	0	3
203116	13 22 23 30 33	0	1	0	2	2
203117	05 16 23 25 33	1	0	1	2	1
203118	04 06 11 20 31	2	1	1	0	1
203119	01 02 16 23 25	2	0	1	2	0
203120	06 14 15 22 26	1	1	1	2	0
203121	03 18 19 20 24	1	0	3	1	0
203122	15 17 20 24 35	0	0	3	1	1
203123	02 09 10 33 34	1	2	0	0	2
203124	05 07 18 21 32	2	0	2	0	1
203125	04 08 14 23 28	1	2	0	2	0
203126	09 10 15 18 30	0	2	2	0	1
203127	03 14 16 19 32	1	1	2	0	1
203128	11 13 27 33 35	0	2	0	1	2
203129	11 23 29 30 33	0	1	0	1	3

203130	08 09 15 19 30	0	2	2	0	1
203131	12 15 29 30 31	0	1	1	0	3
203132	23 26 28 31 34	0	0	0	3	2
203133	02 08 10 16 17	1	2	2	0	0
203134	02 13 19 23 32	1	1	1	1	1
203135	04 13 19 25 26	1	1	1	2	0
203136	05 11 15 25 28	1	1	1	2	0
203137	04 12 32 33 34	1	1	0	0	3
203138	03 08 13 17 24	1	2	1	1	0
开出次数		836	868	791	937	1297

  从以上表格可以看出，29-35 区间开出的号码最多达 1297 次，15-21 区间开出的号码最少仅 791 次，最多的次数比最少的次数多出约 1 倍左右，这一数据，给我们选号提供了很多的参考。

  如果我们还想进一步对 5 个区间的组合情况进行统计，我们还可以得出更细致的结论：从以上表格中数据可以看出，每一个区间开出号码最多的有 3 个，最少的有 0 个（当然，因为上表没有列出大乐透全部的开奖情况，所以可能存在 1 个区间开出 4 个号甚至 5 个号的情况，但相信，这种情况出现的次数会非常少），因此，我们选择号码组合时，每一个区间不能超过 3 个号码。

  如果我们用数学方法计算：每一个区间选择的号码数为 0-3 个共 4 种选择，5 个区间的排列共有 4×4×4×4×4 = 1024 种形式。但我们经过统计大乐透自 2007 年开始销售以来的所有开奖号码，发现开出的组合并没有我们想象的那么多，包括一个区间开出 4 个号码的情况，目前仅 105 种组合，而且，有些组合开出的次数非常少，仅有 1 次（当然，还有许多组合在我们进行数学组合时存在，但实际上却并未开出的组合），有些组合开出的次数则非常多，最多的竟然有 45 次。所以，很多理论研究如果不结合开奖号码的实际情况，作出主观臆断，往往就会偏离实际，成为空洞的理论，毫无实用价值。

也许，很多读者会非常关心：大乐透哪种组合开出的次数最多？

为了满足读者的这种需要，我们经过精确统计，向大家公布统计结果如下：

出于某种原因的考虑，以下表格不对开出次数排序，仅按各区间组合的号码开出的个数从小到大进行排序，如需要对区间组合的开出次数排序，请自己使用光盘数据排序。

序号	组合	次数	序号	组合	次数
1	0: 0: 0: 0: 5	3	54	1: 0: 2: 1: 1	17
2	0: 0: 0: 1: 4	3	55	1: 0: 2: 2: 0	7
3	0: 0: 0: 2: 3	5	56	1: 0: 3: 0: 1	2
4	0: 0: 0: 3: 2	4	57	1: 0: 3: 1: 0	3
5	0: 0: 0: 4: 1	1	58	1: 1: 0: 0: 3	12
6	0: 0: 1: 0: 4	3	59	1: 1: 0: 1: 2	39
7	0: 0: 1: 1: 3	11	60	1: 1: 0: 2: 1	17
8	0: 0: 1: 2: 2	18	61	1: 1: 0: 3: 0	2
9	0: 0: 1: 3: 1	5	62	1: 1: 1: 0: 2	34
10	0: 0: 2: 0: 3	6	63	1: 1: 1: 1: 1	45
11	0: 0: 2: 1: 2	9	64	1: 1: 1: 2: 0	13
12	0: 0: 2: 2: 1	9	65	1: 1: 2: 0: 1	21
13	0: 0: 2: 3: 0	2	66	1: 1: 2: 1: 0	14
14	0: 0: 3: 1: 1	8	67	1: 1: 3: 0: 0	2
15	0: 0: 3: 2: 0	1	68	1: 2: 0: 0: 2	17
16	0: 1: 0: 0: 4	7	69	1: 2: 0: 1: 1	16
17	0: 1: 0: 1: 3	14	70	1: 2: 0: 2: 0	8
18	0: 1: 0: 2: 2	16	71	1: 2: 1: 0: 1	14
19	0: 1: 0: 3: 1	5	72	1: 2: 1: 1: 0	18
20	0: 1: 1: 0: 3	6	73	1: 2: 2: 0: 0	4
21	0: 1: 1: 1: 1	1	74	1: 3: 0: 0: 1	3
22	0: 1: 1: 1: 2	34	75	1: 3: 0: 1: 0	4
23	0: 1: 1: 2: 1	22	76	1: 3: 1: 0: 0	4
24	0: 1: 1: 3: 0	7	77	2: 0: 0: 0: 3	6

25	0: 1: 2: 0: 2	7	78	2: 0: 0: 1: 2	18
26	0: 1: 2: 1: 1	11	79	2: 0: 0: 2: 1	11
27	0: 1: 2: 2: 0	7	80	2: 0: 0: 3: 0	2
28	0: 1: 3: 0: 1	5	81	2: 0: 1: 0: 2	11
29	0: 1: 3: 1: 0	4	82	2: 0: 1: 1: 1	12
30	0: 2: 0: 0: 3	5	83	2: 0: 1: 2: 0	9
31	0: 2: 0: 1: 2	18	84	2: 0: 2: 0: 1	6
32	0: 2: 0: 2: 1	8	85	2: 0: 2: 1: 0	3
33	0: 2: 1: 0: 2	9	86	2: 0: 3: 0: 0	2
34	0: 2: 1: 1: 1	5	87	2: 1: 0: 0: 2	14
35	0: 2: 1: 2: 0	5	88	2: 1: 0: 1: 1	13
36	0: 2: 2: 0: 1	12	89	2: 1: 0: 2: 0	5
37	0: 2: 2: 1: 0	5	90	2: 1: 1: 0: 1	14
38	0: 3: 0: 1: 1	6	91	2: 1: 1: 1: 0	15
39	0: 3: 0: 2: 0	4	92	2: 1: 2: 0: 0	3
40	0: 3: 1: 0: 1	5	93	2: 2: 0: 0: 1	7
41	0: 3: 1: 1: 0	4	94	2: 2: 0: 1: 0	12
42	0: 3: 2: 0: 0	1	95	2: 2: 1: 0: 0	5
43	0: 4: 0: 1: 0	3	96	2: 3: 0: 0: 0	1
44	1: 0: 0: 0: 4	1	97	3: 0: 0: 0: 2	1
45	1: 0: 0: 1: 3	15	98	3: 0: 0: 1: 1	2
46	1: 0: 0: 2: 2	17	99	3: 0: 0: 2: 0	1
47	1: 0: 0: 3: 1	4	100	3: 0: 1: 0: 1	4
48	1: 0: 0: 4: 0	1	101	3: 1: 0: 0: 1	6
49	1: 0: 1: 0: 3	12	102	3: 1: 0: 1: 0	4
50	1: 0: 1: 1: 2	27	103	3: 1: 1: 0: 0	1
51	1: 0: 1: 2: 1	24	104	3: 2: 0: 0: 0	2
52	1: 0: 1: 3: 0	3	105	4: 0: 0: 0: 1	1
53	1: 0: 2: 0: 2	11			

相信以上数据的统计结论会对大家选号有所帮助。

以上是对大乐透前区号码统计分析的结论。下面，我们再看看大乐透后区号码：

203110	02 07		2					7					
203111	01 03	1		3									
203112	05 12					5							12
203113	08 12								8				12
203114	01 09	1								9			
203115	04 11				4							11	
203116	09 11									9		11	
203117	07 12							7					12
203118	01 05	1				5							
203119	01 11	1										11	
203120	03 11			3								11	
203121	03 12			3									12
203122	04 12				4								12
203123	05 12					5							12
203124	10 11										10	11	
203125	04 08				4				8				
203126	03 06			3			6						
203127	05 10					5					10		
203128	01 02	1	2										
203129	01 04	1			4								
203130	06 09						6			9			
203131	04 12				4								12
203132	02 10		2								10		
203133	09 12									9			12
203134	02 09		2							9			
203135	07 12							7					12
203136	05 11					5						11	
203137	06 08						6		8				
203138	07 09							7		9			
开出次数	163	154	156	150	154	161	145	156	162	187	145	159	

根据以上表格数据，我们作出的大乐透后区号码开出次数柱状图如下：

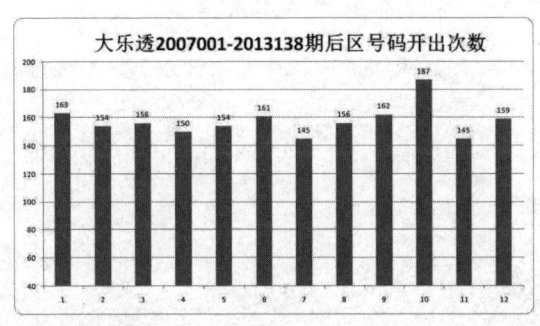

从这一张图可以看出，大乐透的后区号码比前区号码均衡得多。

下面，我们计算一下后区号码的差异系数：

后区号码开出最多的是 10，共开出 187 期，开出最少的是 07 和 11，共开出 145 期，12 个号码平均开出次数为 158 期，差异系数＝（187- 145）/158＝26. 64%，从计算的数据来看，后区号码也比前区号码均衡得多。

以上只是介绍了大乐透的统计数据，如果读者想对其他某种彩票游戏进行类似的数据统计，也可按本节内容介绍的方法进行。

第 44 节　3D 号码的遍历让人惊诧

从 2002001 期开始，到昨天刚开奖的 2014012 期，3D 彩票已经开奖了 11 年共 4 3 1 0 期，对于全部号码仅有 1 0 0 0 个号码的 3 D 彩票来说，理论上应该每个号码都开出了 4 到 5 次左右。但实际上的情况是怎么样的呢？

以下为本人编写的《雨雪 3 D 彩票软件》的统计结果：

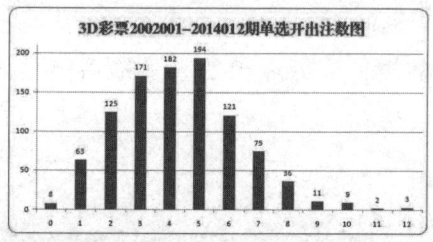

如果我们把不同开出号码次数的组数做成一张柱状图，其结果如下：

以上统计图中，X坐标为开出次数，Y坐标为对应次数的组数。

从以上统计图可以看出，尽管开奖期已经积累了11年共4310期，但仍然有8注号码从来没有开出过，有63注号码仅开出1次。有3注号码开出了12次，2注号码开出了11次，9注号码开出了10次、11注号码开出了9次。

开出组数最多的次数为4次、5次，分别有182组、194组号码对应。这与我们计算的理论上每注号码开出过4到5次相吻合。所以，从以上统计图我们可以得出以下结论：

结论一：理论数据可以计算出开奖号码的宏观趋势：理论上计算的每注号码开出过4到5次决定了开出次数为4次、5次的号码组数必定是最多的；

结论二：追冷永远是非常失败的投注策略：有8注号码历经4310

期仍然没有开出,如果某位喜欢追冷的彩民朋友我们不幸选上了这8注号码当作追冷的对象,结果可想而知。

结论三:有冷号必有热号:开出10次和10次以上的号码共有14组。

看到这里,也许有很多读者朋友想知道:这14组号码究竟是哪14个号码?它们之间有什么特点?

而且,随着时间的推移,开奖期数的不断增加,以上统计结果必然也会发生变化。那么,怎样统计随时更新的开奖号码?

下面,我们就介绍怎样用EXCEL的宏命令解决以上问题:

之前我们介绍的许多统计开奖号码的各种信息时,都是将开奖号码放在单独的一个表中,本节我们介绍将开奖号码放在同一张表中:第1列和第2列分别放已经开奖的3D彩票开奖信息:第1列放开奖期,第2列放开奖号码。第3列是作为分隔用的空列,第4列放统计的号码,第5列放统计次数,第6列放统计出的开奖期信息。有了以上设计后,再在界面中放一个接钮,图示如下:

下面,就是根据以上界面信息设计出的按钮的宏代码:

```
Sub 福彩3D开奖号码遍历( )
    i = 2
    For J = 0 To 999
        Cells(J + 2, 4) = Format(J, "000"): Cells(J + 2, 5) = "": Cells(J + 2, 6) = ""
    Next J
    Do While True
        str1 = Cells(i, 2)
        If Len(str1) = 0 Then Exit Do
        ls1 = Val(str1)
        If ls1 <= 6 Then
```

```
            ls1 = ls1
            End If
            cs = Val(Cells(ls1 + 2, 5)) + 1
            Cells(ls1 + 2, 5) = cs
            Cells(ls1 + 2, 6) = Cells(ls1 + 2, 6) & Cells(i, 1) & ";"
            i = i + 1
        Loop
    End Sub
```

以上代码只有短短的 16 行，而且也都是大家非常熟悉的语句，没有任何难度，但却能准确地统计出 3D 彩票每一注号码的历史开出次数。以下为运行结果：

号码	次数	开奖期
000	6	2002249; 2003309; 2008103; 2008244; 2008317; 2010153;
001	5	2003161; 2006198; 2008181; 2010176; 2012042;
002	5	2003251; 2005215; 2008260; 2011233; 2012093;
003	5	2005008; 2008319; 2009090; 2009323; 2013229;
004	3	2004191; 2009290; 2013330;
005	5	2002126; 2005048; 2005125; 2012294; 2013281;
006	6	2004281; 2007098; 2010326; 2011096; 2011125; 2012334;
007	2	2008330; 2010235;
008	6	2002353; 2003031; 2004338; 2006108; 2009254; 2013335;
009	2	2005328; 2007149;
010	2	2010074; 2011305;
011	1	2003038;
012	5	2002102; 2004068; 2007159; 2011353; 2012169;
013	5	2002320; 2005219; 2007311; 2009208; 2011030;
014	8	2003052; 2004204; 2005349; 2006153; 2007192; 2008078; 2008348; 2013104;
015	5	2003172; 2006133; 2006357; 2008215; 2012157;

016	8	2003078; 2007067; 2008024; 2009067; 2009347; 2010277; 2010285; 2011133;
017	4	2009186; 2010310; 2011168; 2011203;
018	2	2004091; 2005238;
019	6	2005001; 2006323; 2007001; 2010125; 2010187; 2013346;
020	6	2008006; 2008275; 2010130; 2010345; 2013129; 2013188;
021	7	2003338; 2004002; 2004014; 2006046; 2007230; 2010257; 2012278;
022	5	2003029; 2005095; 2008079; 2010164; 2011098;
023	5	2003318; 2006254; 2010058; 2012062; 2012250;
024	3	2005321; 2007197; 2013354;
025	1	2004255;
026	4	2004221; 2008081; 2012045; 2013189;
027	1	2010109;
028	6	2004033; 2005045; 2005289; 2006028; 2008146; 2013094;
029	1	2007059;
030	7	2007196; 2008009; 2009308; 2011057; 2012018; 2012207; 2013337;
031	4	2002346; 2003021; 2006155; 2012149;
032	6	2002115; 2008117; 2008225; 2008262; 2012038; 2013078;
033	4	2004092; 2004108; 2007204; 2010346;
034	3	2005123; 2012289; 2013087;
035	5	2003348; 2007012; 2009180; 2012050; 2012351;
036	3	2006130; 2010267; 2012139;
037	4	2002055; 2007217; 2009006; 2009159;
038	5	2003002; 2003306; 2005348; 2011130; 2013016;
039	5	2004187; 2006224; 2006325; 2013045; 2013096;
040	5	2002232; 2003001; 2006102; 2008098; 2010339;
041	8	2003213; 2004062; 2005255; 2005280; 2006305; 2010038; 2010202; 2013066;
042	5	2002124; 2008089; 2011297; 2012305; 2013166;
043	3	2005002; 2006282; 2010245;
044	2	2004083; 2013208;
045	6	2002291; 2005103; 2007125; 2008289; 2011340; 2012019;

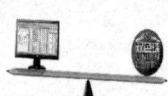

046	2	2009089; 2012340;
047	5	2002290; 2006341; 2007237; 2009009; 2009071;
048	4	2003244; 2004117; 2009115; 2009161;
049	1	2008179;
050	5	2003351; 2006172; 2006280; 2008252; 2010318;
051	4	2004268; 2006021; 2007319; 2013267;
052	8	2004223; 2005004; 2005137; 2006059; 2006116; 2007273; 2008329; 2009350;
053	6	2003003; 2003328; 2005014; 2005076; 2005121; 2008320;
054	1	2003016;
055	5	2008256; 2008351; 2009065; 2011126; 2013258;
056	5	2009129; 2009287; 2010121; 2010159; 2011235;
057	4	2008164; 2010165; 2011052; 2012306;
058	4	2003225; 2005055; 2005074; 2011143;
059	5	2003272; 2004253; 2005277; 2009177; 2010170;
060	3	2003324; 2005158; 2013143;
061	2	2009218; 2012293;
062	7	2003298; 2004126; 2007245; 2007262; 2009204; 2010173; 2011058;
063	4	2005098; 2009149; 2009235; 2011037;
064	4	2002244; 2004159; 2006315; 2008145;
065	1	2010052;
066	2	2004335; 2007127;
067	2	2004035; 2008153;
068	5	2002192; 2006252; 2010225; 2011255; 2011312;
069	5	2004104; 2006044; 2009093; 2011221; 2012073;
070	4	2002344; 2004251; 2004285; 2012113;
071	7	2002003; 2002211; 2007075; 2007090; 2008338; 2010287; 2012309;
072	5	2004039; 2006159; 2006240; 2010040; 2013345;
073	8	2002001; 2002243; 2005181; 2005204; 2007165; 2009234; 2009316; 2013121;
074	4	2005037; 2005210; 2007095; 2010293;

075	8	2002119; 2002193; 2004241; 2005021; 2005178; 2006161; 2010034; 2010247;
076	5	2002200; 2006244; 2008234; 2009084; 2010136;
077	3	2003180; 2010127; 2012102;
078	2	2002135; 2007053;
079	3	2003013; 2004275; 2005111;
080	4	2002294; 2011245; 2011265; 2012089;
081	4	2005057; 2008085; 2009321; 2010103;
082	7	2002044; 2002251; 2008133; 2010128; 2011129; 2013058; 2013212;
083	7	2002084; 2006175; 2006270; 2008149; 2009205; 2011119; 2012189;
084	4	2004021; 2006123; 2010300; 2011227;
085	7	2004276; 2006210; 2007167; 2008183; 2009069; 2009092; 2010353;
086	7	2002210; 2004306; 2005039; 2006107; 2006113; 2010133; 2012115;
087	3	2004009; 2011074; 2011278;
088	3	2002103; 2008026; 2013316;
089		
090	5	2002271; 2003005; 2003297; 2003310; 2010294;
091	2	2002111; 2013239;
092	2	2002182; 2004328;
093	5	2004080; 2004233; 2010047; 2012223; 2013292;
094	6	2002149; 2003341; 2007163; 2008004; 2010328; 2012288;
095	3	2006167; 2007244; 2009273;
096	3	2003122; 2008318; 2012058;
097	5	2005327; 2009144; 2010212; 2010348; 2012338;
098	5	2002045; 2006012; 2011293; 2012220; 2013159;
099	3	2002258; 2012222; 2012290;
100	5	2003345; 2011081; 2012029; 2012119; 2013196;
101	3	2004001; 2006091; 2010069;
102	5	2002017; 2002287; 2004259; 2005119; 2008113;
103	5	2003231; 2005243; 2008193; 2012054; 2012295;
104	3	2003164; 2008299; 2013163;
105	5	2004112; 2004128; 2005143; 2007340; 2010118;

106	5	2002085; 2003119; 2008323; 2010147; 2011033;
107	4	2004355; 2005016; 2008241; 2008298;
108	5	2003325; 2011068; 2012124; 2012204; 2012228;
109	2	2010009; 2011213;
110	6	2004052; 2006002; 2006259; 2007302; 2009145; 2012318;
111	2	2010016; 2010316;
112	5	2002219; 2007324; 2008023; 2012166; 2013218;
113	2	2010054; 2013028;
114	5	2003232; 2006171; 2010078; 2012324; 2013323;
115	7	2002319; 2004247; 2005091; 2010011; 2013069; 2013197; 2013248;
116	6	2002042; 2002159; 2004140; 2006043; 2011318; 2012083;
117	2	2007242; 2013238;
118	1	2002047;
119	5	2007145; 2007248; 2007334; 2008344; 2010171;
120	1	2012109;
121	1	2002066;
122	1	2012078;
123	2	2005179; 2012352;
124	1	2007330;
125	5	2003151; 2004102; 2007318; 2008041; 2010068;
126	2	2005241; 2006213;
127	6	2003168; 2006165; 2009231; 2010278; 2011204; 2012178;
128	6	2002006; 2006058; 2006138; 2008166; 2012063; 2013170;
129	3	2005207; 2007355; 2010291;
130	4	2005117; 2006071; 2007104; 2010222;
131	6	2003255; 2003281; 2004113; 2005130; 2006283; 2010055;
132	9	2002079; 2003307; 2004007; 2006164; 2008054; 2008162; 2008232; 2010205; 2012255;
133	3	2002032; 2006126; 2011043;
134	5	2004185; 2005235; 2006156; 2011317; 2013278;
135	5	2003049; 2004015; 2009021; 2010146; 2012005;
136	1	2008031;

137	1	2013091;
138	4	2005299; 2006048; 2006208; 2007213;
139	8	2002175; 2005229; 2005324; 2005346; 2009158; 2011270; 2013056; 2013210;
140	7	2002189; 2003234; 2006331; 2009042; 2010284; 2012151; 2012271;
141	7	2004257; 2004270; 2006025; 2006136; 2007228; 2009025; 2011018;
142	2	2005053; 2011001;
143	4	2002260; 2003006; 2006265; 2012125;
144	10	2003308; 2004291; 2005075; 2007061; 2007116; 2008094; 2008290; 2010093; 2010282; 2011206;
145	2	2011178; 2011351;
146	4	2003173; 2006279; 2009119; 2010343;
147	5	2006324; 2009037; 2009164; 2010172; 2013007;
148	1	2008093;
149	11	2004209; 2005278; 2006096; 2008008; 2008037; 2008044; 2010089; 2012229; 2013029; 2013152; 2013344;
150	2	2003259; 2012304;
151	3	2004316; 2005034; 2008163;
152	5	2004309; 2006294; 2007134; 2008186; 2012219;
153	5	2004040; 2005183; 2006050; 2007205; 2008012;
154	5	2003346; 2007194; 2008099; 2008112; 2009209;
155	4	2002009; 2002097; 2003221; 2013132;
156	7	2002170; 2003184; 2008053; 2008202; 2009242; 2010139; 2012297;
157	5	2004046; 2005087; 2009012; 2011170; 2013215;
158	4	2005220; 2005260; 2006258; 2011106;
159	7	2002098; 2002352; 2003219; 2004207; 2008090; 2008358; 2009340;
160	6	2004229; 2006001; 2006087; 2006284; 2008091; 2011062;
161	6	2003017; 2004147; 2008196; 2009086; 2009283; 2010160;
162	6	2003302; 2004055; 2005323; 2010259; 2011165; 2012158;
163	5	2002235; 2004087; 2005253; 2007070; 2011147;
164	5	2005205; 2006319; 2008199; 2011020; 2013356;
165	4	2003101; 2004082; 2006238; 2013285;

166	7	2005209; 2006120; 2008216; 2012009; 2012283; 2013003; 2013269;
167	7	2002317; 2004336; 2005138; 2008227; 2012240; 2013109; 2013324;
168	4	2002335; 2003088; 2005148; 2010192;
169	4	2004200; 2005069; 2013177; 2013284;
170	4	2004084; 2011179; 2013186; 2013192;
171	10	2002016; 2002190; 2002233; 2003010; 2004228; 2005094; 2006135; 2010238; 2011302; 2013114;
172	4	2002323; 2008057; 2008308; 2011073;
173	6	2004045; 2004119; 2005351; 2006333; 2007258; 2009239;
174	3	2003075; 2010070; 2013076;
175	5	2003265; 2005232; 2006092; 2006308; 2010237;
176	8	2005331; 2009224; 2010077; 2010178; 2011009; 2011229; 2013064; 2013352;
177	2	2004302; 2007105;
178	4	2002018; 2008313; 2010264; 2011116;
179	5	2002204; 2006008; 2007164; 2008046; 2008139;
180	6	2002162; 2005132; 2007083; 2008141; 2011313; 2012015;
181	4	2009121; 2010059; 2012266; 2012314;
182	3	2003149; 2006334; 2008255;
183	1	2008032;
184	3	2002139; 2006257; 2013077;
185	8	2003356; 2004130; 2004160; 2005288; 2010111; 2012143; 2013175; 2013353;
186	1	2008270;
187	3	2002345; 2004352; 2008335;
188	4	2007286; 2009155; 2009201; 2013187;
189	3	2002156; 2006326; 2011261;
190	6	2002043; 2004182; 2007138; 2008257; 2010105; 2010141;
191	2	2002298; 2004089;
192	3	2009116; 2013089; 2013286;
193	4	2007011; 2007238; 2011357; 2012067;
194	5	2009032; 2010350; 2011087; 2012357; 2013280;

195	7	2003217; 2003267; 2005058; 2006147; 2007038; 2012031; 2012251;
196	5	2003015; 2003333; 2007313; 2009008; 2010014;
197	6	2002024; 2003342; 2008122; 2009102; 2012146; 2013317;
198	2	2005315; 2013294;
199	4	2008108; 2010265; 2010280; 2012291;
200	5	2002253; 2003240; 2009171; 2011034; 2013287;
201	3	2003183; 2003317; 2008258;
202	1	2003130;
203	6	2005108; 2005262; 2006098; 2012254; 2013001; 2013103;
204	3	2002004; 2007054; 2012341;
205	2	2003228; 2004314;
206	2	2002136; 2011077;
207	6	2003079; 2006180; 2009061; 2009108; 2010154; 2013299;
208	6	2002146; 2005332; 2007046; 2007186; 2009058; 2011042;
209	10	2004057; 2005228; 2005273; 2006151; 2007117; 2008286; 2009166; 2011184; 2012002; 2013011;
210	3	2008267; 2011194; 2013160;
211	5	2002113; 2003068; 2003072; 2006192; 2011234;
212	8	2004011; 2005082; 2005325; 2007040; 2007174; 2011156; 2012167; 2013304;
213	5	2002145; 2004047; 2008220; 2008327; 2010066;
214	9	2003177; 2005170; 2005199; 2005283; 2007317; 2009194; 2010042; 2011256; 2012141;
215	4	2004167; 2006186; 2011021; 2013095;
216	1	2010299;
217	9	2002011; 2003157; 2004088; 2004094; 2005090; 2006121; 2007263; 2010022; 2010099;
218	5	2002093; 2003293; 2005335; 2007133; 2009142;
219	4	2004034; 2006295; 2011035; 2011089;
220	4	2005284; 2011121; 2011322; 2012091;
221	1	2009143;
222	2	2002072; 2013073;
223	5	2002185; 2004103; 2008238; 2008261; 2009124;

224	5	2002101; 2003280; 2011045; 2012012; 2013331;
225	5	2003266; 2006051; 2007119; 2007160; 2011134;
226	2	2002336; 2008136;
227	5	2002261; 2004327; 2005291; 2011172; 2013261;
228	7	2002318; 2005086; 2008132; 2010092; 2010358; 2013015; 2013134;
229	3	2004343; 2004357; 2006003;
230	2	2008047; 2009202;
231	1	2013136;
232	4	2002014; 2010107; 2010142; 2013219;
233	2	2002171; 2013326;
234	2	2008280; 2012123;
235	5	2002308; 2003035; 2007261; 2010123; 2013070;
236	2	2003105; 2009036;
237	4	2002002; 2006095; 2006302; 2012243;
238	3	2003076; 2003083; 2005169;
239	3	2002077; 2007354; 2009214;
240	3	2005105; 2010262; 2011290;
241	3	2006199; 2006260; 2011279;
242	10	2002177; 2004235; 2006311; 2008167; 2010098; 2011006; 2011186; 2011226; 2012171; 2013167;
243	2	2003194; 2013057;
244	4	2003294; 2006289; 2009227; 2013318;
245	5	2003295; 2005061; 2007102; 2010351; 2012183;
246	2	2011078; 2011333;
247	7	2002142; 2004310; 2009178; 2010188; 2011110; 2012186; 2012241;
248	7	2002027; 2004164; 2005336; 2010208; 2010230; 2011266; 2013181;
249	4	2005165; 2008068; 2010211; 2013082;
250	4	2004242; 2012336; 2013022; 2013275;
251	6	2002248; 2004107; 2005177; 2006236; 2011251; 2013059;
252	2	2010224; 2012188;
253	4	2002231; 2004318; 2006220; 2012217;
254	2	2008022; 2011358;

255	1	2007006;
256	1	2011155;
257	3	2005056; 2007136; 2010101;
258	2	2002310; 2007088;
259	2	2003043; 2010227;
260	3	2005225; 2010019; 2013222;
261	2	2002350; 2011307;
262	3	2004169; 2005274; 2011175;
263	6	2004090; 2004348; 2007220; 2010112; 2011199; 2012027;
264	1	2004303;
265	6	2002123; 2002247; 2011032; 2011139; 2011277; 2012206;
266	5	2003199; 2006256; 2008042; 2010182; 2012349;
267	3	2010250; 2012155; 2012274;
268	8	2005180; 2007260; 2008072; 2008264; 2009043; 2010148; 2011309; 2013024;
269	6	2003041; 2003257; 2004085; 2007179; 2009130; 2012059;
270	3	2002348; 2004305; 2010269;
271	5	2002250; 2005024; 2005282; 2012287; 2013310;
272	3	2005050; 2005316; 2005347;
273	3	2002078; 2004271; 2008161;
274	3	2006075; 2007202; 2008114;
275	4	2004129; 2005036; 2005122; 2006158;
276	3	2002075; 2003340; 2004190;
277	6	2004260; 2006066; 2010194; 2011014; 2012180; 2013033;
278	1	2011053;
279	5	2003069; 2004004; 2006230; 2007347; 2009195;
280	5	2004243; 2008211; 2010243; 2010323; 2011280;
281	3	2009189; 2010007; 2011051;
282	1	2004173;
283	6	2002087; 2002094; 2003287; 2004280; 2006354; 2014007;
284	5	2004332; 2007201; 2007333; 2009206; 2012215;
285	2	2005257; 2011007;

286	6	2003112; 2004156; 2006149; 2010155; 2011041; 2012319;
287	4	2002106; 2004308; 2011075; 2012036;
288	5	2003321; 2005310; 2009182; 2013074; 2013153;
289	5	2003166; 2004151; 2007199; 2010177; 2013303;
290	5	2005272; 2009094; 2010060; 2012130; 2013048;
291	5	2003033; 2003187; 2007139; 2010292; 2013306;
292	4	2006134; 2009263; 2009344; 2013162;
293	2	2012344; 2013355;
294	4	2006085; 2008301; 2011113; 2012339;
295	7	2003353; 2005079; 2007058; 2010352; 2012205; 2013255; 2013270;
296	5	2007024; 2007111; 2010335; 2012343; 2013155;
297	3	2002206; 2003152; 2012213;
298	4	2003270; 2009027; 2009198; 2010324;
299	2	2002086; 2009240;
300	7	2002280; 2005167; 2006313; 2006317; 2008104; 2013165; 2013203;
301	6	2002273; 2003350; 2007285; 2009120; 2011238; 2012103;
302	8	2002220; 2004051; 2004133; 2007234; 2008007; 2009137; 2010340; 2012051;
303	5	2004326; 2008071; 2008140; 2009073; 2010283;
304	8	2003256; 2006094; 2007047; 2007099; 2009016; 2009210; 2010151; 2012286;
305	5	2002040; 2003284; 2006067; 2007022; 2010067;
306	6	2002332; 2003100; 2003203; 2005142; 2006053; 2006074;
307	6	2005054; 2005101; 2008165; 2012238; 2013176; 2013249;
308	4	2006297; 2008048; 2009353; 2013027;
309	6	2006061; 2008266; 2012001; 2012185; 2012359; 2013272;
310	6	2004105; 2006253; 2009298; 2010161; 2011291; 2012327;
311	2	2003305; 2005062;
312	3	2005151; 2008038; 2010198;
313	5	2004122; 2004154; 2005022; 2005312; 2007004;
314	5	2002107; 2003051; 2004199; 2006034; 2010050;
315	7	2002083; 2006235; 2008283; 2011091; 2012011; 2012317; 2013191;

316	3	2005267; 2006288; 2011050;
317	4	2009220; 2010057; 2012013; 2012302;
318	3	2002194; 2009215; 2013044;
319	7	2002074; 2003160; 2005007; 2005154; 2007212; 2009250; 2014011;
320	5	2008036; 2008043; 2008296; 2010272; 2013357;
321	7	2002278; 2004359; 2006078; 2006241; 2007043; 2007153; 2007293;
322	5	2002160; 2002165; 2005190; 2008088; 2013350;
323	7	2002144; 2003167; 2003301; 2004072; 2007239; 2009236; 2013290;
324	2	2003134; 2007113;
325	2	2004044; 2012082;
326	1	2007063;
327	5	2003355; 2004074; 2004136; 2008115; 2012176;
328	6	2002130; 2005198; 2006196; 2009020; 2009074; 2013065;
329	3	2011102; 2011104; 2013133;
330	3	2006211; 2011315; 2013034;
331	2	2005244; 2007323;
332	5	2005187; 2005304; 2006117; 2010158; 2012236;
333	3	2005124; 2011342; 2012230;
334	5	2002036; 2006216; 2007309; 2009018; 2011070;
335	3	2003200; 2005287; 2009271;
336	3	2005265; 2007147; 2009333;
337	3	2008253; 2010144; 2011085;
338	5	2004116; 2004267; 2007304; 2010095; 2013100;
339	6	2003026; 2003040; 2004323; 2005026; 2012116; 2012268;
340	7	2003103; 2003198; 2006225; 2008190; 2010251; 2010304; 2012259;
341	5	2002062; 2002164; 2002222; 2011183; 2011205;
342	7	2006285; 2007131; 2008340; 2010106; 2011088; 2011274; 2013295;
343	3	2007314; 2012267; 2013108;
344	5	2002110; 2007026; 2009023; 2009289; 2013169;
345	5	2002178; 2009264; 2010175; 2010320; 2011223;
346	4	2003218; 2004249; 2008001; 2012194;

347	4	2002286; 2011028; 2012133; 2013018;
348	5	2003092; 2005259; 2006162; 2009193; 2011201;
349	6	2006009; 2007322; 2009286; 2010076; 2012142; 2013154;
350	4	2004030; 2010183; 2011036; 2011304;
351	6	2002174; 2006137; 2009070; 2009154; 2011191; 2012221;
352	2	2002050; 2002053;
353	4	2005192; 2008003; 2010027; 2011182;
354	3	2003319; 2009165; 2010234;
355	6	2002307; 2003188; 2006118; 2008322; 2011271; 2012052;
356	1	2007287;
357	5	2002143; 2004347; 2006174; 2008080; 2010043;
358	8	2003185; 2003339; 2007235; 2009022; 2011019; 2011117; 2011249; 2013311;
359	4	2003227; 2007041; 2009059; 2009114;
360	7	2002091; 2002288; 2003229; 2004141; 2007249; 2011275; 2013071;
361	3	2005164; 2006176; 2013243;
362	1	2009179;
363	8	2003059; 2006140; 2006188; 2006298; 2007049; 2008051; 2008356; 2012088;
364	7	2003268; 2006146; 2007301; 2008138; 2008350; 2012165; 2013037;
365	2	2006332; 2011259;
366	2	2003278; 2004066;
367	4	2005114; 2009207; 2009278; 2013233;
368	10	2002299; 2006163; 2007093; 2008331; 2008342; 2011086; 2011350; 2012129; 2013179; 2014012;
369	8	2004344; 2005153; 2005319; 2008013; 2008250; 2011093; 2012035; 2012161;
370	2	2005172; 2011248;
371	4	2008170; 2010311; 2011161; 2012315;
372	1	2008039;
373	4	2007257; 2009131; 2012342; 2013265;
374	5	2002005; 2008187; 2009292; 2009352; 2010297;
375	3	2004097; 2004244; 2009045;

376	1	2009082;
377	5	2002224; 2006152; 2006207; 2007353; 2010309;
378	5	2003027; 2003117; 2004339; 2010330; 2013308;
379	3	2007080; 2010181; 2010232;
380	4	2005113; 2005201; 2008011; 2013017;
381	5	2002121; 2003233; 2005344; 2011326; 2013088;
382	3	2008096; 2012105; 2012331;
383	6	2004248; 2010086; 2012112; 2013157; 2013216; 2013300;
384	3	2006145; 2007203; 2009026;
385	5	2008128; 2011195; 2011303; 2011325; 2013271;
386	2	2003222; 2008158;
387	3	2002131; 2002203; 2003020;
388	2	2011024; 2012077;
389	8	2002321; 2002324; 2003081; 2003352; 2005028; 2009052; 2009153; 2013145;
390	2	2003206; 2012140;
391	3	2003022; 2003237; 2007144;
392	4	2002173; 2003312; 2004005; 2007025;
393	12	2003126; 2004121; 2005264; 2007042; 2007247; 2008345; 2009047; 2010032; 2012210; 2013118; 2013244; 2013277;
394	2	2007071; 2010030;
395	2	2002257; 2008231;
396	6	2002151; 2002186; 2003007; 2003239; 2005270; 2006069;
397	4	2004356; 2009010; 2010008; 2010061;
398	6	2007241; 2008333; 2009261; 2012202; 2013195; 2013257;
399	6	2003276; 2004272; 2007076; 2007337; 2009252; 2011269;
400	7	2004219; 2006014; 2007045; 2007118; 2007137; 2008074; 2008349;
401	4	2003271; 2003359; 2006076; 2012261;
402	3	2009096; 2009328; 2010240;
403	5	2006029; 2006079; 2007056; 2008049; 2009011;
404	6	2003344; 2005211; 2006189; 2007169; 2008251; 2011038;
405	5	2002169; 2005023; 2012099; 2012168; 2013327;

406	1	2013172;
407	7	2006170; 2007162; 2008086; 2010075; 2010279; 2012296; 2013116;
408	3	2002063; 2008119; 2012298;
409	10	2002048; 2004340; 2006031; 2007035; 2008087; 2008189; 2008195; 2008273; 2010114; 2013279;
410	4	2006187; 2006246; 2013126; 2013228;
411	1	2006250;
412	4	2009139; 2009248; 2011174; 2012249;
413	6	2002166; 2003128; 2008188; 2010263; 2012100; 2013259;
414	5	2003246; 2004067; 2007034; 2010113; 2013268;
415	5	2003025; 2003245; 2006349; 2007094; 2011196;
416	6	2003050; 2004250; 2005085; 2008135; 2009051; 2011273;
417	5	2003252; 2006306; 2007181; 2007283; 2013014;
418	7	2002236; 2007048; 2007101; 2008092; 2011132; 2012234; 2013110;
419	7	2003181; 2004351; 2006072; 2008172; 2009133; 2010268; 2012265;
420	2	2007227; 2011065;
421	1	2012032;
422	4	2005099; 2008125; 2011288; 2012235;
423	6	2007327; 2009244; 2009260; 2010049; 2013332; 2013336;
424	4	2002127; 2004320; 2005213; 2008302;
425	4	2003220; 2005254; 2007126; 2012022;
426	4	2004026; 2006166; 2006274; 2010012;
427	4	2002096; 2008137; 2010185; 2013227;
428	6	2002196; 2003304; 2005292; 2008050; 2011072; 2012320;
429	4	2005357; 2009024; 2011097; 2011287;
430	4	2005156; 2007316; 2009269; 2011188;
431	4	2008240; 2009122; 2011092; 2012128;
432	4	2003273; 2007265; 2010191; 2014009;
433	4	2005182; 2006242; 2008332; 2011308;
434	4	2004058; 2005250; 2009014; 2010226;
435	6	2002092; 2003174; 2004028; 2004036; 2006142; 2006243;
436	6	2002041; 2009099; 2011283; 2011324; 2012106; 2012120;

437	3	2004038; 2005339; 2008069;
438	5	2005015; 2009003; 2009225; 2009232; 2012281;
439	3	2004299; 2011148; 2011208;
440	5	2006112; 2006218; 2006268; 2008328; 2009040;
441	4	2002341; 2003023; 2007016; 2013232;
442	6	2006115; 2008118; 2010307; 2011258; 2011320; 2012260;
443	5	2002080; 2003335; 2007161; 2009062; 2011319;
444	2	2002254; 2009033;
445	2	2003144; 2004145;
446	4	2002019; 2006039; 2009170; 2012020;
447	3	2006338; 2010334; 2012275;
448	4	2002118; 2006249; 2008015; 2008177;
449	1	2010303;
450	4	2006209; 2007339; 2010162; 2013099;
451	2	2007187; 2013119;
452	6	2002234; 2004195; 2006293; 2008339; 2011232; 2013149;
453	4	2003329; 2006190; 2007271; 2009151;
454	5	2006119; 2009245; 2009354; 2011131; 2011166;
455	7	2002334; 2004213; 2005227; 2005293; 2006103; 2006330; 2011289;
456	5	2005302; 2009081; 2011044; 2011153; 2013055;
457	8	2002054; 2006262; 2008076; 2009226; 2010244; 2011215; 2012079; 2013006;
458	4	2005073; 2008201; 2008210; 2011048;
459	4	2004061; 2004217; 2007007; 2009281;
460	6	2002082; 2002213; 2004279; 2006027; 2006336; 2013319;
461	1	2002141;
462	1	2006139;
463	3	2003046; 2006040; 2010248;
464	5	2003146; 2004256; 2008110; 2011190; 2013146;
465	6	2003145; 2008200; 2010051; 2010104; 2012034; 2013122;
466	7	2003070; 2005042; 2007272; 2008130; 2012253; 2013080; 2013111;
467	5	2004231; 2005065; 2005341; 2006090; 2011127;

468	8	2002245; 2003153; 2005355; 2007130; 2009196; 2010207; 2012276; 2013231;
469	4	2006047; 2008111; 2010347; 2011310;
470	4	2007142; 2008175; 2010088; 2012040;
471	1	2004292;
472	3	2002339; 2004349; 2011189;
473	4	2002306; 2006261; 2007284; 2013207;
474	4	2002208; 2006251; 2009097; 2010037;
475	5	2003004; 2008077; 2008357; 2009169; 2011138;
476	5	2002051; 2004298; 2007210; 2007345; 2010083;
477	4	2002229; 2004297; 2005146; 2009112;
478	4	2005285; 2006106; 2010221; 2012064;
479	3	2003205; 2003209; 2006221;
480	3	2007183; 2009268; 2009317;
481	4	2006016; 2007020; 2007155; 2011281;
482	6	2002012; 2002068; 2003283; 2005127; 2007231; 2012080;
483	2	2005230; 2010017;
484	4	2004144; 2007002; 2012187; 2013105;
485	6	2004313; 2007036; 2009101; 2010203; 2011219; 2012227;
486	1	2010199;
487	3	2004337; 2008120; 2013184;
488	6	2004176; 2005046; 2005161; 2007100; 2007190; 2011355;
489	3	2005136; 2008265; 2011354;
490	3	2002150; 2006068; 2009288;
491	2	2003148; 2011082;
492	7	2004069; 2006271; 2007216; 2007243; 2008105; 2012060; 2013106;
493	12	2002114; 2002138; 2002331; 2005052; 2005338; 2007268; 2008316; 2010200; 2012046; 2012335; 2013193; 2013206;
494	6	2002122; 2004125; 2005144; 2007321; 2010053; 2011145;
495	3	2004238; 2005236; 2007357;
496	3	2003095; 2010004; 2013042;
497	5	2006019; 2006026; 2011254; 2012008; 2013054;

498	3	2007279; 2010308; 2013201;
499	3	2004101; 2009005; 2011264;
500	3	2007065; 2009181; 2011146;
501	3	2006255; 2010286; 2011267;
502	3	2005120; 2008326; 2012147;
503	5	2006318; 2006353; 2007172; 2010166; 2012199;
504	1	2007009;
505	5	2004293; 2007150; 2007189; 2008033; 2009117;
506	6	2003258; 2005251; 2009028; 2010327; 2013173; 2013204;
507	2	2007306; 2012126;
508	3	2002313; 2009050; 2009157;
509	3	2004163; 2006351; 2011276;
510	5	2006194; 2009187; 2010357; 2011160; 2013125;
511	4	2002031; 2002269; 2007206; 2007305;
512		
513	4	2002025; 2007214; 2010062; 2010305;
514	5	2003142; 2009019; 2009035; 2010031; 2012247;
515	5	2003254; 2003336; 2004239; 2006023; 2009104;
516	5	2002038; 2003089; 2005162; 2005286; 2010048;
517	5	2005176; 2006304; 2008005; 2012137; 2013338;
518	8	2003012; 2003107; 2007124; 2007182; 2008311; 2008314; 2011054; 2012118;
519	9	2002176; 2003085; 2004353; 2005246; 2006168; 2006296; 2007296; 2009334; 2010228;
520	2	2002242; 2006264;
521		
522	2	2007044; 2007349;
523	3	2006247; 2011111; 2012332;
524	3	2008192; 2012322; 2013349;
525	5	2002030; 2008224; 2008304; 2011262; 2012043;
526	5	2002338; 2003104; 2003175; 2003286; 2010180;
527	1	2012131;

528	6	2005271; 2008259; 2010023; 2010167; 2011060; 2013242;
529	8	2004158; 2004178; 2005112; 2007018; 2007107; 2008221; 2009031; 2013329;
530	2	2002282; 2009080;
531	3	2004226; 2005296; 2011286;
532	1	2004060;
533	2	2002125; 2011347;
534	3	2003260; 2009190; 2012330;
535	4	2007331; 2008321; 2010204; 2010246;
536	4	2003093; 2005353; 2013043; 2013102;
537	9	2003138; 2003224; 2004261; 2006269; 2007195; 2010354; 2012075; 2012138; 2013161;
538	4	2008239; 2010041; 2012017; 2012279;
539	7	2005337; 2006203; 2006343; 2007168; 2009127; 2011311; 2012300;
540	6	2005303; 2005333; 2005352; 2009038; 2011210; 2013025;
541	5	2004027; 2006263; 2008343; 2011151; 2011336;
542	4	2002330; 2005059; 2005261; 2006065;
543	4	2002167; 2004134; 2008061; 2012159;
544	3	2008063; 2011067; 2012087;
545	4	2003322; 2007298; 2007328; 2008123;
546	5	2002214; 2003242; 2003343; 2011025; 2012356;
547	5	2003099; 2007266; 2008285; 2012212; 2013283;
548	2	2003330; 2008315;
549	9	2002227; 2004172; 2004186; 2005100; 2008284; 2009258; 2012090; 2013040; 2013060;
550	6	2003087; 2004109; 2005306; 2007013; 2009249; 2013226;
551	6	2002180; 2003159; 2007032; 2009176; 2009307; 2010281;
552	5	2004008; 2007236; 2009304; 2011200; 2013266;
553	6	2002090; 2002325; 2005080; 2006183; 2008174; 2012092;
554	4	2004098; 2009327; 2012358; 2013347;
555	3	2003253; 2005071; 2011122;
556	6	2002081; 2002274; 2013008; 2013050; 2013052; 2013168;

557	6	2002155; 2003091; 2004286; 2005252; 2006206; 2010258;
558	6	2005171; 2007008; 2007326; 2007351; 2009078; 2012191;
559	4	2006228; 2010084; 2011136; 2013247;
560	5	2008116; 2008127; 2008277; 2010006; 2011253;
561		
562	2	2004139; 2008029;
563	2	2003334; 2008203;
564	4	2002218; 2003044; 2003178; 2013053;
565	4	2002052; 2002212; 2009168; 2012218;
566	7	2003019; 2006049; 2006292; 2009147; 2009272; 2009355; 2013198;
567	5	2004206; 2004245; 2009055; 2009213; 2011299;
568	5	2005005; 2006245; 2010080; 2010336; 2013273;
569	3	2006347; 2013120; 2013240;
570	5	2004071; 2007037; 2008035; 2008060; 2009136;
571	2	2005088; 2011005;
572	3	2005140; 2009152; 2012242;
573	12	2004137; 2005129; 2007253; 2007288; 2008019; 2010314; 2011010; 2011162; 2012224; 2013200; 2013252; 2013320;
574	5	2002133; 2005247; 2007086; 2011112; 2013348;
575	3	2003247; 2007029; 2010233;
576	6	2002228; 2006055; 2006275; 2009077; 2012337; 2012347;
577	3	2003285; 2006178; 2007021;
578	3	2009348; 2010322; 2012246;
579	6	2004016; 2004124; 2007112; 2008282; 2013138; 2013224;
580	4	2003053; 2003210; 2009106; 2011345;
581	5	2002201; 2004012; 2007023; 2007166; 2009315;
582	2	2006143; 2011157;
583	3	2005322; 2009306; 2012203;
584	3	2002108; 2004024; 2007229;
585	4	2002303; 2007226; 2009100; 2012122;
586	3	2005163; 2009175; 2010313;
587	3	2009251; 2009342; 2011012;

588	2	2002202; 2012095;
589	6	2003282; 2004198; 2006191; 2007089; 2008184; 2011352;
590	4	2005157; 2007218; 2008152; 2014008;
591	5	2003196; 2009296; 2010001; 2010132; 2011026;
592	3	2005242; 2007225; 2013140;
593	4	2003028; 2003248; 2004269; 2009274;
594	6	2004266; 2005126; 2006041; 2006111; 2010329; 2012010;
595	4	2003195; 2003223; 2005072; 2012329;
596	5	2002216; 2002356; 2005128; 2006099; 2006185;
597	4	2003214; 2004304; 2008173; 2009229;
598	5	2002351; 2003235; 2005208; 2005307; 2013256;
599	5	2002157; 2004114; 2004208; 2005035; 2011268;
600	2	2005064; 2013274;
601	1	2006205;
602	4	2002239; 2007109; 2007157; 2013083;
603	5	2005226; 2007191; 2009110; 2009346; 2013202;
604	1	2008229;
605	6	2002184; 2004070; 2004358; 2006093; 2007294; 2010319;
606	3	2005096; 2007342; 2012076;
607	5	2004295; 2007209; 2009318; 2009330; 2012056;
608	7	2004065; 2004073; 2006184; 2009276; 2010321; 2011158; 2012057;
609	2	2005107; 2005174;
610	5	2002340; 2008126; 2009303; 2010003; 2011224;
611	5	2002230; 2003274; 2003279; 2004290; 2007221;
612	4	2005202; 2008070; 2009199; 2010241;
613	5	2003264; 2010231; 2011339; 2012208; 2013158;
614	1	2006004;
615	5	2002355; 2003311; 2007278; 2008178; 2009275;
616	1	2008014;
617	3	2005263; 2007064; 2013075;
618	2	2011217; 2012084;

619	6	2002309; 2003190; 2004106; 2004354; 2011328; 2012198;
620	2	2002168; 2004262;
621	1	2010302;
622	3	2002039; 2008236; 2013005;
623	4	2006356; 2007077; 2009184; 2010193;
624	4	2002256; 2006010; 2008107; 2011295;
625	5	2002109; 2002205; 2008150; 2012269; 2013235;
626	7	2004142; 2004188; 2006144; 2008100; 2009013; 2012195; 2013260;
627	3	2007308; 2009160; 2013137;
628	7	2002358; 2003171; 2004110; 2004211; 2011114; 2011260; 2012145;
629	1	2003030;
630	5	2002188; 2005109; 2005231; 2007110; 2013220;
631	4	2004111; 2004322; 2005038; 2007282;
632	8	2002207; 2002342; 2008352; 2011285; 2012200; 2013010; 2013035; 2013092;
633	5	2003243; 2004197; 2008312; 2009319; 2012023;
634	5	2006011; 2009338; 2010135; 2011236; 2014002;
635	3	2002100; 2011011; 2011163;
636	4	2007158; 2008222; 2012355; 2013049;
637	2	2010149; 2012014;
638	4	2006339; 2009339; 2010349; 2011197;
639	3	2002343; 2012197; 2013039;
640	8	2004017; 2006307; 2008143; 2008212; 2009191; 2009305; 2011004; 2013038;
641	4	2006321; 2010150; 2012209; 2013063;
642	8	2004023; 2004246; 2007106; 2009212; 2010217; 2010306; 2012047; 2013180;
643	7	2002297; 2003358; 2010116; 2011272; 2012163; 2013262; 2014003;
644	7	2003208; 2004166; 2006348; 2007215; 2009125; 2011144; 2012328;
645	8	2003211; 2003347; 2006231; 2009053; 2009111; 2009351; 2012110; 2014010;
646	3	2002046; 2004048; 2012292;
647	2	2008207; 2008243;

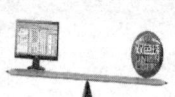

648	6	2003170; 2009216; 2011080; 2011218; 2012066; 2013322;
649	2	2004346; 2007259;
650	5	2003066; 2003277; 2005301; 2010195; 2011246;
651	4	2002140; 2004225; 2004345; 2012164;
652	4	2007019; 2009056; 2011099; 2012225;
653	2	2007108; 2008106;
654	5	2004184; 2005196; 2006148; 2009284; 2009341;
655	1	2007140;
656	3	2002198; 2007055; 2012325;
657	3	2002067; 2002195; 2003261;
658	4	2003058; 2005010; 2009057; 2013036;
659	2	2008082; 2012132;
660	3	2005093; 2010271; 2013213;
661	9	2003139; 2003207; 2004157; 2006020; 2006100; 2007291; 2008228; 2009064; 2012170;
662	5	2002237; 2004205; 2007185; 2008067; 2011237;
663	5	2005141; 2006215; 2009118; 2009313; 2012053;
664	4	2003215; 2005168; 2007299; 2012041;
665	7	2004022; 2004132; 2005097; 2009066; 2010252; 2010276; 2012117;
666	10	2004174; 2005083; 2006057; 2006214; 2006234; 2007078; 2007295; 2009259; 2010214; 2011103;
667	10	2003125; 2005139; 2005200; 2006033; 2007341; 2008180; 2010145; 2012273; 2013127; 2013291;
668	6	2003008; 2003034; 2003289; 2004193; 2007057; 2012094;
669	7	2005106; 2007170; 2007276; 2008083; 2009192; 2009301; 2013062;
670	6	2003230; 2004003; 2009358; 2010317; 2012252; 2013002;
671	7	2003357; 2005102; 2006291; 2007103; 2009001; 2010087; 2010236;
672	2	2009295; 2010220;
673	2	2003290; 2006200;
674	6	2002183; 2003124; 2007325; 2008028; 2008176; 2010189;
675	3	2007240; 2007344; 2013061;
676	3	2006345; 2012350; 2013051;

677	3	2006303; 2010026; 2011027;
678	1	2003109;
679	4	2003331; 2004300; 2008305; 2011029;
680	2	2008168; 2013334;
681	5	2002023; 2005356; 2008205; 2009211; 2013263;
682	2	2004075; 2011154;
683	7	2002147; 2006212; 2006237; 2006327; 2007069; 2008206; 2013253;
684	3	2002226; 2009279; 2011247;
685	2	2006226; 2009217;
686	3	2004234; 2006024; 2010275;
687	5	2002255; 2007085; 2007223; 2008336; 2014001;
688	4	2004301; 2006141; 2010216; 2013012;
689	3	2003354; 2004031; 2006312;
690	5	2003288; 2004284; 2006169; 2008052; 2012248;
691	6	2004179; 2006267; 2007068; 2009105; 2009345; 2011128;
692	6	2002060; 2005249; 2006179; 2007255; 2009320; 2010249;
693	4	2010338; 2012069; 2013085; 2013183;
694	4	2012121; 2012177; 2012256; 2013307;
695	3	2006342; 2009243; 2012101;
696	2	2007264; 2009183;
697	4	2006037; 2008185; 2011177; 2011242;
698	3	2004115; 2009054; 2012134;
699	7	2003062; 2004100; 2005031; 2005309; 2008237; 2008341; 2011207;
700	5	2003275; 2005041; 2007303; 2008263; 2010201;
701	2	2007180; 2010186;
702		
703	1	2010344;
704	1	2011164;
705	5	2002275; 2003114; 2003115; 2005314; 2009113;
706	6	2002037; 2003057; 2007250; 2008075; 2010064; 2012301;
707	3	2004203; 2005009; 2009253;

第 6 章 统计得出彩票游戏的惊天奥秘

708	6	2002073; 2006062; 2006101; 2006181; 2011314; 2012232;
709	4	2003097; 2003197; 2004210; 2012316;
710	4	2005047; 2005193; 2006042; 2007079;
711	3	2002240; 2006125; 2013314;
712	3	2007039; 2009356; 2012055;
713	6	2004196; 2005298; 2006006; 2009173; 2010296; 2011222;
714	8	2002262; 2005279; 2006132; 2009146; 2010021; 2011100; 2013174; 2013236;
715	4	2005018; 2006038; 2006077; 2010218;
716	2	2003189; 2011244;
717	5	2005029; 2005060; 2007115; 2008155; 2011294;
718	4	2006222; 2009068; 2012280; 2013241;
719	3	2009150; 2010082; 2013190;
720	3	2003067; 2003192; 2010213;
721	6	2003064; 2008134; 2009349; 2011084; 2011152; 2013084;
722	2	2004342; 2009135;
723	4	2004063; 2004138; 2005040; 2012044;
724	6	2003065; 2006110; 2007132; 2008151; 2011323; 2011337;
725	4	2003074; 2008242; 2011064; 2011171;
726	4	2005354; 2010331; 2011002; 2013351;
727	4	2002129; 2003056; 2006232; 2011118;
728	5	2002300; 2003296; 2007281; 2008213; 2012107;
729	1	2009297;
730	3	2002296; 2009103; 2011049;
731	5	2004331; 2006073; 2007141; 2009140; 2012028;
732	8	2003082; 2007292; 2007329; 2010100; 2012148; 2013030; 2013164; 2013298;
733	3	2002056; 2004093; 2007003;
734	4	2002034; 2004018; 2005197; 2007173;
735	5	2003129; 2003158; 2003291; 2007010; 2007120;
736	7	2004202; 2006299; 2007005; 2007290; 2008334; 2009126; 2013150;
737	5	2002020; 2004086; 2006084; 2009044; 2013093;

738	4	2003163; 2004013; 2008065; 2009228;
739	2	2007232; 2012237;
740	7	2003250; 2004043; 2005011; 2009017; 2009223; 2010028; 2013289;
741		
742	2	2011055; 2013245;
743	9	2002277; 2003315; 2004149; 2004180; 2010124; 2010266; 2010332; 2012311; 2012313;
744	5	2003337; 2004056; 2009300; 2010223; 2012333;
745	2	2007074; 2008020;
746	7	2006007; 2007128; 2007208; 2011076; 2011192; 2012026; 2012153;
747	4	2002322; 2007030; 2007335; 2008160;
748	6	2006223; 2007028; 2010219; 2012136; 2013264; 2013288;
749	7	2005155; 2007307; 2008297; 2010117; 2012016; 2012245; 2013211;
750	4	2002328; 2008245; 2011202; 2012003;
751	5	2004236; 2005256; 2006193; 2008219; 2009246;
752	3	2002241; 2008159; 2009337;
753	6	2003131; 2004127; 2005297; 2011069; 2011282; 2013251;
754	4	2002158; 2002267; 2009002; 2011306;
755	5	2004240; 2007097; 2007211; 2012025; 2014005;
756	5	2003154; 2005186; 2006086; 2010174; 2012284;
757	3	2003156; 2012039; 2012070;
758	2	2003116; 2012108;
759	6	2007143; 2009270; 2010056; 2011120; 2012071; 2013098;
760	5	2003150; 2006346; 2010096; 2010179; 2013004;
761	5	2002285; 2004019; 2006083; 2009222; 2010131;
762	4	2005281; 2007135; 2011335; 2013031;
763	5	2002057; 2003084; 2010110; 2011173; 2012061;
764	4	2002314; 2008306; 2010229; 2012303;
765	1	2008010;
766	5	2002305; 2005020; 2008233; 2008281; 2011296;
767	4	2004222; 2005237; 2009034; 2011185;
768	5	2002272; 2003137; 2004150; 2008268; 2010122;

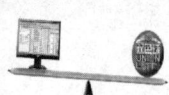

769	3	2011123; 2011159; 2012172;
770	4	2002120; 2010290; 2011250; 2013068;
771	3	2004237; 2006052; 2010289;
772	5	2004155; 2006229; 2007171; 2009230; 2011348;
773	5	2002132; 2009241; 2010024; 2011150; 2012257;
774	5	2003080; 2004341; 2005149; 2007188; 2009060;
775	7	2002088; 2005166; 2007062; 2007154; 2010256; 2012065; 2013156;
776	5	2002279; 2004010; 2010143; 2013301; 2013343;
777	3	2006056; 2011016; 2011023;
778	1	2003323;
779	6	2002064; 2003135; 2007091; 2009293; 2011211; 2012354;
780	3	2002026; 2003141; 2013079;
781	4	2002289; 2007270; 2008124; 2011349;
782	3	2011022; 2011071; 2013141;
783	3	2005276; 2006314; 2011334;
784	7	2005049; 2007312; 2010063; 2011039; 2011095; 2013047; 2013312;
785	5	2003106; 2003186; 2007336; 2009030; 2011079;
786	2	2002095; 2008278;
787	6	2002276; 2004170; 2004350; 2005066; 2010197; 2011239;
788	4	2004273; 2005222; 2008157; 2011108;
789	6	2004282; 2005313; 2009311; 2009314; 2011142; 2013333;
790	7	2002223; 2006219; 2006340; 2007027; 2007123; 2008002; 2009262;
791	9	2002217; 2002270; 2003036; 2004288; 2005160; 2005173; 2006287; 2011124; 2011327;
792	3	2004037; 2009095; 2013097;
793	6	2002148; 2005318; 2006278; 2007346; 2008018; 2008059;
794	8	2003162; 2003201; 2005224; 2008287; 2008300; 2010261; 2010274; 2010342;
795	6	2002010; 2003055; 2004224; 2006217; 2008248; 2012072;
796	3	2005131; 2010046; 2011090;
797	1	2012264;
798	7	2004311; 2004333; 2005191; 2007352; 2010295; 2013131; 2013205;

799	3	2004162; 2008204; 2012263;
800	3	2002058; 2004315; 2006015;
801	4	2004312; 2007222; 2008354; 2010209;
802	7	2003191; 2004020; 2005017; 2006080; 2006350; 2008058; 2012152;
803	6	2003111; 2005019; 2006160; 2010242; 2012201; 2013297;
804	5	2002327; 2003102; 2009247; 2010355; 2011180;
805	6	2002266; 2004220; 2004274; 2010333; 2011332; 2013340;
806	4	2005305; 2007148; 2011063; 2013194;
807	7	2002354; 2005223; 2006309; 2008034; 2008347; 2009233; 2013023;
808	6	2005081; 2008295; 2011252; 2011338; 2012049; 2013117;
809	7	2002163; 2005311; 2009088; 2010325; 2011015; 2011066; 2011135;
810	7	2002028; 2003202; 2005185; 2007114; 2010140; 2012111; 2012239;
811	4	2007084; 2007176; 2008325; 2013223;
812	2	2003086; 2006124;
813	4	2002128; 2005175; 2008353; 2011017;
814	6	2003037; 2003047; 2007014; 2007277; 2012326; 2013199;
815	3	2002311; 2008272; 2010273;
816	6	2004175; 2005092; 2007315; 2008073; 2008271; 2011046;
817	6	2002238; 2006063; 2007274; 2008131; 2009167; 2009312;
818	7	2002059; 2002104; 2005188; 2007193; 2007200; 2009309; 2011257;
819	3	2004095; 2008292; 2011140;
820	4	2006204; 2008355; 2010163; 2011228;
821	5	2003326; 2004330; 2009072; 2009087; 2010044;
822	3	2003090; 2009219; 2010072;
823	6	2002292; 2005290; 2006097; 2009200; 2010260; 2012353;
824		
825	4	2003121; 2007269; 2008027; 2013148;
826	3	2002301; 2003143; 2013214;
827	10	2002172; 2005030; 2005334; 2006355; 2007081; 2009322; 2010015; 2010126; 2011115; 2011231;
828	7	2003132; 2004294; 2004321; 2007207; 2008055; 2010210; 2012150;
829	3	2004064; 2004118; 2010018;

第 6 章 统计得出彩票游戏的惊天奥秘

· 283 ·

830	8	2002049; 2002071; 2005051; 2005116; 2005195; 2007224; 2008056; 2009203;
831	8	2004041; 2004183; 2007121; 2007356; 2008147; 2009148; 2012312; 2013072;
832	6	2003014; 2009109; 2009132; 2012162; 2013067; 2013123;
833	4	2003048; 2004152; 2005294; 2008208;
834	4	2004053; 2004161; 2004192; 2009049;
835	3	2002154; 2006054; 2008294;
836	7	2003071; 2003165; 2004324; 2008097; 2008288; 2010156; 2013113;
837	6	2003303; 2004006; 2008226; 2008235; 2009357; 2010184;
838	7	2003018; 2003024; 2007267; 2009163; 2010206; 2011300; 2011329;
839	2	2004059; 2009257;
840	3	2002161; 2002302; 2008194;
841	4	2002134; 2009156; 2010108; 2012074;
842	5	2002117; 2003039; 2005194; 2005358; 2006202;
843	7	2002281; 2008307; 2010079; 2011061; 2012154; 2012211; 2013147;
844	2	2009237; 2009329;
845	4	2002333; 2004177; 2007096; 2009185;
846	5	2004146; 2006045; 2006300; 2013234; 2013282;
847	2	2004232; 2012181;
848	6	2004054; 2006013; 2006035; 2006150; 2007177; 2010094;
849	6	2002007; 2006273; 2009302; 2011094; 2013032; 2013128;
850	6	2004153; 2005013; 2006227; 2009282; 2012114; 2013135;
851	7	2004283; 2005110; 2005317; 2006316; 2009091; 2012348; 2013041;
852	6	2002008; 2002065; 2002315; 2007343; 2009085; 2010157;
853	2	2002215; 2005032;
854	3	2002283; 2005012; 2005070;
855	3	2007233; 2010120; 2010315;
856	5	2003179; 2004050; 2007338; 2009221; 2012068;
857	6	2002263; 2003212; 2006272; 2008066; 2013026; 2013081;
858	2	2006128; 2010025;
859	3	2002021; 2005206; 2007156;

860	6	2002137; 2003096; 2004078; 2006109; 2009256; 2013305;
861	7	2002179; 2003123; 2004265; 2007289; 2010169; 2012097; 2012182;
862	4	2003073; 2007219; 2011212; 2012156;
863	3	2006329; 2011225; 2013325;
864	3	2005006; 2005342; 2008214;
865	4	2003113; 2006301; 2008182; 2012033;
866	5	2003060; 2007275; 2011243; 2012282; 2013019;
867	4	2002076; 2006177; 2008309; 2013339;
868	5	2003300; 2005308; 2011083; 2011193; 2011241;
869	7	2003193; 2005104; 2008154; 2009015; 2009265; 2010356; 2012262;
870	3	2003147; 2006197; 2012096;
871	3	2002015; 2003262; 2005240;
872	2	2010102; 2011298;
873	2	2010138; 2012216;
874	5	2002069; 2003292; 2005326; 2006239; 2013237;
875	4	2005067; 2010010; 2012048; 2012174;
876	4	2002221; 2002264; 2004181; 2009343;
877	5	2005203; 2006005; 2009083; 2009335; 2012196;
878	5	2002061; 2003241; 2004296; 2006017; 2010215;
879	6	2004079; 2009291; 2009325; 2010134; 2011013; 2012226;
880	6	2004278; 2005084; 2005115; 2006129; 2009299; 2012007;
881	2	2003299; 2005033;
882	8	2002312; 2002316; 2003155; 2007252; 2010039; 2010152; 2012006; 2013302;
883	1	2006105;
884	9	2002246; 2003110; 2003236; 2003314; 2004201; 2006018; 2007246; 2008218; 2013225;
885	2	2005089; 2007151;
886	2	2002284; 2011101;
887	1	2012173;
888	1	2002116;
889	4	2007066; 2007350; 2009197; 2012323;

890	6	2003094; 2005234; 2009138; 2011330; 2013144; 2013171;
891	5	2003118; 2003120; 2006036; 2007280; 2008276;
892	4	2005218; 2006157; 2007051; 2009079;
893	2	2002191; 2010097;
894	3	2004258; 2005258; 2009266;
895	5	2003332; 2004168; 2005300; 2005343; 2013086;
896	3	2008247; 2008279; 2012345;
897	6	2003054; 2003269; 2009039; 2009332; 2010270; 2012233;
898	5	2003032; 2008040; 2008064; 2010168; 2013313;
899	5	2005134; 2007052; 2012310; 2013315; 2013342;
900	5	2005248; 2005329; 2006022; 2006173; 2006337;
901	4	2003061; 2005239; 2010239; 2013115;
902	2	2004212; 2011284;
903	3	2002225; 2003349; 2010036;
904	4	2006320; 2007122; 2008121; 2013250;
905	7	2002197; 2004076; 2004215; 2005330; 2007087; 2008293; 2011176;
906	2	2009255; 2013246;
907	2	2011107; 2013139;
908	4	2003009; 2007300; 2011344; 2012231;
909	2	2002153; 2003133;
910	2	2006089; 2010029;
911	4	2004319; 2009188; 2009285; 2011214;
912	3	2002035; 2002265; 2012085;
913	6	2002099; 2006114; 2007332; 2008230; 2010091; 2012258;
914	6	2004216; 2005295; 2007072; 2008209; 2008249; 2010255;
915	5	2003077; 2003140; 2008337; 2009331; 2011141;
916	6	2004148; 2005118; 2007015; 2009007; 2010288; 2013185;
917	2	2010341; 2011356;
918	8	2004254; 2005184; 2006290; 2008109; 2009029; 2009336; 2011181; 2013021;
919	2	2004143; 2009172;
920	4	2002199; 2004099; 2011109; 2011343;

921	7	2006286; 2010337; 2012179; 2012184; 2012308; 2013009; 2013101;
922	5	2005320; 2008274; 2011169; 2012081; 2013013;
923	3	2006104; 2008169; 2012144;
924	5	2003045; 2004218; 2005345; 2007320; 2010020;
925	4	2005027; 2005275; 2008148; 2012299;
926	1	2011149;
927	8	2004329; 2005189; 2005268; 2008359; 2010005; 2010035; 2011105; 2013178;
928	7	2003226; 2005003; 2007033; 2008254; 2011263; 2012192; 2013209;
929	3	2006070; 2010129; 2013020;
930	4	2002293; 2006032; 2008045; 2013142;
931	5	2003238; 2006127; 2008129; 2008246; 2011187;
932	2	2003313; 2010073;
933	6	2002070; 2002105; 2004334; 2005233; 2008062; 2011316;
934	4	2005044; 2008101; 2008223; 2011331;
935	3	2004325; 2006276; 2010190;
936	7	2004077; 2004307; 2005135; 2006064; 2011230; 2012244; 2012321;
937	4	2009098; 2009267; 2011003; 2011031;
938	7	2002357; 2003182; 2004165; 2008142; 2009141; 2010002; 2010115;
939	2	2006352; 2009048;
940	4	2005269; 2006122; 2009277; 2011056;
941	4	2004289; 2007251; 2010119; 2011167;
942	6	2002347; 2005043; 2007082; 2007175; 2007198; 2009324;
943	5	2003263; 2005145; 2010065; 2013151; 2013296;
944	4	2005077; 2011321; 2012193; 2013182;
945	3	2008102; 2010253; 2010254;
946		
947	3	2002022; 2007297; 2011301;
948	3	2006344; 2007152; 2010196;
949	4	2003063; 2005152; 2006182; 2010071;
950	5	2004123; 2005150; 2008017; 2008191; 2009326;
951	5	2003176; 2005216; 2007050; 2007146; 2009004;

952	3	2005266; 2007129; 2007256;
953	2	2002029; 2002337;
954	5	2008016; 2010090; 2010137; 2011047; 2013276;
955	2	2013090; 2014004;
956	5	2002089; 2007017; 2009280; 2013254; 2013293;
957	2	2004277; 2013328;
958	5	2005068; 2006310; 2007092; 2011040; 2011137;
959	4	2004189; 2005063; 2006322; 2008171;
960	8	2006088; 2006154; 2006328; 2007310; 2008025; 2009294; 2011059; 2012004;
961	3	2005214; 2011292; 2011341;
962	3	2008217; 2012160; 2013230;
963	4	2002326; 2004227; 2009238; 2013124;
964	8	2002033; 2004096; 2004264; 2005133; 2005217; 2006030; 2008197; 2012190;
965	6	2005147; 2009174; 2009310; 2010301; 2012214; 2013217;
966	3	2002187; 2004042; 2013046;
967	5	2002295; 2004263; 2006082; 2008310; 2012021;
968	2	2009041; 2013358;
969	4	2005078; 2005350; 2010013; 2011216;
970	1	2010312;
971	3	2004131; 2008144; 2008303;
972	1	2010085;
973	2	2006266; 2012086;
974	6	2003169; 2004029; 2004252; 2009128; 2010033; 2012307;
975	8	2002268; 2003108; 2003216; 2003249; 2007031; 2010081; 2010298; 2011240;
976	4	2002304; 2003136; 2006081; 2012175;
977	3	2005245; 2006335; 2007073;
978	2	2004214; 2012037;
979	3	2008084; 2008095; 2008198;
980	3	2002329; 2008269; 2013341;

981	4	2002259; 2003316; 2006281; 2007254;
982	7	2003204; 2004120; 2006201; 2008346; 2011008; 2012030; 2013309;
983	1	2002181;
984	3	2002209; 2004081; 2008030;
985	9	2002349; 2004025; 2005025; 2006060; 2008156; 2009107; 2011198; 2012127; 2013107;
986	4	2002013; 2004171; 2004287; 2009134;
987	3	2007060; 2012135; 2013321;
988	3	2004194; 2009076; 2010045;
989	5	2003011; 2005221; 2007178; 2009046; 2012272;
990	2	2002112; 2012104;
991	4	2002252; 2004032; 2008324; 2013130;
992	11	2002152; 2003327; 2004135; 2004317; 2006277; 2007348; 2009123; 2011209; 2012270; 2012346; 2014006;
993	2	2003042; 2011346;
994	5	2003127; 2005212; 2006233; 2009063; 2012277;
995	2	2006195; 2009162;
996	3	2005159; 2012098; 2013112;
997	4	2003098; 2008291; 2012024; 2012285;
998	4	2003320; 2005340; 2006248; 2007184;
999	7	2004049; 2004230; 2006131; 2008021; 2009075; 2011220; 2013221;

在 EXCEL 软件中生成了以上表格后，通过对次数进行递减排序后便不难统计得出：

开出 12 次的号码有：393、493、573

开出 11 次的号码有：149、992

开出 10 次的号码有：144、171、209、242、368、409、666、667、827

开出 9 次的号码有：132、214、217、519、537、549、661、743、791、884、985

……

开出 0 次的号码有：089、512、521、561、702、741、824、946

有兴趣的读者可以继续研究以上开出次数最多的号码和开出次数最少的号码，各有什么特点。在这些方面，可能有些人喜欢从易经八卦研究；有些人喜欢从号码的形态、笔画特点去研究；有些人可能喜欢从号码所处摇奖机的位置去研究；还有些人可能喜欢从材料力学、空气动力学、数学等方面去研究，如果真能研究出自己独特的成果，也可以与大家分享研究成果。

大家也可以根据自己的喜爱和习惯，参考本节提供的方法，研究组选号码的开出情况、研究任意2位号码的开出情况、研究大小组合、单双组合、除3余数组合等的开出情况。总之，用EXCEL宏命令统计这些数据并不复杂，也许你在统计的过程中会发现某些"规律"，从而提高你对彩票的认识。

赠送：怎样用 EXCEL 宏解数独游戏

数独游戏，是一种古老的数学游戏，据资料记载，它来自于 18 世纪末的瑞士，后在美国发展、并在日本得以发扬光大的数字谜题。数独盘面是个九宫，每一宫又分为九个小格。在这八十一格中给出一定的已知数字和解题条件，利用逻辑和推理，在其他的空格上填入 1 –9 的数字。使 1 –9 每个数字在每一行、每一列和每一宫中都只出现一次。这种游戏全面考验做题者观察能力和推理能力，虽然玩法简单，但数字排列方式却千变万化，所以不少教育者认为数独游戏是训练头脑的绝佳方式。

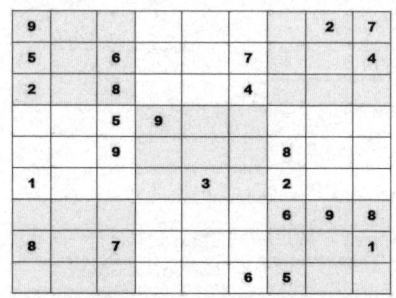

9							2	7
5		6			7			4
2		8			4			
		5	9					
		9				8		
1				3		2		
						6	9	8
8		7						1
					6	5		

以下即为数独游戏示例：

游戏要求：在每一个空白格填入 1-9 的数字（每一格只能填 1 个数字），使每一行、每一列、每一个黄色小方格和白色小方格（共有 9 个小方格）内的数字不能重复也不能少。

数独游戏这一看似简单的玩法，却激起了大家广泛的研究兴趣，古人们根据自己的心得，总结出如下解决方法：

基础摒除法　　唯一解法

唯余解法　　区块摒除法

余数测试法　　　　　隐性唯一候选数法
三链数删减法　　　　隐性三链数删减法
矩形顶点删减法　　　三链列删减法
关键数删减法

　　本人第一次接触数独游戏时，并没有对数独游戏作过深入了解，只是凭着对游戏要求的了解，用手工拼凑了很久，也没拼凑出最终结果，最后，用 EXCEL 的宏命令，却最终很容易很快捷地解决了这个问题：所有类似的数独题，填上已知的数字后，只要点按一下功能键，结果就马上显示出来了。

　　但是，这一解决问题的方法究竟是属于以上列出的哪一种方法？还是新创造出来的一种解题方法？本人不得而知，因为，本人对上面所列的任何方法均未作任何了解。

　　以下即为本人解决数独问题设计出的 EXCEL 宏代码：

```
Sub 数独游戏( )
    Dim aa(9, 9)
    Do While True
        For i = 1 To 9
            For j = 1 To 9
                aa(i, j) = Cells(i, j)
                If aa(i, j) = " " Then aa(i, j) = " 123456789"
            Next j
        Next i
        bz = 0
        For i = 1 To 9
            For j = 1 To 9
                If Len(aa(i, j)) > 1 Then                          bz = 1
                    Cells(i, j) = " "
                    If Len(aa(i, j)) = 1 Then Exit For
                    For k = 1 To 9
                        If k = j Or Len(aa(i, k)) > 1 Then
                        Else
```

```
                    aa ( i, j ) = Replace ( aa ( i, j ), aa ( i, k ), " " )
                End If
            Next k
            If Len ( aa ( i, j ) ) = 1 Then GoTo QQ
            For k = 1 To 9
                If k = i Or Len ( aa ( k, j ) ) > 1 Then
                Else
                    aa ( i, j ) = Replace ( aa ( i, j ), aa ( k, j ), " " )
                End If
            Next k
            If Len ( aa ( i, j ) ) = 1 Then GoTo QQ
            For k1 = 1 To 3
                For k2 = 1 To 3
                    strls = aa (((i - 1 ) \ 3 ) * 3 + k1, ((j - 1) \ 3 ) * 3 + k2 )
                    If ( i <> ((i - 1 ) \ 3 ) * 3 + k1 Or j <> ((j - 1) \ 3 ) * 3 + k2 ) And Len ( strls ) = 1 Then
                        aa ( i, j ) = Replace ( aa ( i, j ), strls, " " )
                    End If
                Next k2
            Next k1
QQ:             Cells ( i, j ) = aa ( i, j )
        End If
    Next j
Next i
' Cells ( i, j ) = aa ( i, j )
For i = 1 To 9
    For k1 = 1 To 9
        ls = 0
        flag1 = 0
        For k2 = 1 To 9
```

```
                    If InStr ( aa ( i, k2 ) , k1 ) > 0 Then
                        ls = ls + 1
                        flag1 = k2
                    End If
                Next k2
                If ls = 1 Then
                    aa ( i, flag1 ) = k1
                    Cells ( i, flag1 ) = aa ( i, flag1 )
                End If
            Next k1
        Next i
        For i = 1 To 9
            For k1 = 1 To 9
                ls = 0
                flag1 = 0
                For k2 = 1 To 9
                    If InStr ( aa ( k2, i ) , k1 ) > 0 Then
                        ls = ls + 1
                        flag1 = k2
                    End If
                Next k2
                If ls = 1 Then
                    aa ( flag1, i ) = k1
                    Cells ( flag1, i ) = aa ( flag1, i )
                End If
            Next k1
        Next i
        For i = 1 To 9
            For k1 = 1 To 9
                ls = 0
                flag1 = 0
```

```
                For k2 = 1 To 9
                    If InStr ( aa ( k2, i ) , k1 )  > 0 Then
                        ls = ls + 1
                        flag1 = k2
                    End If
                  Next k2
                  If ls = 1 Then
                    aa ( flag1, i )  = k1
                    Cells ( flag1, i )  = aa ( flag1, i )
                 End If
             Next k1
         Next i
         If bz = 0 Then Exit Do
    Loop
End Sub
```

以下为数独游戏的运行结果：

	A	B	C	D	E	F	G	H	I
1	9	4	3	6	5	8	1	2	7
2	5	1	6	2	9	7	3	8	4
3	2	7	8	3	1	4	9	5	6
4	6	2	5	9	8	1	7	4	3
5	7	3	9	4	6	2	8	1	5
6	1	8	4	7	3	5	2	6	9
7	4	5	2	1	7	3	6	9	8
8	8	6	7	5	2	9	4	3	1
9	3	9	1	8	4	6	5	7	2
10					数独游戏				

为了让大家更多地了解数独游戏，下面给出 50 道数独游戏题，大家可以开动脑筋，运用自己的方法或参考别人的方法，解这些数独题，当然也可用本节列出的宏命令快速解决。

5	7		1	2			1	4		7	5			
		6	7			8			5	1			3	
3		4		9		7		9		1		5		8
	2		7		5				7		1			5
	1		3		9		2		8		3		4		6
	8			2	1			6			2	7		
			5	4		6	3				8	4		2	9
9	1		2	5			5	7		8	9			
		2	1		6			4	6			3	
7		4		9		3		3	2		1		6	
	6		8		1		1		8		9	
	5		3		6		8		8	7		4		3
	3			6	5		4			9	6	
			9	7		4	1				3	5		4	2

如果读者需要更多的数独题,可与作者联系,或者到彩票猎手网 www.cpkill.com 下载。

附：本书附资料目录

1. Excel 基础知识
   1-1、九九乘法表
   1-2、数独游戏

2. 开奖号码的数理统计
   1-1、生成双色球彩票红球号码走势图
   1-2、生成双色球彩票蓝球号码走势图
   1-3、生成大乐透彩票前区号码走势图
   1-4、生成大乐透彩票后区号码走势图
   1-5、生成3D彩票和排列三彩票开奖号码走势图
   1-6、统计双色球彩票红球号码开出次数
   1-7、统计双色球彩票蓝球号码开出次数
   1-8、统计大乐透彩票前区号码开出次数
   1-9、统计大乐透彩票后区号码开出次数
   1-10、统计3D彩票和排列三彩票单选、组选号码开出次数
   1-11、统计双色球红球号码的冷热码
   1-12、统计双色球蓝球号码的冷热码
   1-13、双色球彩票蓝球号码的号码间隔
   1-14、3D彩票组选号码间隔
   1-15、3D彩票百位号码间隔
   1-16、3D彩票大小组合间隔
   1-17、3D彩票单双组合间隔
   1-18、3D彩票质合组合间隔
   1-19、3D彩票和值间隔

1-20、统计 3D 彩票和值、大小、单双

1-21、统计 3D 彩票除 3、除 4、除 5 余数个数

1-22、双色球分组号码统计

1-23、双色球连码统计

1-24、3D 彩票最小间距和最大跨度统计

3. 号码组合的筛选过滤

1-25、将双色球彩票蓝球复式投注化为单式投注

1-26、将大乐透彩票前区复式投注化为单式投注

1-27、3D 彩票单选复式投注转单式

1-28、3D 彩票和值、大小、单双过滤

1-29、3D 彩票除 3 余数、除 4 余数、除 5 余数过滤

1-30、双色球彩票分组号码过滤

1-31、双色球彩票连码过滤

1-32、3D 彩票最小间距最大跨度过滤

1-33、福彩 3D 重隔断码手工输入方式过滤

1-34、福彩 3D 重隔断码开奖读出方式过滤

1-35、开奖号码对比过滤

4. 选择号码的旋转矩阵投注

1-36、选 7 型彩票的中 7 保 6 旋转矩阵投注（处理复式号码）

1-37、选 7 型彩票的中 7 保 5 旋转矩阵投注（处理复式号码）

1-38、选 7 型彩票的中 7 保 6 旋转矩阵投注（处理单式号码）

1-39、选 7 型彩票的中 7 保 5 旋转矩阵投注（处理单式号码）

1-40、选 5 型彩票的中 5 保 4 旋转矩阵投注（处理复式号码）

1-41、公式法投注旋转矩阵

1-42、投注数据的中奖检验

1-43、足球彩票中 14 保 13 旋转矩阵

5. 胆拖投注和分段式投注和其他

    1-44、双色球彩票的胆拖投注

    1-45、双色球彩票先定胆后旋转的投注

    1-46、双色球彩票先旋转后定胆的投注

    1-47、双色球彩票分组式投注

    1-48、大乐透彩票双区选号投注

    1-49、检验选7型彩票投注号码的中奖情况

    1-50、检验大乐透彩票投注号码的中奖情况

    1-51、福彩3D开奖号码遍历